あだ名で読む中世史——ヨーロッパ王侯貴族の名づけと家門意識をさかのぼる

岡地稔
Minoru Okachi

あだ名で読む中世史

ヨーロッパ王侯貴族の
名づけと家門意識をさかのぼる

八坂書房

［扉図版］
カロリング家一門系譜図（部分）
エッケハルト・フォン・アウラ『年代記』ハーフェルベルク／ベルリン本
ベルリン、国立図書館蔵（Ms. lat. fol. 295 80v）

あだ名で読む中世史

目次

第Ⅲ章　ピピンはいつから短軀王と呼ばれたか▼「あだ名文化」の諸相(二)……95

■補説1　アルファベット■　140

第Ⅳ章　姓の誕生▼ヨーロッパの「家名」をさかのぼる……143

ごくごく短い序章

ヨーロッパ中世の人びとの名前をめぐる疑問

ヨーロッパ中世には人の名前に関して、いくつか興味深いことが見られる。例えば、「大帝」「肥満王」「懺悔王《ざんげ》」「征服王」「赤髭王《バルバロッサ》」「獅子公」「熊公」などと、ヨーロッパ中世にかかわる書物においては実に多くの人びとが、とりわけ王侯貴族たちが、「あだ名」——さしあたりカッコをつけて記しておく（意図するところは後述する）——とともに登場する。「あだ名」だけで誰だか分かってしまう人もいる。例えば「獅子心王」といえば、われわれは直ちにイギリス王リチャード一世のことと、「赤髭王《バルバロッサ》」といえばドイツ王・神聖ローマ皇帝フリードリヒ一世のことと了解しよう。しかしそもそも、なぜそれほど多くの王侯が「あだ名」で呼ばれ、しかもそれが長く伝わることになったのであろうか。

七三二年トゥール・ポワティエ間の戦いで知られる「カロリング家のカール・マルテル」。教科書でおなじみの人物。しかし、なぜあっさりと「カール・マルテル・カロリング」といわないのだろうか。

また、年代はぐっと下がるのだが、フランス革命で処刑されたルイ十六世の父の名はルイで、その父の名もルイ（十五世）で、その父の名もルイで、その父の名もルイで、その父の名もルイ（十四世）で、その父の名もルイ（十三世）であった。一族内で累々《ルイルイ》とつづく、ルイはルイを呼ぶ類の親子たちは、中世の時代においては、たくさん見受けられる。なぜこのように同じ名前がつけられたのだろうか。

さらに、ハプスブルク家はしばしば「ヨーロッパの名門」と呼ばれるが、「家柄」を誇るそのハプスブルク家でさえ、この家名の先祖をたどろうとすると、中世という時代の半ば、十一世紀にまでしかさかのぼれない。それ以前は見つけられないのだ。他の王侯貴族も同様である。なぜであろうか。

われわれの身近にありすぎて、あらためて意識されることの少ない名前。この名前にかかわるさまざまな問題を通して、すでに識っている、と思われているヨーロッパの歴史や社会について、中世という時代を中心に、また一つ別の側面を見ていこうというのが本書のねらいである。それではまず、あだ名をめぐるところから取り上げよう。

第1章

ヨーロッパ中世はあだ名の宝庫

あだ名——『坊っちゃん』を手掛かりに

あだ名とは何か。それは本名とは別の通称で、外見・容貌、人柄・性格、所作・習癖・行動、事蹟・業績等々の、当該人物を特徴づけるものに基づいて、他者によってつけられるものである、——ひとまずこう捉えたうえで、あだ名というものが一般的にどういうものと受けとめられているかについて考えてみよう。

夏目漱石の『坊っちゃん』の中で、坊っちゃんと清《きよ》との間でつぎのような手紙のやりとりがある（清の手紙はそのまま紹介されているのではなく、坊っちゃんが内容を記したもの）。

「……今日学校へ行ってみんなにあだなをつけてやった。校長は狸、教頭は赤シャツ、英語の教師はうらなり、数学は山嵐、画学はのだいこ。今に色々な事をかいてやる。さようなら」（第二章）

……ほかの人にむやみに渾名《あだな》なんか、つけるのは人に恨《うら》まれるもとになるから、やたらに使っちゃいけない、もしつけたら、清だけに手紙で知らせろ。（第七章）

あだ名についての二人のやりとりを読んで、われわれは何の違和感も覚えまい。ここから見て取れるあだ名に対する捉え方が、読む側のわれわれの捉え方と共通しているから、いいかえれば、あだ名というものが一般的にどういうものと受けとめられているか、彼我で共有しているためであろう。すなわちあだ名とは、本来私的な空間に限られるものであり、それだからこそ相手に対して勝手に、自由闊達に、あだ名をつけるという行為がおこなわれるのである。山口仲美氏の言を借りるならば、「あだ名は、本来、本人のいない蔭で言うものである。本人に知らされずに密かにあだ名をつけては、仲間うちで、あるいは一人で、楽しんだり、憂さを晴らしたりするものである。したがって、元来は、本人の面前で言うべき性質のものではない」（山口仲美「名づけの楽しみ——あだ名」森岡健二・山口仲美『命名の言語学——ネーミングの諸相』一九八五年 所収）。

もう少し『坊っちゃん』からの引用をつづけよう。坊っちゃんと下宿先の老婆とのやりとりである。

「まだご存知ないかなもし。ここらであなた一番の別嬪《べっぴん》さんじゃがなもし。あまり別嬪さんじゃけれ、学校の先生がたはみんなマドンナと言うといでるぞなもし。まだお聞きんのかなもし」
「うん、マドンナですか。僕あ芸者の名かと思った」
「いいえ、あなた。マドンナというと唐人《とうじん》の言葉で、別嬪さんのことじゃろうがなもし」

「そうかも知れないね。驚いた」

「大方《おおかた》画学の先生が御付けた名ぞなもし」

「野《の》だがつけたんですかい」

「いいえ、あの吉川《よしかわ》先生が御付けたのじゃがなもし」

「そのマドンナが不慥《ふたしか》なんですかい」

「そのマドンナさんが不慥なマドンナさんでな、もし」

「厄介だね。渾名《あだな》の付いてる女にゃ昔から碌《ろく》なものはいませんからね。そうかも知れませんよ」

「ほん当にそうじゃなもし。鬼神《きじん》のお松じゃの、妲妃《だっき》のお百じゃのてて怖い女がおりましたなもし」

「マドンナもその同類なんですかね」（第七章／以上、引用は岩波文庫版による。カッコ内のルビは私施）

ここにもあだ名というもののありようの一端が窺われる。すなわち私的な空間に発したあだ名は基本的には口承を通して伝わる。そして多くの場合、私的な空間での生産物という性質に呼応して、その存在は時間的にも限定的である。しかし中には「鬼神のお松」や「妲妃のお百」のように巷間——この二例の場合は講談や浄瑠璃、あるいは様々な読本を通して——広く長く伝わるものもある。ただ、そこでのあだ名の存在する空間は、巷間伝わり広まるというその性質上、本質的には私的な空間が拡大したものであり、決してあだ名が「公的」な空間に現れたということではあるまい。またこの場合多くの人は、あだ名が誇張され、デフォルメされたものであることを、あるいはフィクションであることを了解した上で、「楽しん」でいよう。私的な空間の皆による共有である。

確認しておこう。あだ名は、私的な空間で生じ、使われ、口承で伝えられる。このことに呼応して、総じて短命であるが、時空を超えて皆に共有されるものもある。しかしそうした事態は、本質的には拡大・延長された私的な空間の中でのことといえる。

ヨーロッパ中世との比較

あだ名のありようをわざわざ確認したのは、他でもない、この先われわれが取り上げようとするヨーロッパ中世における「あだ名」が、「私的な空間」にありながらも、それにとどまらず、そこを飛び超えて「公然性」の中に生きている、そのような事態が見られるからである。われわれがあだ名と呼んでいるものとは異なるありかたの「あだ名」が見受けられるからである。どのような事態か、まずはわれわれになじみのあるあだ名の世界から見ていこう。

最初に指摘しておきたいことは、ヨーロッパ中世においても「私的な空間」に生き、その中で「楽し」まれるあだ名が存在することである。それは、口承世界において、そしてそれが書きとめられた作品において、むしろ非常に豊富に存在する。

例えばノルウェーやアイスランドの散文物語サガや、ゲルマンやドイツの伝説集などは「私的な空間」に生きるあだ名の宝庫である。一例をグリム兄弟が収集・編纂した『ドイツ伝説集』から取って示そう。ニーダーラーンガウの伯コンラート（九四八年頃没）のあだ名と、彼の武勇譚である。

国王、鳥追い《フィンクラー》のハインリヒ（＝ハインリヒ一世）には、クノー（＝コンラート）という名の実直な勇者がいた。国王一門の出身で、体は小さかったが、勇気は大であった。背丈の低いその外観から短軀《クルツボルト》とあだ名された。さてロートリンゲン大公ギーゼルベルトとフランケン大公エーベルハルトとが国王に対し謀反を起こしていたが、今まさにブライザハ近傍で兵を船で渡らせようとしていた。しかして彼らがライン河畔でチェスに興じていたとき、短軀《クルツボルト》が彼らをたった二四人で急襲した。ギーゼルベルトは小船に飛び乗ったが、短軀《クルツボルト》は槍でこれを力いっぱい突き、そのため件の大公は船にいたすべての者たちともども水に沈んだ。エーベルハルトに対しては岸辺で剣を突き刺した。——また別のおり、短軀《クルツボルト》がひとり国王のそばにあったとき、ライオンが突然檻から抜け出した。国王は、クノーが当時の慣習に従って身につけていた剣を引き抜こうとした。が、それよりも前にこの者がライオンに跳びかかり、これを殺した。この活躍は広く響き渡った。——クノーは生来、女性とリンゴが嫌いであった。いずれかに出会うと、逃げ出した。彼にまつわる伝説や歌謡は数多く存在する。ある時巨大な異教徒（スラヴ人）が挑んできたため、彼が国王の陣営から現れ出て、これをやっつけた。（グリム『ドイツ伝説集』第二巻、四七一番）

彼コンラートのあだ名と、女性とリンゴが嫌いという伝承はつとに知られていたらしく、すでに十一世紀半ばのザンクト・ガレン修道院の修道士エッケハルトの『ザンクト・ガレン修道院事蹟録』においても伝えられている。

このようにヨーロッパ中世においても、口承世界を中心に、われわれになじみ深いあだ名の世界が広がる。それは、基本的には「私的な空間」に限定され、かつ通例時間的にそれほど長くつづかず、「その場限り」の性格をもつことが多い。そしておそらくはその裏面として、「その場」にいることでしか感受できないような、さまざまな微妙なニュアンスをおびている。われわれがそうしたあだ名を知るのは、今ここで目にしている例がそうであるように、口承されたものが書きとめられたときであるが、それは先にふれた「私的な空間」の拡大の範疇で捉えられるであろう。

ヨーロッパ中世におけるあだ名の何よりの特徴は、しかし、あだ名がこのような「私的な空間」に収まりきらないことにある。どういうことだろうか。つぎにこの、「私的な空間」を飛び越えた「あだ名」を見ていこう。

ヨーロッパ中世におけるあだ名の特異性

先の例とは少し違った「あだ名」のありようを示す例として、今度は堀越孝一氏の『回想のヨーロッパ中世』の一節を引用させていただこう。十世紀〜十一世紀初の西フランク＝フランスの政情を述べた件《くだり》である。

十世紀初頭、ヴァイキングが、ロワール河口半島部のレス、セーヴル・ナンテーズ西岸のティフォージュ、エルボージュ、そして東岸のモージュを荒らした。ヴァイキングが示した最後の威勢であって、これを制圧したのが、ナントに拠って伯を称した「撚《よ》りひげの」アランであって、かれはこれら諸地方の領有を宣言した。もともとこれら諸地方は、南のポワチエに拠ってポワトゥーの伯を称した家系の統制権の及ぶ土地であって、当主「麻屑頭の」ギヨームとしては承服しがたいものがあったが、当時、かれは、ポワトゥーそのものの統制をめぐって、北のパリ盆地のパリに拠ってフランスの侯を称していた「大」ユーグと交戦中であって、この方面に手当てする余裕がなかった。けっきょくナントの伯の主張を認める結果となり、次代ポワトゥー伯「から威張りの」ギヨームが、エルボージュ、ティフォージュの一部をとりかえしはしたものの、レス、モージュはナントの伯の統制圏と確定したのである。

ところが、レスはともかく、モージュは、十一世紀に入って「黒伯」とあだなされたアンジューの伯フルク・ネルラによって、じわじわと蚕食された。（堀越孝一『回想のヨーロッパ中世』三省堂 一九八一年）

撚りひげのアラン、麻屑頭のギヨーム、空威張りのギヨーム、と、登場する人びとがあだ名を伴って呼ばれると、単なる登場人物の一人として叙述の中に埋没するのではなく、一人ひとりが自己主張しているようで、われわれ読む者の想像力を掻き立てる。

しかし先にあげた伝説集の場合とは異なって、そのように掻き立てられた想像力は、ここではさらっと置き去りにされてしまう。なぜ「麻屑頭」と呼ばれるのだろうか。いつまでも「麻屑頭」のままだったのだろうか。「から威張り」とはどんなさまだったのだろうか。少なくとも右の堀越氏の叙述は、こうした疑問とは無縁に、淡々と進んでいく。

もう一例あげよう。木村豊氏が第三回十字軍（一一八九～九二年）に関して書いておられるところである。

> まっさきに用意をととのえた神聖ローマ皇帝フリードリヒ一世（「赤ひげ《バルバロッサ》」）は、少数ながら最強と自他ともに許す精兵をひきいて、一一八九年五月レーゲンスブルクを進発した。一行はハンガリーを無事通過したが、ビザンツ領ブルガリアに入ると、サラディンと内通した皇帝（＝ビザンツ皇帝）イサキオスに進軍を妨げられた。通行の許可を求める十字軍の使者を、イサキオスが人質に抑留したのだ。「赤ひげ」はトラキア地方を制圧するとともに、故国にある息ハインリヒに、艦隊を集め法王（＝教皇）から「反ビザンツ十字軍」の認許をうるよう指示した。イサキオスは譲歩し、もし（ボスポラスでなく）ダーダネルス海峡を通るなら船を提供すると約束した。聖地回復を第一と心得る「赤ひげ」は、怒りをおさえてこの条件をのんだ。
>
> 「恐怖と災厄の地」小アジアに入った「赤ひげ」一行は、その昔アレクサンダー大王がたどったのとほぼ同じコースをとった。ここではトルコ系小部族の執拗な抵抗に悩まされたが、

[図1] フリードリヒ赤髭王

サン・レミ修道士ロベール『イェルサレムの歴史』挿画、12 世紀末、ヴァチカン図書館蔵

フリードリヒ赤髭王を、帝冠を被り、帝権の象徴である十字架つきの宝珠を手にした姿で、皇帝として描くとともに、十字架の図柄入りのマントを着せ、背後に十字架の図柄の楯を配置することで、同時に十字軍戦士として描く。

首府イコニウム（コニア）の決戦で、わずか一千の騎士をもって王君《スルタン》の親衛隊を急襲して勝ち、城下の盟を余儀なくさせた。以後、彼の行手を阻む敵なく、順調な前進を続けたが、一一九〇年六月、「赤ひげ」は地中海岸セレウキア付近の川で誤って溺死し、あたら雄図《ゆうと》を空しくした。（木村豊「十字軍」林健太郎・堀米庸三編『世界の戦史4　十字軍と騎士　カール大帝とジャンヌ・ダルク』人物往来社　一九六六年　所収）

十字軍におもむいたドイツ王・皇帝フリードリヒ一世の事蹟を語るにあたり、彼の名をほぼ「赤ひげ《バルバロッサ》」で通している。この「あだ名」自体は、真っ赤なひげをたくわえ、威厳に満ちた、それでいてどこかユーモラスな容貌を思い浮かばせ、フリードリヒ一世をわれわれの身近に引き寄せる。しかしここでも、このあだ名にまつわるエピソードなどは一切開陳されぬまま、木村氏の筆は先を急いでいく。

このように見てくると、中世ヨーロッパにおける「あだ名」のありよう、いわば立ち位置が、われわれが通例思い描くあだ名とは少々違ったそれが、ぼんやり浮かび上がってこないだろうか。

日本の中世史家の文章がつづいたが、少し目が慣れてきたところで、今度はヨーロッパ中世の時代に書かれた作品、いわば同時代の叙述に目を向けよう。つぎにあげるのは『サン・ベルタン年代記』の八七三年条項の一節である。イタリア王・皇帝ルードヴィヒ二世（八八五年没）が南イタリアのカプアに滞在したさいの事蹟を記そうとする箇所に、おそらくはその当時のカプア情勢にふれた文章を比較的長く差し挟んでしまっている、という文章構造で、そのため少々わかりにくい訳文になっていることをご容赦願いたい。

イタリアの皇帝ルードヴィヒ（皇帝ルードヴィヒ二世）がカプアに滞在して、禿頭《とくとう》のラムベルト（Landbertus Calvus）は既に亡くなっていて、ギリシア人たちの皇帝（ビザンツ皇帝）の貴族らがベネヴェントの人びとを支援するべく軍隊を率いてオーラント（イタリア、サレント半島東端の海港都市）へ到着して……

『サン・ベルタン年代記』は、七四一〜八二九年までのフランク王国の歴史を描く『フランク王国年代記』を継ぐ形で、八三〇〜八八二年までのフランク情勢を西フランク王国を中心として描いた歴史叙述である。三名の人物によって書き継がれ、八六一〜八八二年条項を書き継いだ最後の書き手は、九世紀後半のフランク聖界における中心的な人物の一人、ランス大司教ヒンクマールである。

聖界の重鎮が自らの威信をかけて運ぶ筆の先に忽然とあらわれる「禿頭のラムベルト」。一読、冗談をいっているのか、と思って全編読み返してみても、そのように読める箇所は他のどこにもない。ちなみにこの「禿頭のラムベルト」なる人物は、この作品の右の箇所でしか登場しない。歴史研究者は「ラムベルト」という名前と、おそらくはカプアに所縁があると思われることから、どのような人物であるかを探ろうとするが、ここではそうした問題には立ち入るまい。われわれがここで注目したいのは、ヒンクマールがこの作品でこの人物を公然と「あだ名」をつけて呼んでいること、しかして何らかのニュアンスを込めてこの人物を「禿頭」と呼んでいるとは思われないことである。

さらにもう一例あげよう。十一世紀の『フランク人たちの王たちの歴史』という小作品の一節。この作品はメロヴィング家の始祖とされるメローヴィスから始まって、カペー朝のアンリ一世（一〇六〇年没）に至るまでの、歴代のフランクーフランス王の事蹟をごく簡単に記したものであるが、その冒頭は単純な「系譜」の記述——いわば系図を文章化したもの——である。今ここではカロリング家のフランク王—西フランク王たちの名をあげる箇所を紹介しよう。

短軀のピピンは偉大なるカールをもうけた。偉大なるカールは敬虔なルードヴィヒをもうけた。敬虔なルードヴィヒは禿頭のシャルルをもうけた。禿頭のシャルルはルイをもうけた。ルイは単純なシャルルをもうけた。

「あだ名」を付された人物名が実に淡々と並ぶ。ここでも、何らかのニュアンスを込めて「あだ名」をあげているとは思われない。『サン・ベルタン年代記』であれ、『フランク人たちの王たちの歴史』であれ、誰か・何かを面白おかしく、あるいはシニカルに描こうとする意図は見られない。これらは、歴史叙述あるいは「系譜」作品として、基本的には事実関係を端的に書きとどめることを目的とした作品であり、そうした中で、「あだ名」が用いられているのである。

仮に国王の名で出された勅令や国王が発給した証書・文書の類を「公的」なものというならば――ちなみにそれらには「あだ名」を付した名乗りは決して登場しない――、『サン・ベルタン年代記』や『フランク人たちの王たちの歴史』などの作品は決して「公的」なものというわけではない。したがってここで使われている「短軀のピピン」（＝ピピン短軀王）とか「禿頭のシャルル」（＝シャルル禿頭王）とかが、公的・正式な名称として使われていたわけではない。とはいえ、「公的」ではないが、しかしそれに準じると言ってもよさそうな立ち位置の作品が、このように「公然と」「あだ名」をつけて呼んでいるのである。そしてこうした事態は、中世を通じて見られるごく普通のことなのである。

もう一例、第二章以下で何度か言及し、引用することになるシャバンヌのアデマール（九八九年頃～一〇三四年）の一〇二五／三〇年ころの著作『歴史』（『年代記』とも呼ばれる）の場合を見てみよう。この作品はフランク族の起源から説き起こし、彼アデマールの同時代までの、フランスを中心とする歴史を記したもので、後述するようにカール・マルテル、ピピン短軀王、大ユーグ、そして麻屑頭のギョームなど、少なからぬ登場人物に対し「あだ名」を付して記している。そこでの「あだ名」も、右の『サン・ベルタン年代記』や『フランク人たちの王たちの歴史』に見られるのと同様、ニュアンスを排した「あだ名」である。ただ、アデマールは、そうした一連の「あだ名」の中にあって、一部の「あだ名」についてはその由来を記している。第二章でカール・マルテルの事例を紹介するので、ここでは別の事例を紹介しよう。フランス西南部に所在するアングレームの伯ギョーム一世（九四五年頃没）のあだ名「鉄を切る者」（ラテン語 Sector ferri、フランス語でタイユフェル Taillefer）の由来を述べる箇所である。

> さらに「鉄を切る者」ギョーム（ギョーム・タイユフェル）が亡くなった。彼はこのあだ名をつぎのような事情からつけられた。ノルマン人との戦闘が行われ、どちらの側も屈服せず、翌日、彼（ギョーム）は彼ら（ノルマン人）の王ストリン（Storin）と一対一で戦うことに同意した。彼は鍛冶職ワランデル（Walander）が鍛えたコルト（corto）と呼ばれるきわめて頑強な剣で、王の鎧の真ん中を切り裂き、同時にこの一撃で王の体を真っ二つにしたのである（第三書・第二八章）。

ところで『フランク人たちの王たちの歴史』やアデマールの『歴史』（『年代記』）の書かれた十一世紀においては、「あだ名」が「より公然と」登場するようになる。第三者がその著作の中である人物を「あだ名」で呼ぶのみならず、本人自らが文書・証書などの実務証書類において「公然と」「あだ名」を付して名乗っているのである。

すなわち、宮松浩憲氏によるならば、十世紀末までの史料にあだ名が登場する機会は非常に限られていたが、十一世紀以降になると増加し、しかも各種の文書・証書において、文書発給の当事者や、文書で約された行為を保証するべく名を記された証人たちが、「あだ名」をともなって登場する事例が見られるようになる。例えば、アンジュー伯ジョフロワ三世（一〇九七年没）とその弟フルク四世（一一〇九年没）は、文書作成にさいして自らを「髭面のジョフロワ」（Berbatus、フランス語でル・バルビュ le Barbu）、「渋い顔のフルク」（Rechint/Richin、フランス語でル・レシャン le Réchin）と呼んでいるのである（宮松浩憲『金持ちの誕生――中世ヨーロッパの人と心性』二〇〇四年）。

『ドイツ伝説集』やサガなどの作品に見られるあだ名、そしてその背後に存在したと思われる口承世界におけるあだ名が「私的な空間」に生きているのに対して、右に見てきた『サン・ベルタン年代記』や『フランク人たちの王たちの歴史』、あるいは堀越孝一氏や木村豊氏の著書など、中世から今日に至るまでの、歴史叙述にかかわる作品の中での「あだ名」において特徴的なことは、「私的な空間」を超越した「公然性」である。「公然性」はさらに、十一世紀以降の中世盛期に入ると、そうした著述作品のみならず文書・証書などの実務証書類においても、つまりは名を記す当の本人にあっても、用いられ、ヨーロッパ中世の「あだ名」の特異性を一層きわだたせている。

ヨーロッパ中世においては、なぜこのような特殊な「あだ名」が見られるのだろうか。ごく常識的に考えるならば、「私的な空間」に生きるあだ名が、「公然性」のもとにある「あだ名」に先行していよう。そうだとするならば「私的な空間」のあだ名はいつ、どうして「公然」たる「あだ名」となったのであろうか。

ヨーロッパ中世の「あだ名」のもつ特異性とそれにまつわる問題に関して、疑問はつきないけれども、本書では、まずは原点に戻って、そもそもヨーロッパ中世という時代になぜ大挙してあだ名が登場しているのか、そこでは何が問題であったのか、といった点について、即物的《ザッハリヒ》に検証を積み上げていくこととしたい。なお、これまで、われわれがそう呼んでいるものとは異なるありかたの「あだ名」があることを喚起するために、それをカッコつきの「あだ名」と記してきたが、以後、考察を進めるにあたっては煩雑さを避けるため、「私的な空間」におけるあだ名も「公然性」のもとにある「あだ名」もともに、カッコなしで単にあだ名と記していく。

あだ名の宝庫、ヨーロッパ中世

ドイツの作家ラインハルト・レーベの著作に『シャルル禿頭王は本当にハゲだったのか――歴史上のあだ名、そしてその背後にあるもの』（一九六九年）という、面白いタイトルの本がある。あだ名で呼ばれる人びとを取り上げ、そのあだ名の由来やエピソード、その人物にまつわる事蹟や言い伝えなどを紹介した書物であるが、その巻末に「簡易 あだ名選」として、あだ名を伴った人物が三六三名列挙されている。このうち、古代の人物、イスラム圏・ビザンツ圏の人物、そして十五世紀末以降の近世の人物が、合計六七名おり、残る二九六名がヨーロッパ中世の人物である。この数字だけからも、ヨーロッパ中世においては、他の時代、他の地域に比べていかに多くの人びとがあだ名で呼ばれているかがうかがい知れよう。

さてここでその二九六名を列挙することで、ヨーロッパ中世においていかに多くの人びとがあだ名で呼ばれているのか、一部なりとも実感してもらおうと思うのだが、この中にはそのあだ名を日本語に適切に訳すことが難しいものなどもあり、それらを一三名除き、代わりに、このリストではあげられていないがよく知られる人物一七名を加えることで、計三〇〇名とし、これを巻末に掲げた。なお、レーベのリストは、彼がドイツの作家ということもあって、ドイツ語圏の人物が多いという地域的な偏りがあり（一例をあげれば、先の堀越孝一氏の文中の撚りひげのアラン、麻屑頭のギョーム、から威張りのギョームらはここには数えられていない）、また、伝説上の人物もあげられていて、学問的に見ると厳密さに欠ける面がある。ただ、数量だけからいってもこれに代わるあだ名の収集・リストは見当たらず（後出のアンドレアス・ラックマイアーの学位論文で取り上げられているのは一七三名、と、約半分の数である）、全体的状況や趨勢を知るうえではそれなりに利用価値の高い資料と思われる。前置きが長くなってしまったが、まずは巻末の「中世ヨーロッパ王侯《あだ名》リスト」（以下「あだ名リスト」と略称）を一瞥していただこう。

見られるようにあだ名とともに呼ばれる人びとは実に多い。そして多彩である。長身・短軀・肥満・禿頭・赤（髪）・髭など、身体的特徴ないし外見を捉えたあだ名、獅子心（ライオンの心臓）・豪胆・穏健・残忍など性格を捉えたあだ名、敬虔・変人・浪費家など習性・素行からのあだ名、等々。リストでは王侯貴族のみが取り上げられているが、十一世紀以降になると、宮松浩憲氏が指摘しておられるように、伝承史料の増加も手伝って、右と同様に多彩なあだ名を付され呼ばれる庶民たちもまた大挙して登場する。ヨーロッパ中世、それはまさにあだ名の宝庫である。

あだ名の由来・伝承

こうしたあだ名の中には、なぜそのあだ名で呼ばれるのか、あだ名の意味合いやつけられた理由などを、やはり問いたくもなるものもあろう。このあたりのことを、即物的《ザッハリヒ》な検証へ進む前に、もう少しながめておこう。先に述べたように、北欧の散文物語サガや、ゲルマンやドイツの伝説集において、あだ名の由来、それにまつわるエピソードの類が数多く語られている。すでにグリム兄弟の『ドイツ伝説集』の中から、ニーダーラーンガウの伯コンラート（コンラート・クルツボルト、あだ名リスト117番）のあだ名とその武勇譚を紹介したが、同書からさらに、チューリンゲン地方伯、跳躍のルードヴィヒ（ルードヴィヒ跳躍侯、あだ名リスト275番）と、噛みつかれのフリードリヒ（フリードリヒ噛跡侯、あだ名リスト193番）のあだ名の由来を伝える箇所を紹介しよう。

○跳躍のルードヴィヒ（チューリンゲン地方伯、一一二三年没）

ザクセンの宮廷伯フリードリヒ三世は一〇八五年、狩りの最中に近隣の領主たちによって殺害された。この直前に生まれた息子フリードリヒは、後年、母の再婚相手であるチューリンゲン地方伯ルードヴィヒに、父の殺害の罪をきせようとし、裁判沙汰となる。この出来事をもとに、グリム兄弟の『ドイツ伝説集』第二巻の五五四番においてつぎのような話が伝えられる。

ルードヴィヒは捕えられ、ザーレ河畔のギーベンシュタイン城の一室に二年以上閉じ込められた。彼は密かに従者に遺言を託すとともに、翌日の昼時に二頭の馬を連れてザーレ河畔のこの城の下に来て、待っているよう、指示した。

しかし彼が閉じ込められていた部屋は、六人の信頼できる男たちが見張っていた。示し合わせた時刻が近づくと、彼はひどく寒いと訴え、服をたくさん着込み、部屋の中を静かに行ったり来たりした。男たちは退屈のあまりチェスに興じ、歩き回る彼に特に注意を払わなかった。そうこうするうちに彼は下に彼の従者が二頭の馬とともに来ていることに気づいた。と、彼は窓辺へ走り、大きな岩を越えてザーレ河へと跳び降りた。風が彼を運び、河面に激しくぶつかり落ちるのをやわらげた。そこへ従者が誰も乗っていない馬を連れて泳いできた。地方伯は馬に飛び乗り、濡れた服を一部脱ぎ捨て、白鳥と呼んでいた白馬を駆ってザンガーハウゼンへまで疾走した。この跳躍のゆえに彼は跳躍者ルードヴィヒと呼ばれている。

○噛《か》みつかれのフリードリヒ（チューリンゲン地方伯、一三二三年没）

グリム兄弟の『ドイツ伝説集』第二巻の五六六番の話。チューリンゲン地方伯のアルブレヒト堕落侯は愛人をつくり、妻マルガレーテを殺害しようとする。しかし殺害を命じられた驢馬《ろば》使いはマルガレーテに真実を話す。

「お静かに。わたしにご助言ください。ご主人様が、あなた様を殺すようわたしにお命じになりました。あなた様もわたしも助かるには、どうしたらよろしいでしょう。」彼女は言った。「執事のところに行き、わたくしのもとへ来るように言いなさい。」執事は、今は、子供たちと別れ、城を出るよう勧めた。地方伯夫人は幼い息子たちのベッドのかたわらにすわり、むせび泣いたが、執事とその妻は彼女に急ぐようせきたてた。ほかにとるべき方策がなかったので、夫人は子供たちに神の加護があるよう祈り、一番上の子フリードリヒを抱き何度もキスをした。そして切なる母の心情から彼のほおに噛みついた。その傷跡は生涯残ることになり、そのため彼はほおに噛み傷のあるフリードリヒと呼ばれるようになった。夫人はもう一人の息子にも噛みつこうとしたが、執事がこれを妨げて言った。「お子たちを殺すおつもりか。」彼女は答えた。「大きくなったときに、彼がわたくしの悲しみとこの別れのことを思い出すよう、噛んだのです」と。

あだ名に見る中世の人びとの心性

いずれの事例も真偽のほどは分からない。ただこうしたあだ名を付して呼んだ中世の人びとの考え方、ものの捉え方、あるいは置かれた社会状況や日常生活などといったことがらに、われわれが思いを馳せるのは、自然なことであろう。さらにはあだ名を通して中世の人びとのもとにおける人と人とのかかわり方や、彼らの心性の領域に立ち入ることができるなら、興味深いことであろう。すでに日本では宮松浩憲氏がそうした観点からの研究をなさっておられる。残念ながらわたしにはこの問題に立ち入る能力も用意もないため、ここでは少し古いが二人の作家・研究者の言うところを紹介して、これに代えることとしたい。

まずドイツの作家ルドルフ・ペルトナーは、ヴァイキング＝ノルマン人のもとでのあだ名に関してではあるが、つぎのように語る。

ヴァイキングはまた短くて的確なあだ名を見つける技にも巧《た》けていた。それどころか彼らの仲間の人間の特徴を短いあだ名に短縮することに途方もない楽しみを感じていたと思われる。これはシュトラッサーの意見によれば、その中に「子供のように強い直観力、鋭い観察力と生れつきの大胆な機知」が働いているという一つの天賦の才能でもある。

ほのぼのとした特有の野人的な魅力が、こうしたあだ名から流れ出ている。……〔あだ名から見られる言葉づかいは〕きわめて具象性に富んでいたのみならず、嘲笑や意地悪さにも満ちていた。ヴァイキングはただ大胆な、今日ではほとんど理解できないような形象を空想して楽しんだばかりでなく、彼らはまた同胞の弱点を見抜く鋭い観察眼と敏感で明晰な感覚——人間一般についての感受性を備えていた。そしてその到達範囲はバロック式の過剰感情から極めて簡素な冷徹にまで及んでいた。彼らのこれでもか、これでもかといった重積して止まることを知らない気性に、素朴ではあるが強い知性がつき添って歯止めをかけていた。彼らはその言語の点においてすでに激しい感情の力士であり、同時に冷静な分別の人間でもあった。（ルードルフ・プェルトナー『ヴァイキング・サガ』木村寿夫訳、一九七一年）

またスイスの中世史家ペーター・ビューラーはその論考「中世の支配者たちのあだ名に関する研究」（一九七二年）の中で、一般の人びとと支配者層との間の心理的な「距離感」のなさについて、こう指摘する。

ヨーロッパ中世という時代は確かに階層社会ではあるが、「デモクラティック」な一面があり、人びとの間において、支配者たる王侯貴族と庶民との間においても、「隔たりという情念《パトス》」はなかった。人びとはあるいは真面目で屈託のないあだ名を用いて、あるいは嘲笑し中傷するあだ名を用いて、他者を、支配者たちをも含めて、つねに身近においていたのである、と。

個人の相貌や息づかいを生き生きと伝えるような史料に乏しいヨーロッパ中世にあって、あだ名はこのように、そうした方面の研究に光をあてる可能性を秘めた存在でもある。しかしながら、われわれにとって当面の課題は、そうした「私的な空間」の中のあだ名に生態に目を凝らすことではなく、先にもふれたように、ヨーロッパ中世特有の現象というべき「公然性」の相の下にあるあだ名の実態を、少しでも明らかにしてゆくことである。

しかし個々の具体的なあだ名をとりあげ、その由来について話題にすると、どうしてもこのように「私的な空間」のほうに引っ張られてしまう結果となるので、ここでは個々のあだ名の成立事情を探るのはひとまず措《お》こう。人びとの心性の深奥を探るという願望もひとまず横に置くとしよう。むしろ事態そのものに目を向けるべく、状況を俯瞰的に捉えること、数量的に把握するところから考えを進めたい。

あだ名で呼ばれる人びとの年代別分布状況

さてヨーロッパ中世におけるあだ名について、先にふれた巻末の三〇〇名の「あだ名リスト」を素材にして、あらためて即物的《ザッハリヒ》に見ていこう。

先に述べたように、この「あだ名リスト」はラインハルト・レーベがその著書に付した「簡易あだ名選」からヨーロッパ中世の人びとを抜き出したものである。「簡易あだ名選」自体がレーベの述べるようにもともとあだ名を網羅的に集成したものではなく、それをさらに抜き出したものがわれわれのリストであるため、もとより中世におけるあだ名全般について語るのに十全なデータというわけではない。しかしそれでも三〇〇名のあだ名ともなれば、これをサンプル集団として、ここから何らかの特徴、傾向といったものを読み取ることは許されるであろう。

リストをひととおり見て気づくことは、一言に中世とはいえ、時期ごとに数量的な差異が見られることである。このことを今少し正確に捉えよう。**[表1]**を見ていただきたい。いつからを中世と呼び、いつまでを中世と呼ぶかは難しいけれども、ここではさしあたり五世紀後半から十五世紀後半までの千年余りの期間をとって、これを半世紀ごとに区切り、一人ひとりを「▲」の印で表して、いつの時代の人びとがあだ名で呼ばれているかを示した。

一瞥して見て取れるように、われわれのリストにおいては中世初期の二百数十年間、あだ名で呼ばれる人物は登場していない。

リストにおいて最も古い時代の人物は八世紀前半に活躍した「95 カール・マルテル」(七四一年没)であり、これ以前の中世初期の人びとの名は見られない(以下、各人に付された数字はリストでの番号を表す)。八世紀の人物はこの他では、世紀半ばに活躍した「175 ピピン短軀王」(在位七五一～七六八年)、世紀後半から九世紀にかけての「96 カール大帝」(在位七六八～八一四年)、「6 アルフォンソ純潔王」(在位七八一～八四二年)の三名を数えるのみである。九世紀の人物は、カール大帝

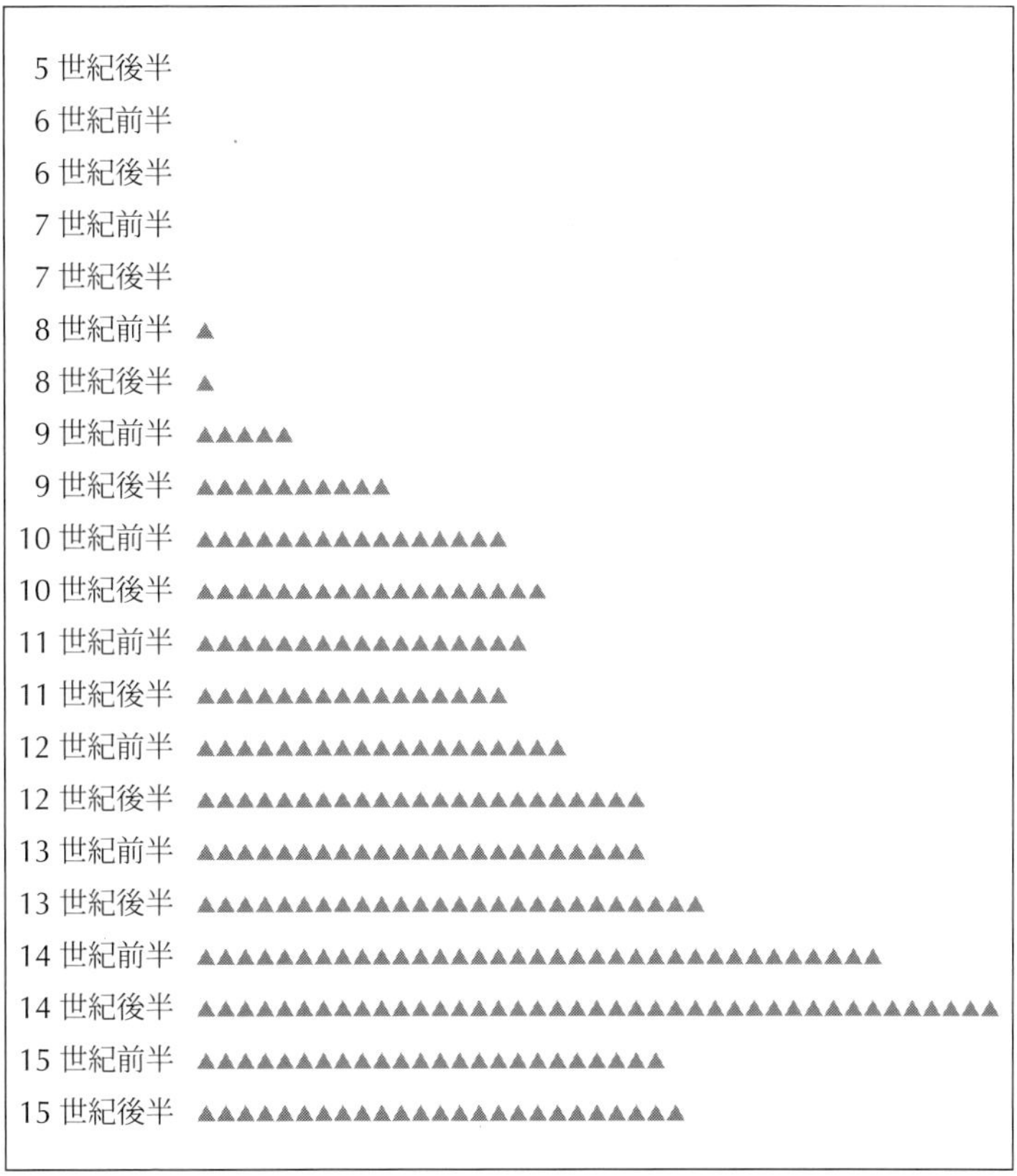

[表1]「あだ名リスト」に登場する人びとの年代別分布状況
＊時期をまたぐ人物に関しては、便宜上、没年・在位末年が属する時期に入れ、
また「171 気前よしのハルヴダン」は 9 世紀前半に数えた。

とアルフォンソ純潔王を含めて、一五名であり、それが十・十一世紀にはほぼ倍増し、十二世紀以降は格段に増加する。

中世の王侯貴族たちのあだ名に関する研究論文を著した先述のスイスの研究者ペーター・ビューラーは、つぎのように述べている。

中世はあだ名に満ちあふれている。初期の数世紀においては……まだたいしたことはなかったが、盛期および後期中世においては、あだ名は広く登場した。

[表1] が示すところはビューラーが漠然と述べていることを数量的に裏づけているわけである。われわれのリストが完全なものではないとしても、ともあれ、あだ名で呼ばれる人びとが中世のどの時期にも満遍なく現れているわけではないことは確かであるようである。これはどう解されるべきであろうか。

真っ先に浮かぶ疑問は、なぜ中世初期にはあだ名で呼ばれる人びとがきわめて少ないのか、ということであろう。このことはしかし、実のところ従来あまり問題視されてこなかった。

右にあげたビューラーもこれに積極的に応《こた》えてはいない。また宮松浩憲氏は、あだ名、特に「金持ち」というあだ名を手掛かりに中世の人びと、とりわけ「中世のブルジュワ」の心性を解明しようとするそのユニークな研究の中で、古代ローマ人のもとで見られた「あだ名の慣習」が、ローマ帝国滅亡後、ゲルマン人の「姓名制度」のもとでみかけられるのが少なくなるものの、基本的には「中世にはいっても」「継承され」たとする。そしてすでに先に紹介したように、あだ名で呼ばれる人びとが十一世紀以降、急増することを確認している。

宮松氏の関心はとりわけ「金持ち」というあだ名が登場する時代背景におかれ、必ずしもあだ名一般の時代的位相におかれているわけではないのでいたしかたないのであるが、中世初期にあだ名で呼ばれる人びとがきわめて少ないことについては、ことさら問題視されてはいない。ことは伝来する史料の多寡にかかわるのであろうか。いや、そうは思われない。中世初期においてはあだ名で呼ばれる人びとがきわめて少ないことを、きわめて象徴的に示す事態をあげよう。五世紀末〜八世紀半ばのメロヴィング朝フランク王国の国王たちは、すぐ後で述べる一人の国王に対する一つの事例をのぞき、誰ひとりとしてあだ名で呼ばれてはいないのである。それは今日われわれの時代のみならず、同時代のメロヴィング朝期、そしてカロリング朝期以降のさまざまな作品においても、すなわち中世から今日にいたるまで、そうなのである（だから、当然といえば当然のことであるが、われわれの「あだ名リスト」にはメロヴィン朝フランク王国の国王の名は登場しない）。

具体的な事例で見てみよう。先の十一世紀の作品『フランク人たちの王たちの歴史』をもう一度取り上げる。その冒頭は単純な「系譜」の記述であった。先にカロリング家の王たちを記す部分を紹介したが、それに先行するメロヴィング家の王たちの部分からあらためて紹介する。

メローヴィス、彼はキルデリヒをもうけた。キルデリヒはクローヴィスをもうけた。クローヴィスはクロタールをもうけた。クロタールはキルペリヒをもうけた。キルペリヒはクロタールをもうけた。クロタールはダゴベルトをもうけた。ダゴベルトはクローヴィスをもうけた。クローヴィスはテウデリヒをもうけた。テウデリヒはキルデベルトをもうけた。キルデベルトはダゴベルトをもうけた。ダゴベルトはテウデリヒをもうけた。テウデリヒはクロタールをもうけた。短軀のピピンは偉大なるカールをもうけた。偉大なるカールは敬虔なルードヴィヒをもうけた。敬虔なルードヴィヒは禿頭《とくとう》のシャルルをもうけた。禿頭のシャルルはルイをもうけた。ルイは単純なシャルルをもうけた。

カロリング家の国王たちが、シャルル禿頭王の息子であるルイ（吃音《きつおん》王）をのぞき、みなあだ名をつけて呼ばれているのに対し、メロヴィング家の国王たちはすべて、名前のみである。

唯一の例外というのは、フラヴィニィのユーグが十二世紀初めに著したその『年代記』において、キルデベルト三世（七一一年没）について「公正な人」（Iustus）とあだ名される国王キルデベルト」と述べていることである。この記述の典拠となったのはおそらくは、八世紀初の『フランク史書』第五〇章にある「そのころ、著名で誉れ高く、公正な王キルデベルト（Childebertus rex iustus）が神に召されてこの世を去った」（橋本龍幸訳）という記述と思われる。この作品の逸名の作者は、国王や宮宰職を担う貴族ら、少なからぬ登場人物に対して、その名に「公正な」（iustus）をはじめとして、「名高き」（inlustris）、「勇敢な」（fortis）、あるいは「厳格な／苛酷な」（severus）、「残酷な」（acer）などの人物評を短く加えており、問題の「公正な」（iustus）もキルデベルト三世を称揚するために付した語の一つであり、あだ名とはいえまい。いずれにせよフラヴィニィのユーグにおける「公正な人」はまったくの孤立事例にとどまっている。

メロヴィング朝の国王たちがあだ名を伝えられていないという事実はビューラーもまた指摘するところであるが、しかしここでも彼はそれを問題にすることはない。また宮松氏も、

メロヴィング時代も、あだ名をもつ者をみかけるが、あだ名をもつ王の存在は知られていない。それに対して、カロリング王朝では……すべての王にあだ名が付されている

と述べるのみである。

私見では、この問題をこのように問題視することなく扱う背景には、基本的にはあだ名はいつの時代、どの社会にも見られるが、本来「私的な空間」、口承世界に生きるというあだ名の性格上、多くは伝わらないにすぎない、というあだ名にかかわる一般認識があるように思われる。だが、われわれがヨーロッパ中世のあだ名にことさら注目するのは、その、多くは伝わらないと思われているあだ名への一般認識とは逆に、ある時期以降非常に多くのあだ名が登場しているという事態が見られるからである。あだ名で呼ばれる人びとが大挙して現れ、それは他の時代、他の社会では見られない、特異な現象だからである。「あだ名文化」とも表現できるこの状況、それは実際には中世全般に見られるのではなく、メロヴィング朝末期〜カロリング朝期以降の人びとに対して初めて語られうるものなのである。とりあえずはこのことをあらためて確認し、強調しておきたい。

あだ名はいつ付されたのか

ところであだ名の「出現」状況についての問題はこれにとどまらない。今、右では「メロヴィング朝末期～カロリング朝期以降の人びとに対して初めて語られうる」と述べ、「メロヴィング朝末期～カロリング朝期以降に初めて語られうる」という言い方は意識的に避けた。なぜかといえば、今日伝えられ、定着しているあだ名が、いつつけられたものであるのか、これも従来あまり問題視されてきてはいないが、看過できない問題だからである。むしろヨーロッパ中世の人びとのあだ名にかかわる誤解の一つというべきことなのだが、今日伝えられ、定着しているあだ名は、総じて、そのあだ名で呼ばれている人物が活躍していた時代に、すなわちその人物の同時代にすでに、つけられていた、と思われがちである。しかし必ずしもそうではないのである。このことを具体的な事例で見てみよう。

極端な例をあげよう。東フランク王「271 ルードヴィヒ・ドイツ人王」（在位八四三～八七六年）のあだ名「ドイツ人」である。フランク王国はカール大帝、ルードヴィヒ敬虔帝を経て、ヴェルダン条約（八四三年）によりカロリング家の三兄弟によって東フランク・西フランク・中フランクの三王国（のちのドイツ・フランス・イタリアの前身）に分割されたが、ルードヴィヒはその当事者の一人、東フランク王となった人物である。その彼のあだ名が「ドイツ人」である。

このあだ名自体、きわめて誤解されやすいあだ名であり、まずそのことについてふれておきたい。

例えばドイツの中世史家ルドルフ・シーファーは、ルードヴィヒ・ドイツ人王の父であるルー

[図2] プリュム修道院『黄金の書』外装に描かれたカロリング諸王
12 世紀、トリーア市立図書館蔵
下段右から 2 人目が「ルードヴィヒ・ドイツ人王」(もちろん「ドイツ人王」と記されてはいない)。
上段は、中央に描かれた主キリストに国王ピピン(左)がプリュム修道院を捧げ、その息子カール大帝(右)が書物を捧げる図。下段左はカール大帝の息子ルードヴィヒ敬虔帝、その右にルードヴィヒ敬虔帝の 3 人の息子、左から順に長男ロタール 1 世(皇帝・中フランク王)、三男ルードヴィヒ・ドイツ人王(東フランク王)、四男シャルル禿頭王(西フランク王)の計 4 人が、上に描かれたキリストを仰ぎ見て書物を掲げる図(94 頁の系図参照)。プリュム修道院が主キリストに捧げられ、歴代のフランク王によって保護されてきたことを表す。

ドヴィヒ敬虔帝（八四〇年没）のあだ名「敬虔なる者」について考察したさいに、九世紀後半に「敬虔なる者」と呼ばれた人物が他にもいたことを示すため、ルードヴィヒ・ドイツ人王の事例を指摘した。シーファーは、ルードヴィヒ・ドイツ人王の死を報告する『チューリヒ本アレマニエン年代記』（十世紀初の作品）の八七六年の条項《hludouuicus pius rex germaniae defunctus》を引き合いに出していう。

> それ故ルードヴィヒは同時に、敬虔王（der Fromme）と呼ばれ、ドイツ人王（der Deutsche）と呼ばれているのである！

つまりシーファーは先の条項を「ルードヴィヒ『敬虔・ドイツ人』王が逝去」

［図3］ルードヴィヒ・ドイツ人王文書
文書第77番、856年、ザンクト・ガレン修道院図書館蔵

と読んでいることになる。シーファーの議論の主旨、ルードヴィヒ・ドイツ人王も「敬虔なる者」と呼ばれていたということにはわれわれも異論はない。問題は「ドイツ人」という解釈・訳である。実はここには二重の飛躍がある。

　第一に、«rex germaniae» は「ゲルマニアの王」である。ルードヴィヒ・ドイツ人王は、同時代の年代記などの作品において «rex Germanorum»«rex Germaniae»«rex orientalium Francorum» などと呼ばれたが、それらはそれぞれ「ゲルマニア人たちの王」「ゲルマニアの王」「東のフランク人たちの王」であって、東フランク王である彼ルードヴィヒへ付された、統治地域の名称やそこの住民の名称による統治者称号に他ならない。『チューリヒ本アレマニエン年代記』の告げる «hludouuicus pius rex germaniae» は、意訳すれば「東フランク王、敬虔なルードヴィヒ」あるいは「東フランク、ルードヴィヒ敬虔王」となる。つまりルードヴィヒ・ドイツ人王はここでは、«Ludouuicus Germanus»（ルードヴィヒ・「ゲルマニア人」）と呼ばれてはいないのである。

　第二に、むしろ、あらためていうまでもないことなのだが、「ゲルマニア人／ゲルマン人」（単数形 Germanus、複数形 Germani）イコール「ドイツ人」ではないのだ。「ドイツ人」（単数形 Teutonicus、複数形 Teutonici）概念をめぐる論議にはここでは立ち入らないが（これについては三佐川亮宏氏の詳細で精緻な研究がある）、要はルードヴィヒ・ドイツ人王は、仮に「ゲルマニア人」と呼ばれたとしても、

▶ルードヴィヒ・ドイツ人王が司祭オトゥルフに対して所領交換を約した証書。1 行目と下から 2 行目はエロンガータ体（縦に引き伸ばされた書体）、その他はカロリング小字体で書かれる。右下の釣鐘様に図案化されたものは「認証した」subscripsit を表す認証記号、その右にあるのは印章 Sigilium。ここでの印章は蠟塊を紙面に付着させて、その上に刻印を押したもの（押印）。中央にローマ皇帝ハドリアヌスの横顔が描かれ、その周囲に「主よ、国王ルードヴィヒを護りたまえ」XPE PROTEGE HLVDOICUM REGEM の銘が刻まれる。印章の母型はハドリアヌス像が刻まれた古代の貴石をもとに作られ、カロリング家の家宝として伝えられ、次男ルードヴィヒ 3 世、曾孫ルードヴィヒ 4 世（幼童王）にも使用された。

「ドイツ人」とは呼ばれていないのである。これは彼の同時代である九世紀のことにとどまらない。「ルードヴィヒ・ドイツ人」（ドイツ人ルードヴィヒ）に相当するべき«Ludouuicus Teutonicus»なるラテン語の呼称は、中世のいつ・どこに捜し求めても存在しないのである。

付言するならルドルフ・シーファーは中世史の碩学であり、彼ほどの研究者でも誤解、すなわち「ゲルマニアの王ルードヴィヒ」＝「ルードヴィヒ・ゲルマニア人王」＝「ルードヴィヒ・ドイツ人王」としてしまっているのである。それでは中世においては決して見受けられることのないこの、東フランク王ルードヴィヒを「ドイツ人」と呼ぶという飛躍は、いつ・どこから出来したのであろうか。

十八世紀のごく一部の歴史家のもとでこう呼ぶ事例が存在するが、この呼び名が確実に一般化するのは十九世紀に入ってからである。十九世紀半ばドイツでは、中世末期以来領邦が割拠して国家の分裂状態がつづいてきた中にあって、ようやくドイツ統一の問題が人びとの間で広く論議されるようになっていた。そうしたさなかの一八五〇年三〜四月、ドイツ中部のエルフルトで開かれた「連合制憲議会」において、有力政治家エドゥアルト・フォン・ジムゾンはつぎのように演説した。

> ここ（エルフルト）へはすでに一〇〇〇年前、われわれの歴史がドイツ人というあだ名をつけている国王（ルードヴィヒ）がドイツの人びとを招集した。それは、公けの状況を定めるさいに彼らが彼の力になるように、とのためであった。（傍点――引用者）

ルードヴィヒを「ドイツ人」というあだ名で呼んだ最初の人物が誰であるのか、確かなところは分からないが、しかし、いってみればフォン・ジムゾンらが生きていた十九世紀半ばの思潮、すなわちドイツの統一を求め、またドイツ人の一体感をつくりだそうとした時代思潮が、ルードヴィヒを「ドイツ人」と呼ぶことを推し進めたことは確実である。すなわち当時、ドイツ統一の問題は、ドイツ国家はそもそもいつ成立したのかという問題への関心を集め、有力な解釈の一つとして、ドイツ最初の国家的枠組みの成立を八四三年ヴェルダン条約による東フランク王国の成立のうちに見る考えが提起されていた。ヴェルダン条約締結の当事者で、東フランク王となったのが、他ならぬ、かのルードヴィヒであった。しかもそのルードヴィヒは先にふれたように«rex Germanorum»«rex Germaniae»と呼ばれていたのであるが、十九世紀の人びとのもとでは、「ゲルマニア人たちの王」は「ドイツ人たちの王」、「ゲルマニアの王」は「ドイツの王」と等置されていた。人びとは自分たちが渇望する統一ドイツの最初の国王をまさにルードヴィヒのうちに求めたのであり、彼を最初の「ドイツ人の王」と見なし、おそらくはシーファーにおける飛躍と同様に、ルードヴィヒ「ドイツ人」王と呼んだのである。

仮に同時代人があだ名をつける――繰り返しになるが、それ自体はいつの時代、どの社会でもおこなわれたことであろう――ということがあったとしても、現在定着しているあだ名がそれであるというわけでは必ずしもないのである。ルードヴィヒ・ドイツ人王への、おそらくは約一〇〇〇年後の十九世紀の人びとのもとで一般化した「ドイツ人」というあだ名の例は、このことを極端な形でわれわれに教えてくれる。

今日われわれに知られ、定着している中世の人びとのあだ名は、いつつけられたものであるのか、同時代に既につけられていたものか、それとも後代の人びとがつけたものか、あるいは同時代人のつけたあだ名が別にあったのか。この問題に答えたのちに、あらためてわれわれは、なぜ、ヨーロッパ中世において多くの人びとがあだ名で呼ばれたのか、なぜ、ヨーロッパ中世においてそうした状況が、「あだ名文化」とも呼びうる事態が、見られるのであろうか、という問いかけを取り上げよう。次章でまずは巻末の「あだ名リスト」において最も古い時代の人物であったカール・マルテルの事例を、周辺のさまざまな問題ともども、見ていくこととしたい。

第II章

「カール・マルテル」の謎

▼「あだ名文化」の諸相（一）

本章では、巻末の「あだ名リスト」において最も早い時期の人物であったカール・マルテル（七四一年没）のあだ名を取り上げる。あらかじめカール・マルテルという人物について、簡単に見ておこう。

メロヴィング朝フランク王国では、七世紀半ば以降、元来は国王家の家政の長として宮廷を取り仕切っていた宮宰《きゅうさい》が、国王代理として行財政や軍事を司り、国王に代わって王国の実権を握っていった。こうした事態は同時に、この宮宰職の獲得をめぐって有力貴族たちの間で激しい抗争を生じさせていた。カール・マルテルはこうした中で台頭したカロリング家の人で、七一九年、他勢力を打破して宮宰としての支配権を確立し、七三七年からはメロヴィング家の国王を戴かずに事実上の君主として王国を統治した。この間、スペインから侵入を繰り返すイスラム勢力といく度も戦いを交えた。後年「神話化」する七三二年のトゥール・ポワティエ間の戦いはそうした戦いの一つである。七四一年に死去し、宮宰職は長子カールマンと次子ピピンが継ぐ。カールマンの引退後、単独の宮宰となったピピンは、七五一年、国王位に就き、カロリング朝が始まることになる。

あだ名「マルテル」の由来をめぐって

さて、彼については通例「カロリング家のカール・マルテル」と呼ばれる。こう呼ばれると、「カロリング家」が家名＝姓である、として、それでは「マルテル」は何か？　これも一種の家名か？　それとも二つ目の個人名か（そのようなものがあるのか）？　ミドルネームか？　そもそも彼は何故あっさりと「カール・マルテル・カロリング」と呼ばれないのか？　等々と、疑問に思ったことはないだろうか。これらの疑問への解答は、ヨーロッパ中世の人びとの「名前」に関して取り上げる章（第四章）で詳しく扱うこととして、ここではじめの問いについてのみ、あらかじめ種明かしをしてしまうと、「マルテル」は実はあだ名なのである。

　マルテル（martell）とは「槌《つち》、かなづち、ハンマー」を意味するラテン語«malleus»の変形と考えられており、通例、彼カールのあだ名としては「鉄槌《てっつい》」と訳される。つまり「カール・マルテル」とは「鉄槌のカール」という意味である。

　この「鉄槌」というあだ名について、佐藤彰一氏は『世界歴史大系　フランス史 1』（一九九五年）の中でつぎのように述べている。


　カールに「マルテル」（鉄槌）のあだ名を与えたのは、七三五、七三六、七三七、七三九年とほとんど毎年のようにミディ地方やプロヴァンスにたいしておこなった侵略戦争としか形容しようのない遠征である。南フランスの人びとにとって、カールは神の振りおろした鉄槌にほかならず、地中海地方の社会にそれがもたらした惨禍は、イスラム教徒による破壊をはるかにこえる規模であり、古代的な名残りをとどめていた南部社会の転換を画すほどのものであった。

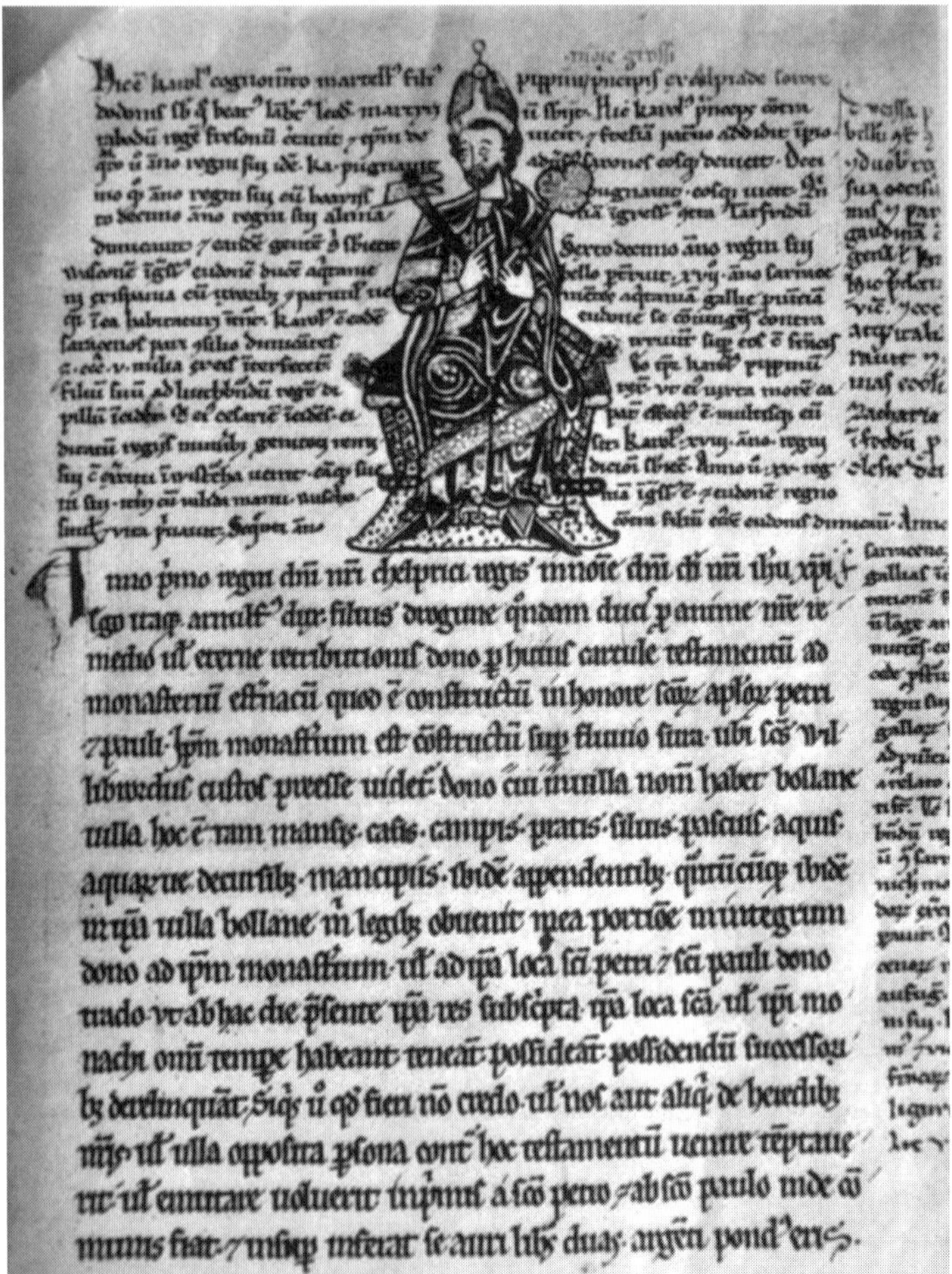

［図4］カール・マルテル

エヒテルナハ修道院『黄金の書』、12世紀、ゴータ、州立図書館蔵

カール・マルテルのエヒテルナハ修道院への寄進状を筆写した部分に、彼の像が描かれている。王者を描くさいに手にさせるものは通例、剣や笏（しゃく）や杖（じょう）、あるいは十字架つきの宝珠など権力を象徴するものであるが、この挿画では右手に「鉄槌」が描かれている。

「……のあだ名を与えたのは」と、微妙な言い回しではあるが、右の文を素直に読むならば、カールが「マルテル」（鉄槌）というあだ名で呼ばれるのは、七三〇年代にほとんど毎年のように南フランス地域に対して行われた遠征が、その背景にある、と読み取れよう。彼の南フランス遠征での仮借のない処断が人びとの記憶に残り、いつしかそれがこのあだ名を生みだした、ということであろうか。

しかして佐藤氏は『新版 世界各国史12 フランス史』（二〇〇一年）の中ではつぎのように述べる。

カール・マルテルは七三〇年代、ほとんど毎年のように南フランスやプロヴァンスに遠征したが、七三二年のトゥールとポワチエのあいだでのイスラーム騎馬軍との戦いは、その端緒といえる。南部社会にとって、彼の軍事遠征がもたらした惨禍は神が振りおろした「鉄槌《マルテル》」にほかならず、イスラーム教徒の破壊を遥かにこえていた。この地方の古代的な名残は、たび重なる人的・物的被害により完全に息の根をとめられたのである。

先の文と同じような表現ながら、ここでは「マルテル」（鉄槌）というあだ名の由来については言及を避け、「鉄槌」は比喩的な意味で用いるに留められている。

しかしこの間にも例えば渡部治雄氏は『世界歴史大系 ドイツ史1』（一九九七年）の中でつぎのように述べていた。

カールが「マルテル（鉄槌）」というあだ名でよばれたのは、彼が「トゥール・ポワティエ間の戦闘」にひきつづいて七三五年以降毎年のように南フランスを攻撃し、人びとにたいしてあたかも神の鉄槌によるとしか考えられないような大きな災禍をもたらしたからである。

佐藤氏の真意がどこにあったかは別として、渡部氏においては、佐藤氏の先の文を踏まえて、「マルテル」（鉄槌）というあだ名の由来を、七三五年以降毎年のように南フランスに対して行われた遠征に求めていることは明らかである。

結果として、わが国におけるフランスおよびドイツの通史・概説書のスタンダードたる『世界歴史大系　フランス史』『同　ドイツ史』の両書において、「マルテル」（鉄槌）というあだ名の由来について、七三〇年代にほとんど毎年のように南フランス地域に対して行われたカールの遠征がその背景にある、と説かれている――そう読める――ことになる。しかしわれわれが、概説書ゆえに注記されていないこの説明について、根拠を探し求めようとしても、徒労に終わろう。はたして実際のところはどうなのか。われわれはあらためてカール・マルテルのあだ名の周辺をさぐることにしよう。

カール・マルテルのあだ名「マルテル」についての研究は、実のところ、フランス・ドイツの研究者を中心に、十九世紀以来の蓄積がある。近年ではドイツの中世史家ウルリヒ・ノンが研究史の整理と、カールが「マルテル」（鉄槌）と呼ばれるようになった背景についてあらためて考察している。以下、彼の研究に依拠しながら、問題に接近していく。

もうひとつのあだ名「トゥディテス」（鉄槌）

カール・マルテルが生前、どのようなものであれ、あだ名で呼ばれていたことを示す史料は、実は、確認されない。彼のあだ名は彼の死後（七四一年没）、一三〇年以上たった九世紀の後半に、初めて確認される。しかもそれは「鉄槌」という意味ではあるが、「マルテル」ではなく、別の同義語「トゥディテス」である。すなわち、八七五年頃のフルリィ修道院の修道士アドレヴァルトの作品『聖ベネディクトゥスの奇跡』において、カール・マルテルについてつぎのように語られる箇所である。

彼は敵に対して決して負けることを知らず、決して容赦することもなかった。後世の人々によって彼は、すなわちそうしたやり方から、トゥディテス（Tudites）というあだ名を与えられた。なぜならトゥディテスとは、その一撃で硬きものがことごとく粉砕される職人たちの鉄槌（malleus）のことであるからである。

「トゥディテス」（tudites）とは鉄槌（malleus）のことであると説明されていて、疑問の余地はないが、念のため言い添えるならこの語は、«malleus» の同義語であるラテン語の «tudes» の複数形であり、アドレヴァルトもこれを文法上複数形に扱って文章を書き記している。ちなみに、アドレヴァルト以降、この語は後述のように「マルテル」とともにカールへのあだ名として用いられていくが、ほとんどすべてがアドレヴァルトに倣ってか、この複数形で記される。謎である。嵩《こう》じると「トゥディテス」（Tudites）自体が単数形扱いされたりしている（例えば、三人称単数形の動詞をとったり、この語自体が単数形の格変化をしたりしている）。ウルリヒ・ノンはカールのあだ名として単数形《Tudes》で記された史料箇所を十二世紀半ばの一事例しか見つけられなかったと語っている。『聖ジュヌルフの奇跡』のつぎの一文がそれである。

この同じピピンはカールをもうけた。彼（カール）はトゥーデス（Tudis = Tudes）、すなわちマルテル（Martulus）とあだ名された。すなわち戦いでのこのうえない勇敢さのゆえに。

あだ名「マルテル」の初出

さて、これに対し「マルテル」（martellus）というあだ名の初出は、「トゥディテス」の初出の少しあと、九世紀末、八八八年から八九五年の間に、ランス大司教座教会の聖職者によって書かれたと思われる『ランス司教リゴベルト伝』においてである。

彼（カール）は荒々しい気性のゆえに、というのは若年の時から戦闘好きで、力強く、このうえなく勇敢な男だったので、やがてマルテル（Martellus）とあだ名された。

単語「マルテル」（martellus）の語源は、古典ラテン語における《marculus》、すなわち、先に見た《malleus》（鉄槌）の今一つの同義語である《marcus》（槌、鉄槌、斧）に指小辞《-ul-》が付けられた語《marculus》（小槌）であり、この語は一世紀ごろに《martulus》という綴りでも記されるようになっており、さらにそこから話し言葉としての俗ラテン語（一〇〇〜五〇〇年頃）において《martel(l)us》とも言われるようになったと推察されている。

中世の書き言葉の世界で実際に使われるようになっていたことは、前期中世ラテン語期（五五〇〜七七〇年頃）のセビリャのイシドルス（六三六年没）がその『語源論』（一九―七―二）において、《marcus》は大きな鉄槌（marcus malleus maior）、《martellus》は中くらい（martellus, mediocris）、《marculus》は小さな鉄槌（marculus malleus pusillus）と語っていることからも分かる。「マルテル」の語が『ランス司教リゴベルト伝』をはじめとして、「鉄槌」の意味で用いられていることは明らかであり、それは《tudites》と並行して用いられていることからもまた、疑いないところであろう。

「トゥディテス」と「マルテル」は、初出以降しばらくの間、カールへのあだ名としてそれぞれ単独で使われていくが、まもなく、よく併記されるようになる。例えば十一世紀後半、ジャンブルー修道院の修道士シジェベールが著した『マーストリヒト司教ランベルト伝』では、つぎのようにいわれる。

彼（中ピピン）はまた彼女（カルパイダ）から息子カールをえた。彼（カール）にはのちに不屈で戦いの勇猛さのゆえにトゥディテスあるいはマルテル（Tudetes sive Martellus）というあだ名があった。

先の十二世紀半ばの『聖ジュヌルフの奇跡』の中の一文でも、二つの語が記されていた。こうして「鉄槌」を意味する「マルテル」と「トゥディテス」の二つの語がカールのあだ名として中世後半に至ってもなお用いられつづけるが、しかし、この間にも「マルテル」の使用が次第に優勢となる。注目されるのは、十一世紀前半に、「カールマルテル」（Karlomartellus）という、カール名とあだ名「マルテル」とが一語となった表記が出現していることである。例えば十一世紀前半の作品である『カンブレー司教事蹟録』はつぎのように記している。

聖サルウィウス修道院について。……この地域の君主《プリンケプス》であるカールマルテル（Karlomartellus）がそのことに驚き、霊魂の救済のために、自身のヴァランシエンヌの国庫領と他の財産によってこの地を増大させ、そして貢納者たちの支払いを割当てることによって、参事会員たちを秩序立てた。

「カールマルテル」と、あたかもそれが一語の名前であるように記されている。これはカールと「マルテル」の結びつきが進み、「マルテル」というあだ名を付した呼称が定着していくという方向性を示していよう。

短いまとめと、その他のあだ名

これまでのところの要点をまとめよう。

カール・マルテル（七四一年没）のあだ名「マルテル」（martellus、鉄槌）の史料上の初出は、九世紀末、八八八年から八九五年の間に、ランス大司教座教会の聖職者によって書かれたとされる『ランス司教リゴベルト伝』においてであった。それに先立って、フルリィ修道院の修道士アドレヴァルトの八七五年頃の作品『聖ベネディクトゥスの奇跡』において、「マルテル」の同義語「トゥディテス」（tudites ＜ tudes、鉄槌）が登場していた。この二つの語はその後もカールのあだ名として用いられつづけ、しばしば併記されたが、次第に「マルテル」の使用が優勢となる。この間の十一世紀前半には「カールマルテル」という表記も現れ、それはあだ名「マルテル」を付した呼称「カール・マルテル」へと定着していく方向性をよく示している。

以上、カール・マルテルの「マルテル」（鉄槌）というあだ名について見てきたが、念のため、他の、あだ名と考えられるものについてもふれておこう。

カール大帝の宮廷で活躍したアルクイン（八〇四年没）が著した『ヴィリブロールト伝』（八世紀末〜九世紀初）において、ピピン短軀王について「カール・マルテルの息子、カール大帝の父」と説明するさいに、「ピピン、最も勇敢なフランク人たちの大公カール（fortissimus Francorum dux Carolus）の息子、現在の最も気高いカール（hic nobilissimus Carolus）の父」と語る。カール・マルテルに付された「最も勇敢な」は、カール大帝への「最も気高い」と対になって並置されていることから、あだ名というより、「最も気高い」ともどもそれぞれの人物を最上級で称揚した形容語と考えてよいであろう。ただしその後、彼に決まって付される形容語の一つになっていたのであろうか、十一世紀の「系譜」作品の一つは「最も勇敢なる者（fortissimus）とあだ名されるカール、大公」と記している。

『クサンテン年代記』の、おそらくは十世紀に書かれたのではないかと推測される七四一年の条項は、カール・マルテルの死を、「好戦家（bellicosus）カールが死去した」と記す。十二世紀に書かれた『マクデブルク年代記』の、同じく彼の死を伝える七四二年の条項では、「ピピン（＝中ピピン）の息子、フランク王国の宮宰、好戦家（bellicosus）と呼ばれたカールが死去した」と記される。時期が前後するが十一世紀に書かれた「カロリング家の系譜」作品の一つも「好戦家（bellicosus）カール」と記す。

「最も勇敢なる者」（fortissimus）も「好戦家」（bellicosus）も、あだ名としては、「鉄槌」（tudites, martellus）に先行する事例は確認されない。ただいずれのあだ名も、「カール・マルテル」という呼称が定着していく間に、さまざまなあだ名が継起し、また廃れていったことを示唆していよう。

「鉄槌」とは？

つぎにカールの「鉄槌」（マルテル、トゥディテス）というあだ名の由来について見ていこう。

最も早期の事例であるアドレヴァルトの『聖ベネディクトゥスの奇跡』（八七五年頃）は、右に見たように、不敗のカール、敵に対して容赦しないカールを、一撃で硬いものをことごとく粉砕する鉄槌のようであるとして、このあだ名で呼ばれた、と語る。「マルテル」の初出事例であった『ランス司教リゴベルト伝』（八八八〜八九五年）も、カールの荒々しい気性、若い時から戦闘好きな彼の力強さ、このうえない勇敢さから、このあだ名で呼ばれたとする。いずれの事例も、もっぱらカールの性格・行動様式が「鉄槌」にたとえられたとし、具体的な逸話や、戦闘をあげて説明してはいない。

その後のさまざまな記述も、多くは、カールの「鉄槌」というあだ名の由来をこのようにもっぱらカールの性格・行動様式から説明する。右に例示したものを繰り返すなら、十一世紀後半のシジェベールの『マーストリヒト司教ランベルト伝』はカールの不屈さ、戦いでの勇猛さから、十二世紀半ばの『聖ジュヌルフの奇跡』も戦いでのカールのこのうえない勇敢さから、このあだ名で呼ばれた、としていた。先に見た、「最も勇敢なる者」や「好戦家」というあだ名もこうした列に連なるものであろう。

そうした中でシャバンヌのアデマール（九八九年頃〜一〇三四年）の一〇二五／三〇年頃の作品『歴史』（『年代記』）は、カール・マルテルがイスラム勢力といく度も戦い、これを打ち破ったことを述べたのちに、つぎのような記述で、カールのあだ名の由来を語る。

この時からみなが彼をマルテル（Martellus）とあだ名し始めた。というのは鉄槌（martellus）がいわばすべての鉄器を服従させるように、そのように彼自身が神の支援によってすべての戦闘を鎮めていたからである（第一書・第五二章）。

つまりアデマールにおいては、イスラム教徒との間で繰り返された戦いでの勝利が、カールに「鉄槌」というあだ名がつけられた背景とされ、このように呼ばれる理由として、カールがすべての戦いに勝利したことが、鉄槌が「すべての鉄器」（cunctum ferrum）を従えていることにたとえられるから、と説明される。

アデマールの説明は、カールの連戦連勝をあだ名の由来とする点では、戦闘における技量などを理由にあげる右の一連の記述と通底するが、具体的に対イスラム戦での勝利をあげていることは、他の史料報告と異なる特徴的な点である。しかしイスラム教徒との間で繰り返された戦いを背景にあげるアデマールのこの説明は、ウルリヒ・ノンによるならば、「後続者」がなく、まったくの孤立事例にとどまる。すでに十九世紀のドイツの法制史家ゲオルク・ヴァイツは、時代的に古い史料においては、カールのあだ名をイスラム教徒との戦いに結びつけるものはなく、つねに、カールの勇敢さや勇猛さなど、一般的な説明がなされている、と指摘していたが、ノンもまたこれをあらためて確認したわけである。

ところでカール・マルテルの対イスラム戦といえば、ただちに七三二年のトゥール・ポワティエ間の戦いが想起されよう。しかし、同時代にいく度となくおこなわれたカールの対イスラム戦のうち、トゥール・ポワティエ間の戦いが特に転機となるような戦いであった、また、当時そう認識されていた、というわけでは、実は、ない。カールによるトゥール・ポワティエ間の戦いの勝利を特別視する「神話化」は、カールの死後、八世紀後半から始まり、次第に増幅されていく（この問題については津田拓郎氏の詳細な研究がある）。事態のそうした進展の中、ある意味不思議なことに、「鉄槌」というあだ名をこの七三二年のトゥール・ポワティエ間の戦いに結びつけて説明しようとする史料証言はない。そのような説明をするのは、ノンによるならば、むしろ近現代の通俗的な読み物であり、史料に根ざすものではない。

まとめよう。カールの「鉄槌」（マルテル、トゥディテス）というあだ名が表すものは、このあだ名の登場の当初から、勇猛さ、戦いの技量に優れているさま、恐れを知らぬさま、など、カールの性格・行動様式に対する一般的なイメージであったと思われ、具体的な逸話や戦闘行為に引き付けて想起された確証はない。「鉄槌」の由来のこうした捉え方は中世を通じて、一例をのぞき、変わらない。その例外とは、あだ名がつけられた背景をイスラム教徒との間で繰り返された戦いでの勝利に据える、アデマールの説明であるが、このあだ名の登場から一五〇年ほどたった時代の作品の中で語られているものであり、また、まったくの孤立事例であることから、おそらくは作者アデマールの独自の解釈と考えられよう。また、近現代の歴史叙述に時おりみられる、このあだ名を七三二年のトゥール・ポワティエ間の戦いでの勝利と結びつける説明は、史料的根拠をもたないまったくの過誤である。

叔父の名からの由来説

以上でカール・マルテルのあだ名「マルテル」をめぐる議論はひととおり終わるはずなのであるが、しかしこの「マルテル」という名前についてわれわれはもう一つ、かなりこみいった問題を抱えている。「マルテル」はあだ名ではない、カール・マルテルの叔父に由来する名前である、とする所説があるのだ。

先にその著書の一節を引用させていただいた堀越孝一氏が、別の著書『世界の歴史 第八巻 ヨーロッパ世界の成立』（一九七七年。本書は二〇〇六年に『中世ヨーロッパの歴史』と改題されて講談社学術文庫の一冊として出版されている）の中で、カール・マルテルについてつぎのように語っておられる。

ピピン二世（＝中ピピン）のあと、カール・マルテルが全王国の宮宰職を掌握した。この一族にはじめて登場するカールの名はゲルマン語系であり、もともと自由農民を意味する。また、マルテルの名は、カールの叔父の名に因《ちな》む命名であって、鉄槌《てっつい》を意味するあだなであるとする説は後代の思いつきにすぎない。

私は、初めてこの箇所を読んだとき、正直なところ、驚いた。あだ名について調べようなどとは考えてもいなかったころ、自分の知っている限りの文献で、マルテルを「鉄槌」を意味するあだ名であるとする説は後代の思いつきであり、マルテルは叔父の名に因む名前である、と述べているものは一つとしてなかった。カールにはマルテルという名前の叔父がいたのだろうか。カロリング家の人びとを網羅する——網羅しているはずの——研究文献においてそのような人物を見出すこともできなかった。堀越氏の右の著書は研究書ではないため注記はなく、氏が根拠とする史料が何であり、あるいは誰の所説をもとに述べておられるのか、皆目分からず、私にとってはすべて謎のままであった。

先にもあげたウルリヒ・ノンの研究（すでに一九七〇年に出ていた）に出会い、そこで初めて堀越氏が依拠したと思われる著書に行きつくことになった。フランスのジャン＝アンリ・ロワとジャン・ドゥヴィオスによる共著『ポワティエの戦い……七三三年十月』（一九六六年）がそれである。本のタイトルの「ポワティエの戦い」とは、かの七三二年のトゥール・ポワティエ間の戦いのことであり、「七三三年」は誤記ではない。この戦いが起こった年は通例七三二年とされるが、これ以外に七三三年、七三四年とする説もあり、著者のロワとドゥヴィオスは七三三年説をとっているのである。

この著書においてロワとドゥヴィオスが「マルテル」について説明している箇所があり、あえて訳出して示しておきたい。なお、研究書ではないため、この著書には注記はない。また、カッコ内の説明は私によるものである。

カールは、（中略）彼の時代の諸記録を通して確認されるように、写筆者の気ままな筆によって、Martiaus・Martieaux・Marteau あるいは Martel と呼ばれた。とりわけ国立図書館（Bibliothèque nationale、フランス国立図書館）の、あるパリンプセスト（元の文字を消して新たに文が記された羊皮紙）

がこのことを立証している。八世紀のこの暦《カレンダー》は、ルクセンブルクのある修道院に由来し、七四一年に死去した前述のKarl Martieauxへの弔辞を提供する。同時代の資料は、マルテルが単に、彼がその誕生以来もっていた一般的《ジェネリック》な名前にすぎないことを示している。おそらくはカールの洗礼親を務めたランスの首都司教である聖リゴベール（リゴベルト）が、彼がそのように呼ばれることを提案したのである。思うに二つの理由がこの高位聖職者にこの提案を表明させた。小さい方の理由であるが、マルテル（Martel）、すなわちマルセル（Marcel）ないしマルタン（Martin）という名前、ラテン語のマルケルス（Marcellus）という名前は、トゥールの聖マルティヌス（サン・マルタン、ガリア＝フランスの守護聖人）の死去以来ガリアにおいて大いなる尊敬を享受してきた。しかしこの司教の心において重要だったのは、何よりも、大公マルタン（マルティヌス、マルティン）の名声をこの方法で称えることであった。カールのこの叔父は、ルコフォア（Lucofao/Lucofoa、ラン Laon 近傍の Bois-du-Fays に比定されている）で「おびただしい人びと」の死を引き起こした激しい戦いののち敗れた。これは六八九年とされるカールの誕生の八年前のことであった。戦いののち、マルタンはランに隠れたが、彼に命を助けることを保証したネウストリアの使者たちの約束に譲歩した。しかし彼らは空《から》の聖遺物箱にかけて誓ったのであって、マルタンは殺害された。

さて、ロワとドゥヴィオスの議論を検討する前に、われわれはまず、「マルテル」の語のフランス語での史的展開を踏まえておきたい。

先に「マルテル」の意味に関する箇所で、古典ラテン語における«marculus»から«martulus»への展開、話し言葉の世界、すなわち俗ラテン語において«martellus»とも言われるようになったと推察されること、そして実際書き言葉としての中世ラテン語で«martellus»が使用されていたことについてふれた。フランス語としての展開はどうであったかというと、«martellus»は、古フランス語期（八五〇〜一三〇〇年頃）において«martel»をへて複数形で«marteaus»を生み（古フランス語では名詞の単数形と複数形が非常に異なった語形をもつ場合が少なくなかった）、これが現在のフランス語の«marteau»《マルト》（鉄槌）へといたった、とされる（『仏和大辞典』白水社、一九八一年、「フランス語の歴史」および«marteau»項を参照されたい）。

ロワとドゥヴィオスが、訳出箇所のはじめの部分において、カールが«Martel»の他、«Martiaus»«Martieaux»«Marteau»とも記された、とするとき、それが仮に、«martel»から«marteaus»（古フランス語）をへて«marteau»（現在のフランス語）へと変化していく過程での様々なヴァリエイションを示しているものであるのなら、何の問題もあるまい。しかしロワとドゥヴィオスが言わんとしていることはそうではない。カールの同時代史料にそれらが記されていると言っているのである。

ロワとドゥヴィオスは、カールが同時代の史料に«Martieaux»と記されていたことの論拠として、唯一、パリのフランス国立図書館に所蔵される、ルクセンブルクのある修道院に由来する、パリンプセストに書かれた八世紀の暦《カレンダー》なるものをあげる。具体的な名称が記されていないこの史料は、ウルリヒ・ノンによるならば、ルクセンブルクに所在する、カロリング家と関係の深いエヒテルナハ修道院の聖ヴィリブロールト（七三九年没）の暦《カレンダー》と考えられる——それしか考えられない——が、しかしそこにはカールに添え名はない。何かの思い違いとしか思えない、とノンは語る。他の表記《Martiaus》《Marteau》《Martel》についても、それらがカールの同時代の史料のうちに既に見られるとすることに対して、ノンは懐疑的である。

既述のように、十九世紀以来の諸研究が明らかにしているように、カールへのあだ名としては、彼の死の約一三〇年後のアドレヴァルトの『聖ベネディクトゥスの奇跡』(八七五年頃)における「鉄槌」(tudites)が初出であり、これ以前に、生前を含めて、彼につけられたあだ名、添え名の類は伝えられない。ロワとドゥヴィオスが同時代史料の中に新たな史料証言を一挙に(少なくとも)四ヶ所見つけた、となれば、それだけでも重要な発見であろうが、これらを再確認する研究報告はいまだにない。

件《くだん》の箇所が議論として成り立つとしたら、それは右に記したように、今日のフランス語における《marteau》(鉄槌)の成立の過程での、《martel》から《marteaus》をへて《marteau》へと変化していく過程、すなわちカールの同時代ではなく、古フランス語から中期フランス語(一三〇〇〜一六〇〇年頃)をへて近代フランス語(一六〇〇年頃〜)への過程での様々なヴァリエイションを論じる場合のみであろう。

ロワとドゥヴィオスは何か思い違いをしているのかもしれないと考えるわれわれは、しかしてつづく彼らの「マルテル」の意味に関する議論に驚嘆してしまう。右に論じてきた《Martiaus》《Martieaux》《Marteau》《Martel》は「鉄槌」を意味する《martel》でも《marteau》でもなく、ましてやそのヴァリエイションでもない。「個人名」であるというのである。

ロワとドゥヴィオスは「マルテル」を「一般的な名前《ジェネリック》」という。その意味するところは今一つ明確ではないが、要は、人びとからいつしかつけられ呼ばれるようになったあだ名ではなく、誕生時にカール名とともにつけられた「正式な」呼び名である、ということと思われる。そうであるならばカールはカールとマルテルの二重名であったということなのであろうか。あるいは「マルテル」は身近な人びとの間での愛称（そのようなものが当時あったとして）ということなのであろうか。しかし「マルテル」は既述のようにそもそも彼らが言うようにカールの「同時代の資料」のうちに確認されるということはない。それが初めて確認されるのが彼の死の一四〇〜一五〇年後（『ランス司教リゴベルト伝』）であることに加えて、多くの史料証言が、カールがその性格・行動様式から「マルテル」と呼ばれた、と後づけの呼び名、すなわちあだ名、異名の類であるとしていることから考えて、「マルテル」を誕生以来の「一般的な名前《ジェネリック》」と見なすのは困難であろう。

つづいてロワとドゥヴィオスは、「マルテル」は個人名であるとの前提に立って、それがカールの洗礼親であるランス司教リゴベルトによる命名と見て、その命名が誰にちなんだものであるかについて、二つの可能性をあげる。しかしてこの段階で、「マルテル」とはすなわちフランス語のマルセルないしマルタン、ラテン語のマルケルスであるとして――結果的に「マルテル」とはマルティヌス（マルタン、マルティン）であるとして、この名の聖マルティヌス（サン・マルタン）とカールの「叔父」大公マルタン（マルティヌス、マルティン）の二人をあげ、後者にちなんだ可能性が高い、とする。

ランス司教リゴベルトがカールの洗礼親であることは『リゴベルト伝』が告げるところであり、

否定できない。しかしリゴベルトがマルテル名を提案したとするのは、マルテルを「一般的《ジェネリック》な名前」であるとすることに連なる全くの推測である。したがって「マルテル」の「命名」が誰にちなんだものであるかについて二つの可能性をあげる段も、推測に推測を重ねたものである。この議論の過程において最も驚かされるのは、「マルテル」（Martell/Martel）とはすなわちフランス語のマルセル（Marcel）ないしはマルタン（Martin）、ラテン語のマルケルス（Marcellus）である、とする箇所であろう。百歩譲って、マルテル（Martellus）とマルケルス（Marcellus）が互いに誤読・誤記される可能性や、前者が後者から来ているという想定はありうるかもしれない。その場合でもそうした想定が机上の空論ではないことを示すだけの具体例やデータを提示する必要があろう。ロワとドゥヴィオスはしかしそうすることもなく、唐突に「マルセル（Marcel）ないしマルタン（Martin）」と一括《ひとくく》りにして、そこからマルテル（Martell/Martel）＝マルタン（Martin）という前提に立って――先の«Martiaus»«Martieaux»«Marteau»«Martel»とは、ひょっとしてマルタン（Martin）のヴァリエイションであるということだったのであろうか――、マルタン（マルティン）名の人物を探し求めることになる。マルセル（Marcel）とマルタン（Martin）とが同名、つまりマルケルス（Marcellus）とマルティヌス（Martinus）とが同名であることを前提に、マルテル（Martell/Martel）＝マルタン（Martin）として繰り広げられる驚嘆すべき議論！　ウルリヒ・ノンは、かような言語学《フィロロギー》は自爆もの、と手厳しく評している。

　以上、要するにロワとドゥヴィオスの議論は、仮に本当に存在したとするならば古フランス語から中期フランス語（一三〇〇～一六〇〇年ころ）をへて近代フランス語（一六〇〇年頃～）への展開過程において見られたと思われる「マルテル」のヴァリエイション«Martiaus»«Martieaux»«Marteau»«Martel»が、カールの同時代に既に存在していたということを前提とし、これをカール名とは別に存在したカールの個人名であるとして組み立てられたものであり、この段階で既に批判に耐えられないものである。これに加えて、マルテル（Martell/Martel）＝マルセル（Marcel）＝マルタン（Martin）という図式に乗って、マルテルは「叔父」である大公マルティン（マルタン）にちなむ命名である、とするにいたっては、もはや論評するまでもないであろう。

「叔父」マルティヌスの問題

「マルテル」が大公マルタン（マルティヌス、マルティン）にちなむ命名であるとする、つまりあだ名ではないとする、ロワとドゥヴィオスの説明がきわめてずさんな史料処理と独自の「言語学《フィロロギー》」に基づくものであることは明らかであり、この説明をこれ以上取り上げる必要はないであろう。だが、われわれには今一つ問題が残されている。ロワとドゥヴィオスによってカール・マルテルの「叔父」とされる大公マルティヌス（マルタン、マルティン）をめぐる問題である。あだ名の問題からは外れるが、この、カール・マルテルの「叔父」とされるマルティヌスの問題にふれよう。

　七世紀後半になると、メロヴィング家の国王たちは名ばかりの存在と化し、アウストラシア、ネウストリアなどの分国で宮宰職を足掛かりに権力を掌握していった貴族たちが、次第に対立を深める。六七九年頃には、ネウストリア分国の宮宰エブロインと、この時期にアウストラシア貴族の領袖的存在となったカロリング家のピピン（中ピピン、カール・マルテルの父、七一四年没）とが衝突する。ラン（現在のフランス北部に所在）近傍ルコファオでの両者の戦いでピピンは敗れて敗走する。この戦いで中ピピンの側で戦った人物として、「大公マルティヌス」なる人物が登場する。

この戦い、および大公マルティヌスについて記す史料は、メロヴィング朝後期の政情を伝える歴史書、『フランク史書』と『フレデガリウス年代記続編』の二点である。

『フランク史書』は逸名の著者により八世紀初めに書かれ、著者のオリジナルな記述部分である七世紀後半から八世紀初の七二七年までの記述は、まさに同時代人によるそれと見なされている（終章である第五三章は、「彼（国王テウデリヒ四世、在位七二一〜七三七年）は今その治世の六年目にある」という文で終わっていることから、少なくともこの部分が七二七年に書かれたことが推察される）。

『フレデガリウス年代記続編』は、七世紀半ばまでの時代を記述する『フレデガリウス年代記』を書き継いだものと見なされたことからこう呼ばれ、その続編部分自体が、幾人かの逸名の著者によって書き継がれたと見られている。われわれの問題とする箇所は、最初に書き継いだ著者による、七三六年頃に書かれたと考えられている部分にある。しかしてこの著者が書き継いだ部分は、右の『フランク史書』を基に、これに若干の修正を加えつつ書いたものと見られている。

『フランク史書』のほうの当該箇所（第四六章）を橋本龍幸氏の訳をお借りして、紹介しておこう（一部改訳した）。

このころ、アウストラシアのウルフォアルドゥスが死に、王たちが亡くなって、マルティヌス（マルタン、マルティン）と故アンゼギゼルの息子、年少のほうのピピン（Martinus et Pippinus iunior, filius Anseghiselo quondam）がアウストラシアを統治した。このたち、この大公たち（duces）はエブロインに憎しみを抱き、アウストラシア人たちからなる大軍を編成して、テウデリヒ王（ネウストリア王）とエブロインに対して軍隊を送り込んだ。テウデリヒとエブロインも軍隊を率いてこの大公たちに立ち向かった。ルコファオと呼ばれる地で彼らは会戦し、互いに激しく戦って大殺戮をおこなった。無数の人びとがそこで戦死した。結局、アウストラシア軍は敗れて敗走した。マルティヌスは逃走してランに入り、そこに籠城した。しかし、ピピンは別の方向に逃走した。そこでエブロインは勝利を得て戻った。彼は軍隊を率いてエクリのウィラ（Erchreco villa）にやって来ると、マルティヌスに使者を送り、誓約がなされ、信頼してテウデリヒ王のところに来るようにと伝えた。使者たちは偽って巧妙に空の聖遺物箱に手をおいて彼のために宣誓した。しかし、マルティヌスはこれを信じてエクリにやって来たので、そこで彼は従者と一緒に殺害された。

もう一つの史料『フレデガリウス年代記続編』では冒頭部分のマルティヌスとピピンの名をあげる箇所は「大公マルティヌス（マルタン、マルティン）と高貴なフランク人である故アンゼギゼルの息子ピピン」（Martinus dux et Pippinus, filius Anseghysilo quondam Franco nobile）となっている。なお、ラン近傍ルコファオでの戦いの年代については、宮宰であったウルフォアルドゥスが死去し、「王たちも亡くなったので」という記述から、通例、アウストラシア王ダゴベルト二世の死（六七九年十二月二十三日）の後、そしてつづく第四七章で語られるネウストリア分国宮宰エブロインの暗殺（六八〇年五月十五日）の前の時期、つまりは六七九年末〜六八〇年前半におかれている（ロワとドゥヴィオスがこれを六八九年の八年前、つまり六八一年としている理由は不明）。

さて、ロワとドゥヴィオスが大公マルティヌスの事蹟として述べていた部分は、『フランク史書』と『フレデガリウス年代記続編』の記述に忠実に沿っていることがわかる。実はマルティヌスにかかわる同時代の史料報告は、右の二点の歴史書でのこの箇所しか存在せず、彼にかかわるこれ以上の情報はないのである。こうした史料状況にあって、ロワとドゥヴィオスはマルティヌスをカールの「叔父」としている。

右の二つの史料箇所、「マルティヌスと故アンゼギゼルの息子、年少のほうのピピン」（Martinus et Pippinus iunior, filius Anseghiselo quondam）「大公マルティヌスと高貴なフランク人である故アンゼギゼルの息子ピピン」（Martinus dux et Pippinus, filius Anseghysilo quondam Franco nobile）と訳出した部分においては、故アンゼギゼルの「息子」はいずれも単数形（filius）で記され、それ故これが直前の中ピピンのみを指すことは明らかである。ロワとドゥヴィオスがマルティンをカールの「叔父」とする根拠は何であるのか。

カールの父である中ピピン（父アンゼギゼル、母ベッガ）には兄弟姉妹は伝えられない。母であるカルパイダについても、同時代史料にその兄弟姉妹は伝えられない。ドイツの中世史家エドゥアルト・ラヴィチュカによれば、七〇三／七〇五年にマーストリヒト司教ランベルトを殺害した人物として伝えられる、中ピピンの「郎党」（domesticus）ドドー（Dodo）が、九世紀以降、次第に伝説的な色彩を帯びるようになり、ついに十一世紀後半にはカルパイダの兄弟とされ、それ以後の様々な作品でカルパイダの兄弟として描かれることになる。この、カルパイダの兄弟と見なすことがきわめて疑わしいドドーなる人物をのぞくならば、カールの「叔父」にあたる人物は知られないのである。

ロワとドゥヴィオスがマルティンをカールの「叔父」とすることについて、ウルリヒ・ノンは皮肉ってか「新説」と呼び、暗に否定されるべきこととしている。実際、研究者のほとんどがマルティンを系譜不明の人物として扱っており、例えばハインツ・レーヴェは「マルティンなる者」と呼び、オイゲン・エーヴィヒはマルティンとカロリング家の親戚関係は不明であるとする。またカール大帝以前のカロリング家の人びとを詳細に追跡した先のエドゥアルト・ラヴィチュカは、カロリング家の系譜の中にマルティンを項目立ててはおらず、さらにメロヴィング朝時代のすべての「官職」保有者を詳細に追跡したホルスト・エプリングの研究《プロソポグラフィ》でも、マルティンの系譜については言及するところはない。

再考　マルティヌス

ウルリヒ・ノンの研究を導きの糸として進めた、カール・マルテルのあだ名をめぐるわれわれの探求も、ここで終わりとしたいところであるが、しかし関連する問題がもう一つ残されている。先にも取り上げた佐藤彰一氏の『世界歴史大系　フランス史 1』（一九九五年）の中に、つぎのような記述がある。戦いの名はあげられてはいないが、かの、六八〇年頃のルコファオの戦いの件《くだり》である。

彼（＝ネウストリア分国宮宰エブロイン）はアウストラシア人が、存命しているメロヴィング家の唯一の王であるネウストリア＝ブルグント王のテウデリク（＝テウデリヒ）三世に服属するようもとめ軍を進めた。そしてアウストラシア宮廷において復権をはたし、実力者として君臨していたピピン家の兄弟中ピピンとマルティヌスの軍隊とラン近くで対戦し、後者は戦死し、前者はあやういところで遁走したのであった。中ピピンがこの敗北にもかかわらず、……

「ピピン家（＝カロリング家）の兄弟中ピピンとマルティヌス」（傍点――引用者）と書かれているのである。既述のように概説書ゆえにこの著書には注記はなく、佐藤氏が何を根拠に中ピピンとマルティヌスを兄弟としているのか明確ではない。しかしいずれにせよ、「中ピピンの兄弟マルティヌス」なる人物をめぐる問題は、まだ終わっていなかった。

佐藤氏の記述を新たな契機にして、われわれは今少し問題を掘り下げていくこととしよう。ウルリヒ・ノンは、ロワとドゥヴィオスがマルティヌスをカールの「叔父」とすることを「新説」と皮肉った。しかし、調べを進めるうちに判明したのだが、実はそれは少なくとも「新説」ではなかった。以下、三点、紹介し、検討を加えていきたい。

(1)マルティヌス・中ピピン　兄弟説

十九世紀の研究者ハインリヒ・エドゥアルト・ボネルは、ドイツ史年報叢書の一冊、『カロリング家の始まり』(一八六六年)において、マルティヌスについて、つぎのように述べている。

彼(＝マルティヌス)はクロドゥルフの息子といわれるが、しかし『フランク史書』第四六章の«Martinus et Pippinus junior filius Ansegiselo quondam»という表現はむしろ、彼がピピンの兄であった、と推測させよう。もし«junior»という語が本当にこのピピンを、年少のほうのピピンとして、年長のほうのピピンから区別するものではないならば。

少々分かりにくい文であるが、要点は二つ。ボネルは、①マルティンはクロドゥルフの息子といわれる、と語り、しかしこの説を取らず、②『フランク史書』の右の箇所の、ある読み方を根拠に、マルティヌスを中ピピンの兄とするのである。

②の点から見ていこう。問題は『フランク史書』の右の箇所の読み方である。ボネルが書き示すように『フランク史書』の原文には、中世に書かれたものが一般にそうであるのだが、実は「句読点」はない。またラテン語では形容詞が名詞を修飾する場合、その名詞の前にでも後ろにでも、どちらにでも置くことができる。

右の文は今日の刊本では、先の橋本龍幸氏の訳文の中において書き示したように、通例、«junior (＝junior)»(年少のほうの)の後に「コンマ」が付される。«junior»をその前の語«Pippinus»(ピピン)

の修飾語と見て、「故アンゼギゼルの息子、年少のほうのピピン」と読もう、そのためにも後ろの《filius》（息子）の修飾語として読まないよう《iunior》の後に「コンマ」をつけよう、ということからである。どうしてそのように読むのかというと、『フランク史書』では右の箇所の前、第四一章・第四三章において中ピピンの母方の祖父である同名の宮宰ピピンが登場している。この人物は通例われわれの「中」ピピンと区別するために「大」ピピン（＝年長のほうのピピン、の意）と呼ばれるのだが、『フランク史書』の作者は先に登場させたこの人物を単に「ピピン」と呼んでおり、後から登場する中ピピンをこれと区別するべく「年少のほうのピピン」と呼んでいる、と見るからである。

　これに対しボネルは、「年長のほうのピピン（＝大ピピン）から区別するものではないならば」という留保条件をつけつつ、《iunior》を《filius》の修飾語と見て、「故アンゼギゼルの年少のほうの息子ピピン」と読もうというわけである。彼はそこからさらに、ピピンに先行するマルティヌスを「年長のほうの息子」（＝兄）と見よう、とするのである。

　今日のおおかたの読み方は、何度も記してきたように、《iunior》を《Pippinus》の修飾語と見て、「故アンゼギゼルの息子、年少のほうのピピン」と読むものである。つまり、まさにボネルが付した前提条件とは逆に、新たに登場した中ピピンを、大ピピン（＝年長のほうのピピン）と区別して、「年少のほうのピピン」と呼んでいる、と見るのである。

　もとよりボネルの読み方は完全には否定できまい。だが、彼の読み方「年少のほうの息子ピピン」は、仮にそれが正しい読み方であるとしても、だからといってピピンの前におかれるマルティヌスを直ちに「アンゼギゼルの年長のほうの息子」とすること、つまり「中ピピンの兄」であることとすることには飛躍がある。「年少のほうの息子」とくれば「年長のほうの息子」を考えてしまうかもしれないが、そして直前のマルティヌスをそれと見なしてしまうかもしれないが、それは陥りやすい過誤といわねばなるまい。マルティヌスと「故アンゼギゼルの年少のほうの息子ピピン」との関係を示すものはないからである。

仮にマルティヌス、ピピンの両人がアンゼギゼルの息子たちであり、兄弟であったなら、《Martinus et Pippinus f i l i i Ansegiselo quondam》(故アンゼギゼルの息子たちマルティヌスとピピン)、と、《filius》(息子)の複数形《filii》(息子たち)と記すか、あるいは単純に《Martinus et Pippinus frater suus》(マルティヌスとその兄弟ピピン)と記されるところであろう。

ちなみに『フランク史書』に倣って書き記した『フレデガリウス年代記続編』の作者は当該箇所を、《Martinus dux et Pippinus filius Anseghysilo quondam Franco nobile》(大公マルティンと高貴なフランク人である故アンゼギゼルの息子ピピン――念のため「コンマ」を外して書き示した)と述べていた。「息子」は単数形《filius》で記されており、「アンゼギゼルの息子」という説明は明らかにピピンに対してのみなされている。『フランク史書』に十年ほど遅れるこの作品の作者、つまり広く見てやはり同時代人といいうるこの作者の認識では、マルティヌスは中ピピンの兄弟とはされていないのである。

(2)マルティヌス・中ピピン　従兄弟説

つぎに先の①、ボネルが、マルティヌスはクロドゥルフの息子といわれる、と語る点を検討していこう。

クロドゥルフ（ないしフロドゥルフ）とは、中ピピンの父アンゼギゼルの兄弟であり、大ピピンとともにカロリング家の祖とされるメッツ司教アルヌルフの、今一人の息子である。つまりマルティヌスは中ピピンの従兄弟、というのである。残念ながらボネルはこのことを誰が伝えているのか、述べていない。しかし確かにそのように述べる史料が二点、存在する。ただしそのうちの一点は、今日、十七世紀の、オラトリオ会の古文書学者ジェローム・ヴィニエによる一連の偽作文書の一つと断定されている。これについては後述する。

残る一つ、つまりは根拠となるただ一つの史料は、「カロリング家の系譜」作品の一つで、九世紀半ば頃に北フランス、ノルマンディーのルーアン近傍に所在するサン・ヴァンドリーユ修道院、別名フォントネル修道院で作成され、今日『フォントネル修道院由来のカロリング家の系譜』と呼ばれる作品である。「系譜」作品とは、先にもふれたように、いわば系図を文章化したもので、親子関係にある人びとが順番にあげられていき、ときおり各人の説明が挟まれる。問題の作品ではつぎのように語られる。

> アルヌルフはフロドゥルフ、ヴァルキスス、そしてその兄弟アンゼギゼルをもうけた。ヴァルキススもまた主の証聖者ヴァンドレギシルスをもうけた。フロドゥルフはマルティヌス

をもうけた。彼をエブロインはエクリの王宮で（Ercriaco palatio）殺害した。大公アンゼギゼルは年長のほうの、そして大公であるピピン（Pippinus senior et dux、中ピピン）をもうけた。

ヴァンドレギシルスとは、七世紀中葉にサン・ヴァンドリーユ修道院を創建した人物、その人である。彼の父ヴァルキススがカロリング家の祖アルヌルフの息子であるとするこの記述は、実はまったくのフィクションである。

先にもあげたドイツの中世史家エドゥアルト・ラヴィチュカによるならば、九世紀初め以来サン・ヴァンドリーユ修道院の周辺で、ヴァルキスス、ヴァンドレギシルス父子が王家であるカロリング家に連なるとするフィクションが生じてくる。最初に確認される事例は、八〇〇年頃に成立した『ルーアン司教アンスベルトゥス伝』においてであり、その第一二章において中ピピンをヴァンドレギシルスの「従兄弟」（consobrinus）と呼び、第二二章ではヴァンドレギシルスを中ピピンの「親族」（propinquus）と呼んでいる。これに八三九年頃に成立した『サン・ヴァンドリーユ（フォントネル）修道院長事蹟録』がつづき、その第一章においてヴァルキススが中ピピンの「父方の叔父」（patruus）とされる。九世紀半ばに成立した『フォントネル修道院由来のカロリング家の系譜』に至って、「父方の叔父」が、中ピピンの父アンゼギゼルの兄弟、アルヌルフの息子、と具体的になるのである。

アルヌルフがフロドゥルフ、ヴァルキスス、アンゼギゼルをもうけたとする記述は、九世紀後半の「系譜」作品にそのまま引かれ、十世紀半ばのウィトゲルスの『（フランドル）伯アルヌルフの系譜』でもそのまま引かれて、さらにヴァンドレギシルスにまで言及されている。

『フォントネル修道院由来のカロリング家の系譜』はこのように、サン・ヴァンドリーユ修道院の創建者ヴァンドレギシルスをカロリング家の一員に位置づけようとする意図をもって、同修道院の周辺で作成されたものであり、われわれが注目すべきフロドゥルフ（クロドゥルフ）がマルティヌスをもうけたとする記述も、注意して扱わねばならない。

『フォントネル修道院由来のカロリング家の系譜』（以下、『系譜』と記す）での、マルティヌスがエブロインによってエクリの王宮で殺害された、との記述が『フランク史書』と『フレデガリウス年代記続編』に、あるいはそのいずれかに拠っていることは明らかであろう。この二書で「エクリのウィラ」（Erchreco villa）とあったところが、『系譜』では「エクリの王宮で」（Ercriaco palatio）となっているが、これは間違いというより、むしろ別邸、屋敷、荘園、農場、村を意味するなど、多義的な「ウィラ」villa という語を『系譜』の作者が「王宮」（palatium）と解釈した、と見るべきであろう。注目したいのは、『フランク史書』と『フレデガリウス年代記続編』でしか伝えられないマルティヌスなる人物の事蹟について、新たな情報が加えられてはいないことである。おそらく『系譜』の作者はマルティヌスの事蹟に関するものとしては、この二書しか知らなかったのであろう。むしろ、アルヌルフから始めて中ピピンまでの、三世代七名の中で、マルティヌスについてのみ、その事蹟（エブロインによるエクリでの殺害）を記していることは、逆に、『フランク史書』と『フレデガリウス年代記続編』で知られるマルティヌスのことであることを記さなくては、読む者には彼が誰であるか分からなかったこと、さらにはやはり彼についての史料証言が『フランク史書』と『フレデガリウス年代記続編』しかなかったこと、を示唆していよう。

そうであるならば、マルティヌスをクロドゥルフの息子であるとする記述も、『フランク史書』と『フレデガリウス年代記続編』以外の何らかの史料証言から得られたものではないように思われる。それではどこから出来したものか。思うに、この二書において中ピピンとともに登場するマルティヌスなる人物について、彼がどういう人物なのか、作者なりの解釈を加えたのであろう。

ちなみに『系譜』の作者は、『フランク史書』での先に問題にした«Pippinus iunior filius Anseghiselo quondam»の箇所について、«iunior»（年少のほうの）を«filius»（息子）の修飾語とするボネルの読み方をとらなかったようである。『系譜』においてこの作者は中ピピンについて「年長のほうのピピン」（Pippinus senior）と呼んでいる。作者が「年長のほうの」（senior）の語を使うのはもう一箇所、カール・マルテルの名をあげるときである。この『系譜』ではピピン名の人物は、中ピピンの後で、小ピピン（国王ピピン）とルードヴィヒ敬虔帝の息子ピピンがあげられ（中ピピンの母方の祖父である大ピピンの名はあげられていない）、カール名の人物はカール・マルテルの後でカール大帝とルードヴィヒ敬虔帝の息子カール（シャルル、禿頭王）があげられている。つまり作者は、二組の同名の人物たちについて、先行する人物にそれぞれ「年長のほうの」（senior）の語を付しており、そこから推察するに、『フランク史書』での問題の箇所について、おそらくは、«iunior»（年少のほうの）を«Pippinus»への修飾語として読んでいるのである。それでは作者はマルティヌスを、「アンゼギゼルの年長のほうの息子」と読まないならば、どのような人物と考えたのか。

残念ながらわれわれには、結果としてこの作者がマルティヌスをフロドゥルフの息子、中ピピンの父方の従兄弟に位置づけたことしか知られない。しかしこう位置づけたことの効果は見て取れる。

『系譜』は「(ルードヴィヒ敬虔帝は)しかして皇后ユーディットから栄《は》えある国王カールをもうけた」と、カール(シャルル)禿頭王の誕生で記述を終えているが、カールを「国王」と呼んでいることから、九世紀半ば、敬虔帝の息子たちロタール(一世)、ピピン、ルードヴィヒ(ドイツ人王)、カール(禿頭王)が覇を競い合っている時期に書かれたと推測されている。つまりこの『系譜』は作者にとって現今の王たちであるカールら四兄弟を到着点とした系譜を記したもので、父祖から彼らに至るまでの各世代の人びとはA→B、B→C、C→Dと、父子がほとんど一直線的にあげられている。そうした中で例外的に複線的に枝分れしている部分、つまり「傍系親」を記しているのがわずかに一か所。ヴァルキスス―ヴァンドレギシルス父子、フロドゥルフ―マルティヌス父子を記した部分である。仮にヴァルキスス―ヴァンドレギシルス父子の線《ライン》のみが挿入されたのなら、その箇所のみが複線的であること、もっといえば付け足しであること、が目立つことになったであろう。しかし、これにフロドゥルフ―マルティヌス父子の線《ライン》が並記されたことで、アンゼギゼル―中ピピンの線《ライン》と並行するシンメトリカルな構図となって、唐突さ、不自然さといった印象を後退させているように思われる(【系図1】〈『フォントネル修道院由来のカロリング家の系譜』による略系図〉を参照)。

『系譜』の作者は、ヴァンドレギシルスを中ピピンの父方の従兄弟に位置づけるにあたり、今一人、ルコファオで中ピピンとともに戦ったマルティヌスなる人物が、中ピピンと何らかの系譜的関係にあると考えたのであろうか。結果的に彼を中ピピンのもう一人の父方の従兄弟に位置づけたことに対して、われわれには作者がそのように見た根拠、理由を知ることはできない。しかし右に縷々述べたように、作者がマルティヌスという人物に関して、『フランク史書』と『フレデガリウス年代記続編』以外の何らかの史料証言をえていたとは思われない。作者がそう考え、そう解釈したのだ、と判断しておきたい。

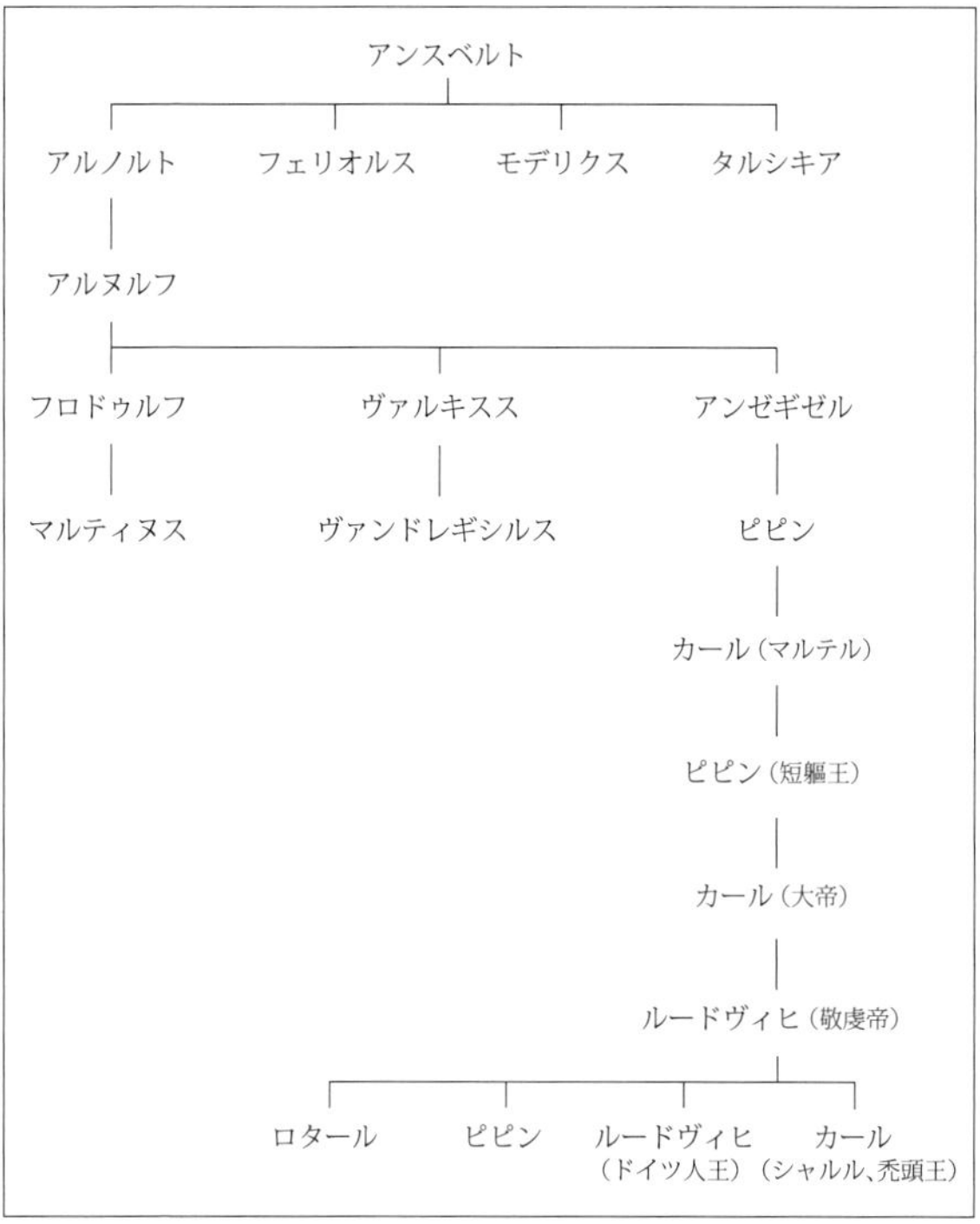

［系図1］『フォントネル修道院由来のカロリング家の系譜』による略系図

もう一つの「史料」、十七世紀のジェローム・ヴィニエによる偽作も、「系譜」作品である。念のため、紹介しておこう。

至福なるアルヌルフはフロドゥルフ、ヴァ

ルキスス、そしてアンゼギゼルをもうけた。フロドゥルフはマルティヌスをもうけた。彼をエブロインはエクリの王宮で（Ercriaco palatio）殺害した。（中略）ヴァルキススもまた主の証聖者ヴァンドレギシルスをもうけた。大公アンゼギゼルは、聖ゲルトルートの姉妹であるベッガから、年長のほうの、そして大公であるピピンをもうけた。

ジェローム・ヴィニエ（一六〇六〜六一年）。オラトリオ会士の古文書学者。彼がとある修道院で「発見」したいくつかの古文書が、一六四八年、歴史学者マルク＝アントワーヌ・ドミニシイの著書の中で紹介される。『聖アルヌルフの系譜』として紹介された記述もその中にあり、それは後年、一八八一年に、ドイツの法制史家ゲオルク・ヴァイツによって、ドイツ中世史の史料集成たる『モヌメンタ・ゲルマニアエ・ヒストリカ（MGH）』の史家部（Scriptores）フォリオ版（in Folio）第一三巻に、他の「カロリング家の系譜」作品とともに、『カロリング家の系譜』として再収録された。その後、一八八五〜八六年にフランスの研究者ジュリアン・アヴェ、ドイツの研究者ヴィルヘルム・ヴァッテンバハによって、ヴィニエが発見した古文書の多くが彼自身による偽作であることが明らかにされ、右に訳出した『カロリング家の系譜』も偽作と断定されたのである。ヴィニエが、先に見てきた『フォントネル修道院由来のカロリング家の系譜』を下敷きにして書いたもの、ということになろう。

この史料におけるマルティヌスについては、もはや論じる必要はないであろう。

(3)『ヴィエンヌ聖人暦』におけるマルティヌス

最後に、佐藤彰一氏が根拠としたと思われる文献からの知見である。

アメリカの中世史家リチャード・A・ガーバーディングの『カロリング家の興隆とフランク史書』(一九八七年)は、佐藤氏が『世界歴史大系　フランス史 1』の参考文献にあげる一冊で、佐藤氏により「『フランク史書』はこれまで歴史家から史料価値に問題ありとされてきたが、著者はその証言能力を証明し、さらにこれがカロリング家の台頭と権力掌握への意欲をみせるなかで、メロヴィング支配の正当性に固執する立場で書かれたとする。アメリカ中世初期史研究の水準の高まりを示す」と評される。この著書の中でガーバーディングは「ピピン二世(=中ピピン)と彼の兄弟マルティン」(傍点――引用者)と記していた。佐藤氏は「ピピン家の兄弟中ピピンとマルティヌス」(傍点――引用者)と述べていたが、おそらくはこれに依拠したものと思われる。ただしガーバーディング自身はこの箇所に注釈や関連する事項などを付してはいない。

しかしながら彼は後出箇所で、十一世紀の史料とされる『ヴィエンヌ聖人暦』に記されたつぎの文を引く。

> このころアンゼギゼルの息子ピピンと彼の兄弟マルティヌスがアウストラシア王国を王のもとで管理していた(quo tempore Pipinus Ansegelli filius et Martinus frater eius Austrasiorum regnum sub rege disponebant)

『ヴィエンヌ聖人暦』は、フランス南東部、リヨン南方に所在するヴィエンヌ教会の、二世紀半ば〜十一世紀半ばの歴代司教・大司教の事蹟などを暦（月・日）の上に記した作品で、刊本としては、一八六八年に、C・U・J・シュヴァリエが編纂した『ドフィネ地方未刊行史料集』に収められた。その中から右の一節が、ドイツ中世史の史料集成である『モヌメンタ・ゲルマニアエ・ヒストリカ（MGH）』の中の一巻、ブルーノ・クルシュが編纂した『フレデガリウス年代記、同続編、フランク史書』（一八八八年）の巻末補遺において、紹介されていた。

さてこの一文では「アンゼギゼルの息子ピピン（＝中ピピン）」と「彼の兄弟マルティヌス」（Martinus frater eius）、とはっきり書かれている。実はかつてこの中の「彼の」の解釈をめぐって二人の中世史家、カール・アウグスト・エックハルトとエドゥアルト・ラヴィチュカの間で応酬がなされた。エックハルトは、メロヴィング家、カロリング家の人びとの系譜をめぐる研究の中で、この一文を取り上げ、アンゼギゼルにマルティヌスという兄弟は史料上確認されない故に、«eius»（彼の）は《Pipinus（中ピピン）の》と読むべきである、として、マルティヌスを中ピピンの兄弟とした（一九六五年）。

マルティヌスという兄弟が史料上確認されないという点では、実は中ピピンも同じである。ラヴィチュカはこのことに加えて、«eius»（彼の）の文法的解釈をもとに、エックハルトの所論を否定した。「彼の」を意味するラテン語は二つある。そのうちの一つ«suus»は再帰的に使われ、主体となっている語を受ける。もう一つの«eius»は再帰的に使われるのではなく、主体となっている語とは別の語を受ける。「ピピン」と「彼の（＝そのピピンの）兄弟」の意味であるならば、「彼の」

には«suus»が用いられたはずである。しかし、«eius»が用いられていることは、主体となっている語「ピピン」とは別の「彼」、すなわちもう一人あげられている人物、アンゼギゼルを指す、というのである（一九六八年）。

実は先のクルシュもラヴィチュカと同じ解釈をとっていて、「マルティヌスはアンゼギゼルの兄弟、ピピンの«patruus»（父方の叔父）とされている」と述べていた。

ところで問題の一文について、クルシュもラヴィチュカも、『ヴィエンヌ聖人暦』の書き手がおそらくは『フランク史書』をもとに書き記したのではないか、と推測していた。先に示した『フランク史書』第四六章の冒頭の箇所をもとに、である。

このころ、アウストラシアのウルフォアルドゥスが死に、王たちが亡くなって、マルティヌスと故アンゼギゼルの息子、年少のほうのピピンがアウストラシアを統治した（Eo quoque tempore, decedente Vulfoaldo de Auster, Martinus et Pippinus iunior filius Anseghiselo quondam, decedentibus regibus, dominabantur in Austria）

このことが意味するところは、十一世紀の作品である『ヴィエンヌ聖人暦』の問題の箇所は、七世紀後半についての数少ない同時代史料である『フランク史書』『フレデガリウス年代記続編』と同等に扱いうる独自の史料とすることはできない、ということである。実際ラヴィチュカは、「彼の兄弟」をどのように読むにしてもマルティヌスを中ピピンの親族とするこの『ヴィエンヌ聖人暦』の記載を、誤りであると断じつつ、七世紀後半の事蹟に関する史料としての価値を否定していた。

ただ、複雑になるが、一点、念のためにふれておこう。クルシュやラヴィチュカは、いわば直感的に、『ヴィエンヌ聖人暦』の書き手は問題の箇所を『フランク史書』をもとに書いたのではないかと推測するに留まり、両史料の全体的な比較対照をおこなってはいない。実は『ヴィエンヌ聖人暦』の書き手は、問題の箇所を『フランク史書』をもとに書いていたのではなかった。何をもとにしていたかというと、九世紀半ばの『アドン年代記』という作品がそれである。

『アドン年代記』は九世紀のヴィエンヌ大司教アドン（八六〇～八七五年）の著作で、『イギリス教会史』で知られるベーダに倣って世界を六つの時代に分け、そのうちの第六時代がキリスト降誕から「現代」に至るまでの時代とされる。その第六時代について、アドンは、皇帝の統治を年代および記述上の基準とし、初代皇帝アウグストゥスから、カロリング家の皇帝ルードヴィヒ二世（八七五年没）治下の八六九年までの「世界」情勢が語られる。メロヴィング朝フランク王国の時期に関しては、皇帝（ビザンツ皇帝）に関すること、キリスト教界・フランク・イングランド・イタリア等の政情、ヴィエンヌ教会の状況が記され、時にヴィエンヌ司教の事蹟などにもふれられる。

『ヴィエンヌ聖人暦』の書き手は、メロヴィング朝期のヴィエンヌ司教たちの事蹟を記すにあたり、ほぼ全面的に『アドン年代記』に依拠していた、というより、そこからほぼ抜き書きしていたのである。

それではなぜ『ヴィエンヌ聖人暦』の問題の箇所が『フランク史書』の文言・内容と似ているのかというと、『アドン年代記』自体が、メロヴィング朝末期の政情に関して、『フランク史書』に依拠していたからである。『フランク史書』の例の箇所は『アドン年代記』ではつぎのようになっている。

ウルフォアルドゥスが死に、王たちが亡くなって、マルティヌスとアンゼギゼルの息子、年少のほうのピピンがアウストラシアを統治した（Ulfuoldo decedente Martinus et Pippinus junior filius Ansegesili regibus decedentibus dominabantur in Austria）

『ヴィエンヌ聖人暦』の書き手が問題の一文を『アドン年代記』のこの箇所をもとにして書き記していたこと、それは、『ヴィエンヌ聖人暦』がほぼ全面的に『アドン年代記』に依拠し、そこからいわば抜き書きしていたことから見て、確実である。そしてこの書き手は、『フランク史書』の《Martinus et Pippinus iunior filius Anseghiselo quondam》をもとに『アドン年代記』が《Martinus et Pippinus junior filius Ansegesili》と記している中の《junior》（年少のほうの）を、おそらく《filius》（息子）への修飾語と見なし、中ピピンを「アンゼギゼルの年少のほうの息子」と考え、マルティヌスを、ちょうど先述のボネルと同様に、「アンゼギゼルの年長のほうの息子」と、つまりマルティヌスを中ピピンの兄弟と考えたのであろう。そこで、『ヴィエンヌ聖人暦』の書き手は「アンゼギゼルの息子ピピンと、彼の兄弟マルティヌス」と記そうとする。

ところで、『ヴィエンヌ聖人暦』の書き手の時代のラテン語、つまり中世ラテン語は、古典ラテン語からはかなり変化してしまっていて、「彼の」を意味する«suus»と«eius»は必ずしも厳密に使い分けられてはいなかった。『ヴィエンヌ聖人暦』の書き手は「彼の」を当然のことながら「ピピンの」の意味で、古典ラテン語では再帰的には使われない«eius»を用いたと思われる。先のラヴィチュカの所論は、古典ラテン語の文法面から見れば正論であるが、『ヴィエンヌ聖人暦』の書き手の場合、«eius»（彼の）は、「アンゼギゼルの」の意味ではなく、明らかに「ピピンの」の意味で使われているのである。

ここでわれわれはようやくガーバーディングの記述に立ち戻る。

ガーバーディングが「ピピン二世（＝中ピピン）と彼の兄弟マルティン」と述べるのは、おそらくは『ヴィエンヌ聖人暦』の問題の一文に基づいていよう。ガーバーディングはそこでの「彼の兄弟マルティヌス」（Martinus frater eius）の「彼の」（eius）をおそらくはクルシュやラヴィチュカの所論を知らないまま、しかし結果的に『ヴィエンヌ聖人暦』の書き手の意図したように「ピピンの」と解したのであろう。だがわれわれは、九世紀半ばの『アドン年代記』をもとにして書き記す『ヴィエンヌ聖人暦』を七世紀後半の事蹟に対する独自の史料として利用することはできまい。問題の一文についていえば、すべては先の(1)で取り上げた、『フランク史書』第四六章の読み方の問題に還元されるであろう。そしてそこで述べたように、マルティヌスをピピンの兄弟とするのは、陥りやすい過誤とはいえ、論理に飛躍があり、かなり強引な読み方から出来するものであろう。

以上で、カール・マルテルのあだ名から始まって、カール・マルテルの「叔父」なる人物をめぐっておこなってきた本章での探求を終えよう。「存在しない」ことを証明することは「存在する」ことを証明する以上に難しい。カール・マルテルの「叔父」なる人物がいないことを確認するため、複雑な方程式を解くかのように、さまざまな史料に沈潜して、検討を重ねたが、今後、ある時ある新史料が発見されれば、われわれの結論は一挙に覆されるかもしれない。その意味でカール・マルテルをめぐる謎はまだまだ解き尽くされていないのかもしれない。

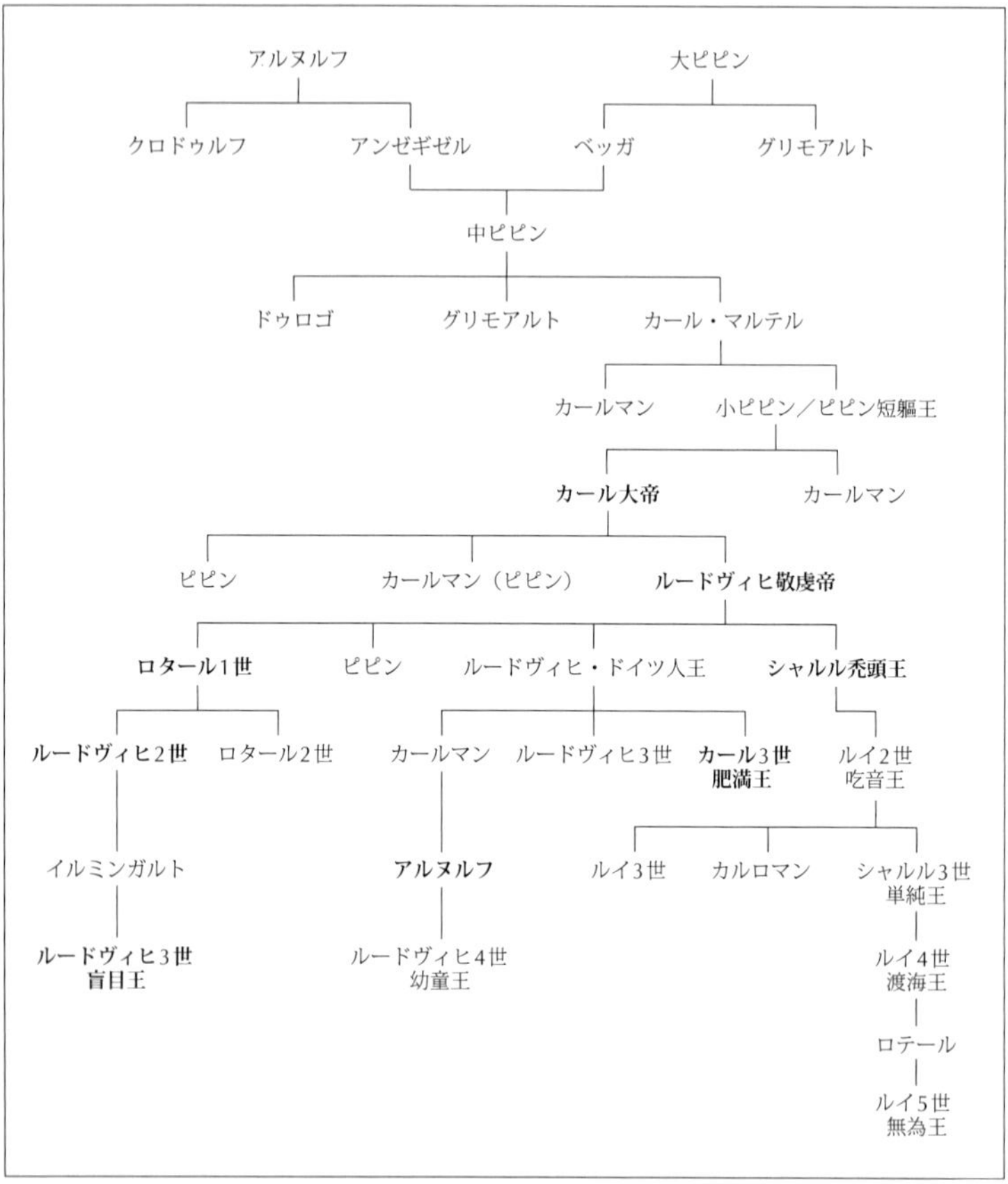

［系図2］カロリング家系図

＊太字は皇帝

第III章

ピピンはいつから短軀王と呼ばれたか

▼「あだ名文化」の諸相（二）

前章ではカール・マルテル（七四一年没）の「鉄槌」（トゥディテス、マルテル）というあだ名が、彼の死の約一三〇年後、九世紀末に初めて出来したことを確認した。もちろん死後一三〇年以上たって初めてこのあだ名が確認されるからといって、そのことはこの一三〇年の間に、さらには彼の生存中に、彼がこのあだ名で呼ばれていなかったことの証左というわけではない。まして彼が生前に何らかのあだ名で呼ばれていなかったことを証拠立てるわけでもない。しかし彼の死から「鉄槌」というあだ名の史料上の初出までの、一三〇年という隔たりは、無視するには大きすぎないだろうか。どう考えるべきであろうか。

今日定着している中世の人びとのあだ名が、いつつけられたものであるのか、もう少し探索をつづけよう。

小ピピンのあだ名

カール・マルテルの息子、カロリング朝初代国王ピピン（七六八年没）のあだ名「短軀《たんく》王」を取り上げる。彼はいつから「短軀」と呼ばれるようになったのであろうか。

彼のあだ名については、すでにハインリヒ・ハーンやルードヴィヒ・エルスナーなどの十九世紀の研究者たちが、いつ、どの史料文献において、どのように呼ばれていたかを、明らかにしてきており、近年の研究論文もほとんどこれに依拠している。われわれもまたこれに基づいて見ていこう。

「敬虔なる者」

ピピンにあだ名を付して呼ぶ、最も早期の作品は、先にカール・マルテルのあだ名の由来を探るさいに取り上げた、シャバンヌのアデマールの一〇二五／三〇年頃の作品『歴史』(『年代記』)である。そこでは「短軀」ではなく、「敬虔な／敬虔なる者」(pius)と呼ばれている(念のため言い添えると、ラテン語では形容詞は、«pius»に限らず、そのまま名詞として使われる。«Pipinus pius»は「敬虔なピピン」とも「敬虔なる者ピピン」とも解されうる)。

かくして宮宰カール・マルテルが死去したのち、彼の息子たちで宮宰のカールマンと敬虔なピピン(Pipinus pius)がアキタニア大公フナルドゥスに対して軍隊を率いロカス(現ロシュLoches、フランス中部所在)と呼ばれる城砦を略取した(第一書・第五五章)。

フランク人たちは教皇猊下ザカリアスの助言により、高貴なるローマ人たちの助言により、神のご加護により、一致した同意と一致した意志により、自分たちのためにカール・マルテルの息子、敬虔なピピン(Pipinus Pius)を国王に推戴した(第二書・第一章)。

カール・マルテルは敬虔なピピン（Pipinus Pius）をもうけた。（中略）敬虔なピピン（Pipinus Pius）は国王、尊厳なる者、皇帝カール陛下をもうけた（第二書・第一章）。

この年（七六八年）、ピピン敬虔王（rex Pipinus Pius）が死去した（第二書・第二章）。

ついで、十二世紀末、一一八〇年頃の作品『フランク王一覧』の七五〇年の条項がアデマールと同様、彼をこのあだ名で呼ぶ。

ピピン敬虔王（Pipinus Pius rex）が一五年間（統治した）。

「短軀」

ピピン対する「短軀」（parvus）というあだ名の確認される初例は、十一世紀半ば、一〇六四年頃の『エルノーヌ小年代記』（『サン・タマン小年代記』）の七七一年の条項である。

短軀のピピンの息子である皇帝カール（Karolus imperator, filius Pipini parvi）は……

第一章で取り上げた十一世紀の『フランク人たちの王たちの歴史』でも「短軀のピピン」（Pipinus Parvus）と呼ばれていた。さらに十二世紀初の『フランク王とフランドル伯の系譜』でも「短軀」

(parvus）と呼ばれる。

高貴なピピン（＝中ピピン）から生まれたカール・マルテルは短軀のピピン（parvus Pipinus）、
偉大なるカールの父、をもうけた。

そして十二世紀中葉に書かれた『ブーローニュ伯の系譜』での「ピピン短軀王」(Pipinus rex paruus)

［図5］ピピン短軀王

エッケハルト・フォン・アウラ『年代記』ケンブリッジ本挿画、12 世紀、ケンブリッジ大学図書館蔵

王冠を被り、右手に笏をもって玉座につくピピン像。後出［図 8a］と同じ描き手によるもの。「フランク王ピピン、カール大帝の父」Pippinus rex Francorum pater Karoli magni の詞書。

がこの前後に位置する。この作品はピピンの「短軀」(parvus)というあだ名の広まりを知るうえで興味深い状況を示しているので、少し詳しく見ていきたい（なお最後の一文は誤っており、「ルイはルイとカルロマンと単純なシャルルをもうけた」などと記されるべきところである)。

以下が、偉大なると呼ばれる国王カールがそこから出自した血統である。……後に司教になった大公アルヌルフは、メッツ司教アイストゥルフとグイアルキス、フロドゥルフとアンゼギゼルをもうけた。大公アンゼギゼルは宮宰ピピンの娘ベッガから年長のほうのピピンをもうけた。大公である年長のほうのピピンはカール・マルテルをもうけた。大公カールはピピン短軀王をもうけた。国王ピピンは偉大なる王カールをもうけた。……そしてその後、前述のハドリアヌスの後継者である教皇レオ三世によって国王カールは主の降誕の日に至福なるペテロの教会で皇帝《イムペラトール》へと塗油された。このカールが敬虔なる皇帝《アウグストゥス》ルードヴィヒをもうけた。ルードヴィヒがロタール、ピピンそしてルードヴィヒをエルメンガルトから、禿頭《とくとう》のシャルル（カール）をユーディットからもうけた。禿頭のシャルルはルイ（ルードヴィヒ）をもうけたが、彼は四年しか生きなかったので何もしなかった。ルイの息子ルイは単純なシャルルとカルロマンをもうけた。

この作品には一四のヴァージョン——森本芳樹氏に倣って、以下「版」と記す——があり、伝来系譜をたどると、版7とされたものがその先頭に立つ。そこではメロヴィング家の系譜、カロリング家の系譜、カペー家の系譜が語られるが、そのうちのピピンの記されるカロリング家の系譜の部分については、ベルギーの中世史家レオポール・ジェニコによるならば、その骨子が一〇八〇〜一〇八七年頃に作成され、これを含む作品全体が一一〇八〜一一三七年頃に成立したと考えられ、さらにそれが十二世紀中葉に筆写されて今日に伝わっている。注目されるのは、版7を筆写することから始まった諸版の伝播状況である。すなわち「ピピン短軀／短軀王」(Pipinus [rex] parvus)と記す九つの版のうち、版7を筆頭に版1・10・11・12・13は十二世紀末までに筆写され、そのうちの版7はサン・タマン修道院(ベルギー国境に近い北フランスのノール県所在)で筆写され、版12はモン・サン・カンタン修道院(北フランスのソム県所在)、版13はソワソン地方(北フランスのエーヌ県地域)で筆写されたと考えられており、「ピピン短軀王」というあだ名が十二世紀末までに、ロートリンゲン〜北フランス地域に広まっていたことを示している。

「小人」

「敬虔なる者」「短軀」以外にも、さらに後の文献においては、おそらくは「短軀」から連想されたものと思われる「小人《こびと》」(nanus)というあだ名も登場する。十二世紀末、ヴィテルボのゴトフリドゥスの『王の鑑』(一一八三年頃)の中から紹介しよう。七五一年のピピンによる「王位簒奪」の件《くだり》である。

祖国の統治を小人のピピン(Nanus Pipinus)が保持し、しかして、国王キルデリクス(メロヴィング朝最後の国王キルデリヒ三世）がうつろで価値のないままであった間に、小人（＝ピピン）は教皇（＝ザカリアス）に手紙によって入念な下準備をさせた（第二書・第六四章）。

中ピピンのあだ名としての「短軀」

この先、話が少し複雑になるのだが、もう少し探求をつづけよう。ピピンを「敬虔な／敬虔なる者」（pius）と呼んでいた先のアデマールの『歴史』（一〇二五／三〇年頃）は、ピピンの祖父である中ピピン（七一四年没）を「短軀のピピン」（Pipinus Brevis）と呼んでいた。

> この頃、ドゥロゴとグリモアルトとカール・マルテルの父である上述の短軀のピピン（Pipinus Brevis）が激しい熱におかされて死去した。彼は上記の国王たちのもとで二七年と半年、プリンケプスの地位を保持した（第一書・第四九章）。

> そしてこの短軀のピピン（Pipinus Brevis）がフランク人によって殺されたアウストラシア王キルデリヒに代わってフランク（＝ネウストリア）王テウデリヒと戦い、これを破った（第二書・第一章）。

> そしてこの短軀のピピン（Pipinus Brevis）がその妻カルパイダからカール・マルテルをもうけた（第二書・第一章）。

アデマールは中ピピンに対しては、この「短軀」とともに、「やや老いた、やや古い」（vetulus）を付すときもある。これはおそらくは、後述することになる同名の人物を区別するさいに付される修飾語「年長のほうの（大）」（senior・maior）、「年中のほうの（中）」（medianus）、「年少のほうの（小）」（iunior・minor）のうちの、「年長のほうの」ないし「年中のほうの」のヴァリエーションと思われる（以下では「年中の」と訳出した）。

そしてカール大帝陛下の曾祖父であった上述の年中の、あるいは短軀のピピン（Pipinus vetulus vel brevis）が死去したのち、フランク人たちが……（第一書・第四九章）。

アンゼギゼルが年中の、短軀のピピン（Pipinus Vetulus Brevis）をもうけた。彼が国王カール陛下の先祖であった。フランク人たちの大公である、年中のピピン（Pipinus Vetulus）はカール・マルテルをもうけた。カール・マルテルは敬虔なピピン（Pipinus Pius）をもうけた。（中略）敬虔なピピン（Pipinus Pius）は国王、尊厳なる者、皇帝カール陛下をもうけた（第二書・第一章）。

注目したいのは、アデマールが中ピピンとピピン短軀王を、前者を「短軀」（brevis）、後者を「敬虔なる者」（pius）とあだ名して、混同することなく明確に区別していることである（なお、本章の末で紹介する、中世の王侯たちのあだ名に関する学位論文を著したアンドレアス・ラックマイアーは、ピピン短軀王のあだ名「敬虔」（Pius）と「短軀」（Brevis）の初出文献として、アデマールの『歴史』をあげるが、「短軀」に関しては誤りである）。

この点では、やはり先述した十二世紀末の作品『フランク王一覧』も同じである。そこでは、ダゴベルト、その息子クローヴィス、その息子クロタール、その兄弟キルデリヒ、その兄弟テウデリヒ、その息子クローヴィス、その兄弟キルデベルト、その息子ダゴベルト、ダニエル（＝キルペリヒ二世）、とメロヴィング朝の国王の名をあげたのち、「ピピン短軀」（Pipinus brevis）、カール・マルテル（Carolus Martellus）とつづける。先に引用した七五〇年の条項「ピピン敬虔王（Pipinus Pius rex）が十五年間」はこの後につづく項目である。

さらに十二世紀末の作品『フランク王たちの名前』も同様である。そこでは、七三七年テウデリヒ（四世）をもってメロヴィング家の王統が絶えたことを記し、七四一年、カール・マルテルの死去を記すにあたり、つぎのように述べられる。

宮宰カール・マルテル、すなわちメッツ司教の聖アルヌルフの息子であるアンゼギゼルの息子である背丈の低いピピン（Pipinus brevis statura）の息子（が死去）

そしてつづく七六八年、ピピン短軀王の死去を記すところでは、

最初は宮宰、ついで国王たるピピンが十五年間（統治した）

と述べられる。ピピン短軀王にはあだ名は付されていないが、この作品でも彼ピピンとその祖父である中ピピンの混同はない。中ピピンが「短軀」（brevis）と呼ばれているのである。

ピピン短軀王に先立ち中ピピンが「短軀のピピン」（Pipinus brevis）と呼ばれている、という状況にあって、ハインリヒ・ハーンは、元来「敬虔なる者」（pius）とあだ名されていたピピン短軀王が、「短軀」（brevis）とあだ名された中ピピンとあだ名を取り違えられ、伝えられていったと見る。ルードヴィヒ・エルスナーも、十九世紀末～二十世紀初のフランスの文献学者・中世文学研究者ガストン・パリも、そして近年ではフランスの中世史家クリスティアン・セティパニも、この推測に与する。

つまり、アデマールの『歴史』（一〇二五／三〇年頃）などでの中ピピンへの「短軀」（brevis）というあだ名が、『エルノーヌ小年代記』（『サン・タマン小年代記』、一〇六四年頃）などでの国王ピピンへの「短軀」（parvus）というあだ名のもととなった、というのである。この推測について、私も大筋ではこれを是《ぜ》とするのだが、いささか気になることもある。すなわち、中ピピンへのあだ名《brevis》（短軀）に対し、国王ピピンには《brevis》ではなく、さしあたりはその同義語《parvus》が使われていたことである。しかも、中ピピンに対しては《brevis》を付し、国王ピピンに対しては《parvus》を付す、という使い方・使い分けは、これまで様々な事例をあげて見てきたように、少なくとも十二世紀末までのさまざまな文献、つまりあだ名の取り違えから国王ピピンがこのあだ名で呼ばれるようになったとされる時期の文献においては明確であり、《brevis》《parvus》の両単語が両ピピンそれぞれに無原則に使われている、ということはない。要するに、あだ名の取り違えを明確に証拠立てる事態が見出されないのである。

もっとも、逆に、例えば、中ピピンに対して《brevis》、国王ピピンに対して《parvus》という使い分けが同時に、つまり一つの文献の中で見られる事例は、管見の限りでは見当たらず、それ故に、あだ名の取り違えなどなかったと主張するのもまた、困難である。

いずれにせよ、ピピン短軀王（七六八年没）のあだ名について確実にいえること、それはまず、「敬虔なる者」（pius）として十一世紀前半に史料上初めて捉えられ（初出事例一〇二五／三〇年頃）、十一世紀半ばからは「短軀」（parvus）も並行して登場するようになる（初出事例一〇六四年頃）。十二世紀末まではこの二つのあだ名がともに用いられる状況がつづくが、その間にも「短軀」（parvus/brevis）に収斂されていき、おそらくはその連想から「小人《こびと》」（nanus）ともあだ名された。

『カール大帝業績録』の伝える逸話

ピピンに対するあだ名については、右のように辿ることができる。しかしながらわれわれには、もう一つ問題が残されている。

ザンクト・ガレン修道院（現スイス所在）の修道士ノトカーが八八〇年代に著した作品『カール大帝業績録』第二巻・第一五章に、ピピンに関するつぎのような逸話が記されている。

彼（ピピン）自身はしかしローマ人たちのねたみ、もっと正しくいえばコンスタンティノープルの人たちのそれ、をかわすために、まもなくフランクの地へ帰還した。しかし彼は、軍隊の指揮者たちがひそかに彼を侮《あなど》り、いつも嘲笑していることを聞き知るや、恐ろしく大きくて粗暴で馴《な》らされていない雄牛を連れてこさせ、これに獰猛なライオンを放つよう命じた。ライオンはものすごい勢いで突進して雄牛に襲いかかり、その首筋を捕らえて、地面に投げ倒した。そのとき国王はまわりを取り囲んでいた者たちに向かっていった。「ライオンを雄牛から引き離すか、雄牛を下にしたままで殺してみよ。」彼らは互いに見合わし、心胆をこわばらせて震えあがり、どもりつつかろうじてこうつぶやくことしかできなかった。「陛下、そのようなことをしようとする者は、この世に一人もおりません。」彼はますます自信を深めて王座から立ち上がり、剣を抜いてライオンの首を貫いて雄牛の首を肩から切り落とし、剣をさやに戻して王座に座り、いった。「汝らは、余が汝らの主君たりうるかどうか分かったか。汝らは小さなダヴィデ（parvus David）がかの巨人ゴリアテに対してどうしたか、あるいは非常に小柄なアレクサンドロス（brevissimus Alexander）がその非常に長身の従者たちにどうしたか、聞いたことがないか。」すると雷に打たれたかのように彼らは大地に伏し、いった。「狂人以外の誰が、陛下、あなたが人々を治め統《す》べることに反対するでしょうか。」

この逸話においては、直接ふれられてはいないものの、ピピンが短軀（parvus/brevis［brevissimus は brevis の最上級］）であったことが暗示されている。もとよりこれが事実であるかどうかは問題ではない。肝要なのはピピンが短軀であったという話が九世紀末に存在していることである。ノトカーのこの作品は今日、十二世紀初の写本を写本原本として伝わっており（作者ノトカーの生きた同時代の文献にはほとんど言及されておらず、彼が隠棲していたザンクト・ガレン修道院において、十二世紀の初め頃に、本書とは対照的にさまざまな形で伝承されている『フランク王国年代記』とアインハルトの『カール大帝伝』の二書の写本に、本書を筆写して追加した形の合本が作成されるが、それが本書の最古の写本である〔関連事項を本章の終わりのほうで述べる〕）、ルドルフ・シーファーが指摘するように、この間の加筆・改竄は必ずしも否定できない。しかしこの逸話に関する限り、ピピンが短軀であることが逸話全体の伏線になっており、これに改変が加えられているとは考え難い。ピピンのこの逸話と「短軀」という彼のあだ名との関係はどう考えられるのであろうか。

ピピンが短軀であるという話が広く流布していて、それを背景としてノトカーの語る逸話が成立したのであろうか。もしそうであったなら、ピピンのあだ名は逸話と同じ土壌から生まれた可能性を考慮せねばなるまい。しかしわれわれはこの想定に否、とこたえるべきであろう。なぜならピピンの背丈に関する言及は、九世紀末のノトカーをのぞき、ピピンに対する「短軀」というあだ名の登場する十一世紀半ばに至るまで、皆無であり、ノトカーの語る逸話はまったく孤立的だからである。

あるいはこの逸話から、直接的であれ、間接的であれ、ピピンへの「短軀」というあだ名が生まれたのであろうか。先にあげたルードヴィヒ・エルスナーやペーター・ビューラーらの研究者たちはこの可能性に言及する。ただその場合、先の、中ピピンのあだ名との「取り違え」という推察と、どう整合するのであろうか。

さしあたりいいうることは、ノトカーの語る逸話から時をおかず直ちにピピンのあだ名「短軀」が生まれたと見るのは困難、ということである。ピピンに対するあだ名として初めて確認されるのは十一世紀初、アデマールの作品の中での「敬虔なる者」であって、その作品では同時に別の人物、中ピピンに対し他ならぬ「短軀」というあだ名が付されていた。ノトカーの伝える逸話が早くから広く知られていて、ここからピピンへの「短軀」というあだ名が誕生したとするなら、右のような状況は生じていなかったであろう。

九世紀末、ノトカーによるわれわれのピピンを短軀とする逸話、それは一見「短軀」というピピンのあだ名がどこから来たのかという疑問にこたえてくれるかのように見える。しかしピピンのこのあだ名が確認できる十一世紀後半までに約一八〇年のタイムラグがあること、「短軀」とは別のあだ名が先に現れていることは、九世紀末〜十一世紀の期間においてはノトカーの伝える逸話がピピンのあだ名の形成に与かってはいないことを示していよう。

非常に回りくどい議論を重ねたが、要は、ノトカーの『カール大帝業績録』という作品自体が、ピピンが「敬虔なる者」「短軀」と呼ばれ始めた十一世紀にはほとんど知られておらず、彼のあだ名に影響を与えたとするならば、それは、作品が知られるようになって、かの「取り違え」を積極的に下支えしたのではないか、ということと思われる。

『第二アルヌルフ伝』

ピピンの「短軀王」というあだ名に関して、最後に、作者不明の『第二アルヌルフ伝』についてふれておこう。この作品はカロリング家の始祖のひとり、メッツ司教アルヌルフ（六四〇年頃没）の短い伝記で、十九世紀半ばに、中世史家ハインリヒ・エドゥアルト・ボネルによって十世紀半ばに成立した、とされたものである。この作品においてカロリング家の「系譜」を記した部分があり、そこでわれわれのピピンについて、

確かに背丈は小さい（statura parvus）が、しかし力は大きい

と書かれている。ちなみに『第二アルヌルフ伝』の、この箇所を含むカロリング家の「系譜」の部分は、十三世紀の作者不詳の作品『メッツのザンクト・アルヌルフ修道院史』においてほぼ同一の記述が見られる。この、ピピンが「背丈は小さいが、力は大きい」という内容は、明らかに九世紀末のノトカーによる、右に取り上げてきた逸話に通底する。先にそのノトカーの作品が十一世紀にはほとんど知られていなかったと述べたが、『第二アルヌルフ伝』はノトカーの作品、彼の伝えるピピンの逸話が十世紀に知られていたことを示すものなのであろうか。

この『第二アルヌルフ伝』は十七世紀半ばに「発見」されるのだが、その発見にかかわった人物のひとりに、ジェローム・ヴィニエという人物がいた。オラトリオ会の古文書学者であった彼については、しかし、前章でもふれたように、十九世紀末にいたって、数々の文書を偽作していたことが明らかになり、『第二アルヌルフ伝』の「序文」とされた部分も彼の偽作と判明した。「本文」に関しても偽作の疑いが残るのだが、しかしヴィニエの所業が明らかになる前に『第二アル

ヌルフ伝』に論及していた先のボネルが、この作品について史料的価値がほとんどないと断じていたこともあって、研究者の誰も研究対象としてこなかった。その結果、この作品——偽作ではなく、真正の文献であるならば——の成立を十世紀半ばとするボネルの判断のみが、その判断自体も検証されることなく、書誌学的に残ることになった。

仮に『第二アルヌルフ伝』の「本文」が真正であるとして、それはいつ書かれたのであろうか。ボネルがこの作品の成立年代の手掛りとしたものは、本作品のみで語られる独自な記載事項である、アルヌルフの生誕地の記述であった。それは現フランス東部、ムルテ・モーゼル県に所在する都邑レイ（現レイ・サン・クリストフ Lay-Saint-Christophe、ナンシーの北近傍）とされるのだが、信憑性はきわめて低いと考えられている。さて、都邑レイとカロリング家の祖アルヌルフとを結びつけるものとして、ボネルは九五〇年頃になされた、シャモントワ（現ナンシー地域）伯の寡婦エーファによる、メッツのザンクト・アルヌルフ修道院への所領レイの寄進に注目する。ザンクト・アルヌルフ修道院は六世紀に創建され、八世紀初めにアルヌルフの聖遺物を祀ったことからこの名に改称された、それ故アルヌルフに所縁のある修道院で、エーファは寄進にあたって、自分の息子たちが夫を通してアルヌルフの血筋を引いていることをあげていた。ボネルはこの所領寄進をめぐる交渉の過程で、レイをアルヌルフの生誕地とする伝承が生まれたのではないか、と推測する。つまりボネルはアルヌルフの生誕地伝承が十世紀半ばに生まれたのではないかと推察するのであるが、実は彼はそのことをもって、『第二アルヌルフ伝』の成立をこの時期、十世紀半ばとするのである。

ある作品がある伝承を伝えるとき、その作品の成立時期はその伝承の成立時期である、となるわけではないことは、自明の理である。作品の成立は伝承の成立以降である、ということ以上のことを求めることはできまい。

また、そもそもアルヌルフの生誕地伝承が十世紀半ばに生まれたとする推測も、確かな裏付けがあるわけではない。ザンクト・アルヌルフ修道院長ヨハネス（九八〇年頃没）が九八〇年前後の頃に著した『ゴルツェ修道院長ヨハネス伝』は、エーファがザンクト・アルヌルフ修道院所領レイに滞在していたことを伝えているが、レイがアルヌルフの生誕地と伝えられていたならば、それにふれる絶好の機会であるにもかかわらず、そうしてはいない。先にあげた十三世紀の『メッツのザンクト・アルヌルフ修道院史』もそのような伝承を伝えてはいない。レイをアルヌルフの生誕地とする記事が『第二アルヌルフ伝』のみの独自な記載事項であることの裏返しであるのだが、ザンクト・アルヌルフ修道院周辺ではそのような伝承は生まれても、伝えられてもいないのである。

ピピンが「背丈は小さいが、力は大きい」という『第二アルヌルフ伝』（および十三世紀の『メッツのザンクト・アルヌルフ修道院史』）の中の文言は、ノトカーの伝える逸話に通じるものであり、おそらくは最終的にはここから由来するものと思われるが、それが十世紀半ばに出来したものであるという確証はなく、仮に『第二アルヌルフ伝』の「本文」が真正であったとしても、ノトカーの作品の流布状況から考えて、やはり十二世紀以降のものと考えるのが穏当であろう。

［図6］ピピン短軀王とカール大帝
プリュム修道院所領明細帳挿画、13 世紀、コブレンツ、州立文書館蔵

国王ピピンとカール大帝がプリュム修道院を主イエス・キリストに捧げる図。ピピンは背丈を小さく描かれている。

短軀王ピピンのあだ名、それは彼の生きた時代には確認されず、その死（七六八年没）後も長い年月確認されない。しかしてまず十一世紀初めのアデマールの作品において、「敬虔なる者」というあだ名が見られ、「短軀」というあだ名は、彼の死の約三〇〇年後、十一世紀後半に至ってようやく確認される。もとよりそうした事態は、彼が生存中に、また死後の約三〇〇年間に、何らかのあだ名で呼ばれていなかったことの証左というわけではない。だが、ことは、そのようにいうことに留まるのか。先のカール・マルテル（七四一年没）の場合も、あだ名は彼の生きた時代には確認されず、その死の約一三〇年後、九世紀末に初めて確認された。本章の初めにおいて、この一三〇年という隔たりは無視するには大きすぎないだろうか、と問うた。ピピンの場合も同様である。もう少しデータとなる事例を見ていこう。

その後のカロリング諸帝のあだ名の問題点

ピピン短軀王の息子であるカール大帝（八一四年没）、さらにその息子ルードヴィヒ敬虔帝（八四〇年没）のあだ名を取り上げよう。「カール大帝」の《magnus》（名詞として「偉大なる者」、形容詞として「偉大なる」）と、「ルードヴィヒ敬虔帝」の《pius》（同「敬虔なる者」、「敬虔な」）である。

カール、ルードヴィヒ両帝の場合、しばしば、彼らの生きていた時代からすでに《magnus》（偉大なる者）、《pius》（敬虔なる者）と呼ばれていた、といわれる。問題はしかし、《magnus》も《pius》も、支配者たちを称揚するための伝統的な形容語として、自称においても、また他称においても、用いられてきており、この意味では確かに本人たちの同時代から登場するが、それを直ちにあだ名と見なすわけにはいかないことである。

第一章においてメロヴィング朝の王たちの中で、唯一例外的にキルデベルト三世がフラヴィニィのユーグによってあだ名を伝えられていることにふれた。そこで問題となったのは、ユーグが依拠したと思われる『フランク史書』では「公正な／公正な人」(iustus)が単にキルデベルトを称揚している語にすぎず、あだ名とはいえない、ということであった。「偉大なる／偉大なる者」「敬虔な／敬虔なる者」などの称揚語の場合も問題は同じであり、それらが単に称揚語にすぎないのか、当該人物へきまって添えられる語となっているのか――この段階で初めてあだ名と見なされよう――の見極めが非常に困難なのである。

ルードヴィヒ「敬虔帝」

以下、まず先述のルドルフ・シーファーの研究に拠りつつ、ルードヴィヒ「敬虔帝」の場合で見ていこう。

ルードヴィヒ敬虔帝はその皇帝文書の署名欄において、

最も敬虔なる皇帝、尊厳なる者、ルードヴィヒ陛下の署判(Signum domni Hludouici pissimi imperatoris augusti)

また日付け欄において、

最も敬虔なる尊厳なる者、ルードヴィヒ皇帝陛下の［統治第］・・年に（anno ... imperii domni Hludouuici piissimi augusti）

などと記すのが通例で（«piissimus» は «pius» の最上級）、私文書でも「最も敬虔なる皇帝」（piissimus imperator）と呼ばれ、さらに文書以外の、叙述史料でも同時代人の書簡でも、皇帝たる彼によく «pius»、およびその最上級 «piissimus» という形容語が付される。

しかし «pius» のみが彼を称揚した形容語というわけではなく、他にも「栄光ある」（gloriosus）、「誠実なる」（fidus）、「勇敢な」（fortis）、「慈悲深い」（clemens）、「忍耐強い」（patiens）、「寛大な」（benignus）なども用いられている。しかもこれらは「敬虔な」（pius）をも含めて、実際には儀礼的な色彩の濃い形容語にすぎないのである。

「敬虔な」（pius）の、こうした使われ方から、一個人にきまって添えられる語への、すなわちあだ名への昇華はいつ生じたのであろうか。

あだ名と見なしうる形容語や名詞の例証の収集は、ピピン短軀王の場合で述べたように、十九世紀の研究者たちが精力的におこない、今日なおそれに依拠する場合が少なくない。ルードヴィヒの「敬虔な／敬虔なる者」（pius）の場合も、十九世紀の研究者ベルンハルト・ジムゾンによる例証の収集とその結論が、久しく通説的位置を占めてきた。すなわちルードヴィヒ（八四〇年没）が生存中にすでに「敬虔な／敬虔なる者」（pius）とあだ名されていたかどうかは疑わしいが、少なくとも死の直後の時期にはそう呼ばれていた、とするものである。

今日の古文書学の水準から諸例を再検討したルドルフ・シーファーは、しかし、ジムゾンのもとで九世紀のものとされた例証がすべて後代の追加・改変であることを明らかにした。彼は、ジムゾンの結論に代えて、あだ名としての「敬虔な／敬虔なる者」(pius) はようやく十・十一世紀の例証で確実性を得る、とした（なお、先述の八八〇年代に成立したノトカーの『カール大帝業績録』に、本章の終わりのほうで紹介することになるが、ルードヴィヒ敬虔帝を「敬虔なる人の異名のルードヴィヒ」と記す一節がある。シーファーはこの作品が今日、十二世紀の写本を底本として伝わっていることから、後代の改変の可能性に言及し、例証から除外する）。

シーファーはさらに、「敬虔な」(pius) という形容語が、称揚のためのいくつかの形容語の一つから、一個人にきまって添えられる語への、つまりはあだ名へと昇華する過程が、敬虔帝に限らず、他のルードヴィヒという名の国王の場合にも見られることを、九世紀末、東フランクのルードヴィヒ「ドイツ人王」（八七六年没）の場合で確認する。すなわち「敬虔なるルードヴィヒ」と呼ばれたのは、久しく、敬虔帝ひとりではなく、ドイツ人王もまたそうであった。

この先議論が少々込み入ってくるが、シーファーのいうところを今少しつづけよう。「敬虔な」(pius) という形容語があだ名へと昇華する過程——ドイツ人王の場合は九世紀末、敬虔帝の場合は確認できるのは十世紀に入ってから——がルードヴィヒ敬虔帝だけに見られるものでなかったというなら、それでは「敬虔」といえばルードヴィヒ敬虔帝を指す、というようになるのはいつのことなのか。「敬虔なる者」というあだ名が特定の個人、つまりルードヴィヒ敬虔帝を指すよ

［図7］カール大帝、ルードヴィヒ敬虔帝、ルードヴィヒ幼童王の貨幣
上段のペア 3 点はカール大帝、下段左のペア 2 点はルードヴィヒ敬虔帝の発行したデナリウス貨。すべて額面 1 デナリウスの銀貨。表面に描かれた肖像の回りにそれぞれ「皇帝、尊厳者カール」KAROLVS IMP AVG、「皇帝、尊厳者ルードヴィヒ」HLVDOVVICVS IMP AVG と刻される。下段右は「敬虔なる者ルードヴィヒ」HLVDOVVICVS PIVS と刻されているが、ルードヴィヒ幼童王の発行したデナリウス貨。

うになるのはいつのことなのか（日本語では「ピピン短軀王」「ルードヴィヒ敬虔帝」などと位を付して呼ぶが、ラテン語や英語、ドイツ語、フランス語などでは単に「短軀の者ピピン」Pipinus parvus、Pepin the Short、Pippin der Kleine、Pépin le Bref、「敬虔なる者ルードヴィヒ」Hludouuicus pius、Louis the Pious、Ludwig der Fromme、Louis le Pieux と呼ぶ）。

シーファーはこのような問題を立てて、手掛りを探る。しかし答えは見出されない。例えば貨幣の銘を見てみよう。ルードヴィヒ敬虔帝の貨幣においては、《IMP AVG》（＝IMPERATOR AVGVSTUS、「皇帝、尊厳者」）という皇帝称号のみが刻まれている。ルードヴィヒ・ドイツ人王の貨幣では、「敬虔なるルードヴィヒ」（HLVDOVVICUS PIVS）と刻まれたものが一種類あり、東フランクのルードヴィヒ幼童王（九一一年没）の場合、同じ銘を刻む貨幣が八種類ある。つまり、九世紀末〜十世紀初においては、「敬虔な／敬虔なる者」（pius）といえばルードヴィヒ敬虔帝のことを指す、「敬虔なる者」というあだ名が特定の個人たるルードヴィヒ敬虔帝を指す、という事態にはどうやら至ってはいない、というのである。したがってシーファーは、「敬虔な」（pius）という一形容語が特定の個人、すなわちルードヴィヒ敬虔帝に結びつけられる過程は、なお不詳であるとする。

しかしてシーファーは、きわめて重要な指摘であるのだが、「敬虔な」（pius）をはじめとするさまざまな形容語・名詞が、あだ名へと昇華・転換する時期として、九世紀末を注視する。同名のカロリング家の人びとが増加し、彼ら個々人を区別するべく、あだ名を用いようとする欲求がますます高まったであろうから、というのである。カール・マルテルのあだ名や、後述する西フランクのシャルル禿頭《とくとう》王、ルイ吃音《きつおん》王のあだ名などが登場するのもまさにこの時期だから、というのである。

シーファーの議論の紹介が少々長くなったが、要点はこうである。彼は「敬虔な」(pius)という一形容語があだ名へと昇華する時期を考察し、さらにはこのあだ名が特定の個人(ルードヴィヒ敬虔帝)に結びつけられる時期・過程にまで考え及んだが、後者の問題への回答は留保した。しかし前者の問題に対しては、すなわち一個の形容語・名詞が一個人にきまって添えられる語、つまりあだ名へと昇華する時期については、シーファーはそれが九世紀から十世紀への転換期、九世紀末である、と見通したのである。

ルドルフ・シーファーの見通し、結論についてはあとであらためて取り上げよう。ここでは引きつづきカール大帝のあだ名、そしてシーファーが例としてあげたシャルル禿頭王、ルイ吃音王のあだ名を見ていこう。

カール「大帝」

カール大帝の「偉大なる/偉大なる者」(magnus)についても右に見てきた「敬虔な/敬虔なる者」(pius)と同様な状況が当てはまる。支配者を称揚するための伝統的な形容語として、自称においても、また他称においても、用いられてきた。この意味ではすでにカールの生きていた時代から登場するが、それを直ちに、彼にきまって添えられる語、すなわちあだ名と見なすわけにはいかないのである。

［図8a］カール大帝
エッケハルト・フォン・アウラ『年代記』
ケンブリッジ本挿画、12世紀
ケンブリッジ大学図書館蔵

帝冠を被り、右手に笏、左手に十字架つきの宝珠を握り、玉座に座るカール大帝像。「偉大なるカール、ピピンの息子」Karolus magnus Pippini filius の詞書。

［図8b］カール大帝
アーヘンの都市印章、1134年頃、
アーヘン市文書館蔵

市壁に着座するカール大帝を描く。「カール大帝、ローマ皇帝、尊厳者」KAROLVS MAGNVS ROMANORV IMPR AVGVSTVS の銘。

さらに«magnus»は、第七章でユーグ・カペーの父である「大ユーグ」のあだ名「大」（マグヌス）のところでふれたいと思うのだが、「偉大な／偉大なる者」以外にも、「年長のほうの／年長者」の意味で用いられることもあり、«pius»以上にその使われ方は一様でない。しかしてルードヴィヒ敬虔帝のあだ名「敬虔な／敬虔なる者」（pius）にかかわるシーファーの研究を受けて、ドイツの中世史家カール・フェルディナント・ヴェルナーがカールの「偉大な／偉大なる者（＝大帝）」（magnus）というあだ名について検討を加えた。ここでは彼の結論のみに簡単にふれると、この形容語・名詞がカールを称揚するためのいくつかの形容語・名詞の一つから、彼にきまって添えられる語へ、つまりはあだ名へと昇華するのは、カールの死（八一四年没）後しばらくを経た九世紀末であった。

ルイ「吃音王」

シーファーはさらにシャルル禿頭王、ルイ吃音王のあだ名が登場するのも、九世紀末の時期であると指摘していた。しばらく両事例を確認していこう。時期が前後するが、まず西フランク王ルイ二世（吃音王、シャルル禿頭王の長子、八七九年没）のあだ名「吃音（どもり）」（balbus）について。

ルイ二世（吃音王）については、パリのサン・ジェルマン・デ・プレ修道院の修道士アボンの八九六年頃の韻文作品『パリの町の戦い』において、「吃音（どもり）という渾名で呼ばれているルイ」（Lodovicus / Qui vocitatus ... prenomine Balbus）といわれており、またドイツ西部の、ベルギー、ルクセンブルクに近いプリュム修道院の院長であったレギノーが九〇八年頃に完成させた作品『年代記』（通例『レギノー年代記』と呼ばれる）の八七八年の条項においても、「吃音（どもり）と呼ばれている」(Ludowicus ..., qui Balbus appellabatur)と語られている。

すなわちルイはその死から遠くない時期の九世紀末〜十世紀初に、同時代人により「吃音(どもり)」(balbus)というあだ名で呼ばれているのである。

シャルル「禿頭王」

西フランク王・皇帝シャルル(禿頭王、ルードヴィヒ[ルイ]敬虔帝の四男、八七七年没)のあだ名「禿頭(ハゲ)」(calvus)に関しては、久しく、サン・タマン修道院の修道士フクバルトの韻文作品『禿頭賛歌』が禿頭王に献呈されたものと考えられてきたことから、そしてそれが八七六年もしくは八七七年頃と考えられてきたことから、シャルルはその同時代人によって、しかもその存命中に、このあだ名で呼ばれていたと見られてきた。

しかしドイツの中世史家クルト＝ウルリヒ・イェシュケの比較的詳細な検討によるならば、この作品には以前より指摘されていた後代の改竄・挿入の可能性があることに加えて、そもそも作品自体がマインツ大司教ハットー(八九一〜九一三年)に宛てられたものであり、内容も禿頭王には関係ないものなのである。

イェシュケはこの作品に代わって、「禿頭王」のあだ名をあげる最も古い事例として、『フランク王たちの系譜』の記載を提出する。これはカロリング家の系譜を記した一連の作品、いわゆる「カロリング家の系譜」作品の一つで、イェシュケによれば八六九年以前に成立していたと判断される(前章において、サン・ヴァンドリーユ修道院創建者ヴァンドレギシルスの父ヴァルキススをカロリング

[図9] シャルル禿頭王

ザンクト・エムメラム修道院『黄金の福音書』、870年頃、ミュンヘン、バイエルン国立図書館蔵

玉座に座るシャルル禿頭王に天上から神の祝福の手が伸び、左右の女性は両枠の詞書によるとそれぞれフランキア（フランク人の国）とゴティア（Gothia＝ゴート人の国、南仏のセプティマニア地方か）を擬人化したもので、シャルルが両地方の支配者であることを表す。フランス北東部ランスでシャルル禿頭王の宮廷学校で作成されたと思われる。

家の系譜上に位置づける作品を紹介するさいにふれた、「アルヌルフがフロドゥルフ、ヴァルキスス、アンゼギゼルをもうけたとする記述は、九世紀後半の「系譜」作品にそのまま引かれ」とした作品）。その中で「ルードヴィヒ（敬虔帝）がロタール、ピピン、ルードヴィヒ（ドイツ人王）をエルメンガルトから、禿頭のシャルル（カール）をユーディットからもうけた」と記され、「禿頭のシャルル」（Karolus Calvus）が登場しているのである。「禿頭のシャルル」はこれ以降では、十世紀初の『サン・ジェルマン小年代記』の八二三年の条項の記載がこれにつづく（八七八年の条項においても見られるが、そこでの「禿頭の」は後代――十世紀のうちの――記載と考えられる。第五章であらためて紹介する）。すなわちシャルルはやはり在位中にすでに「禿頭」とあだ名されていたと思われ、十世紀初にもこのあだ名で呼ばれているのが確実なのである。

カール「肥満王」

ところでイェシュケはシャルルの「禿頭」というあだ名に関連して、東フランク王・皇帝カール三世（肥満王、ルードヴィヒ・ドイツ人王の三男、八八八年没）のあだ名について興味深い状況を指摘する。

カール三世は今日「肥満（デブ）」（crassus）というあだ名で呼ばれているが、彼にあだ名を付して呼ぶ最も古い文献は、イタリアのクレモナ司教リウトプラントの九六〇年頃の作品『報復の書』第一章・第五節、および第一四節と見られてきた。そこではカールは「肥満」（crassus）ではなく、「禿頭」（calvus）と呼ばれている。しかしリウトプラントが彼をこのあだ名で呼んでいることは、従来、カール三世と西フランクのシャルル禿頭王との混同、取り違えからくるものと判断されてきた（ラテン語ではどちらもカロルス Karolus/Carolus と記される）。なぜなら、第一四節でカール三世を「禿頭と呼ばれたガリア（西フランク＝フランス地域）の王カロルス」と呼んでいるからであり、また両者の明らかな取り違えがリウトプラントの同時代人、ドイツ中部に所在するコルファイ修道院の修道士ヴィドゥキントの作品にも見られるからである。どうやらリウトプラントの『報復の書』は、カールにあだ名を付して呼んではいるが、彼を「真の」あだ名で呼ぶ最も古い文献というわけではないようなのである。

しかしイェシュケはリウトプラントの『報復の書』よりも古い文献を探し出す。「カロリング家の系譜」作品のうちに数えられるべき、北フランス、ルーアンに近いサン・ヴァンドリーユ（フォントネル）修道院で作成された系譜作品（前章を参照）の一つで、八八五年頃のものと判断される『フォントネル修道院由来のカロリング家の系譜の第二続編』が、カール三世を「ノリクム（この場合はバイエルン、さらには東フランクを指す）の王ルードヴィヒ（ドイツ人王）の息子、シュヴァーベン王、禿頭のカール（Karolus calvus）」と呼んでいるのである（シュヴァーベンは現在のドイツ南西部からスイスにまたがる地域で、アレマニエンとも呼ばれ、カール三世が最初に王位についた東フランクの分王国の地）。すなわちカール三世は彼の同時代人により、彼の在位中に「禿頭」と呼ばれているのであり、記載内容から見て人物の取り違えはまずありえない。むしろシャルルとは別にカール三世もまた「禿頭」と呼ばれていたと見るべきなのである。

リウトプラントやヴィドゥキントにおいてカール三世とシャルル禿頭王との混同、取り違えがおこるとしたら、単に名前が同じだからということからだけではなく、あだ名もまた同じであったことによると考えられようか。われわれは「敬虔なる者」(pius)というあだ名が九世紀末〜十世紀初にルードヴィヒ敬虔帝のみならずルードヴィヒ・ドイツ人王にもまた付されていたことを想起しよう。シーファーが見通したように、あだ名が付され始めた時期、一つの形容語・名詞が初めから特定の個人に結びつけられていたわけではなかったであろう。その点で興味深いのはイェシュケが示すつぎの経過である。

十一世紀末、ドイツ南東部、バイエルンのバンベルク所在ミヒェルスベルク修道院の修道士フルトルフは、その『世界年代記』においてシャルル禿頭王を「禿頭」(calvus)と呼ぶのみならず、カール三世をもリウトプラントの文章を借用しつつ「禿頭」(calvus)とあだ名する。ところが十二世紀半ば、「ザクセンの年代記者」(Annalista Saxo)と呼ばれる逸名の年代記作家の作品『年代記』は、フルトルフの文

［図10］カール肥満王の印章
883年、ミュンヘン、バイエルン国立図書館蔵
ここでの印章は、金属製のメダル（鉛の台に金の薄板を張るなどしたもの）に刻印して、それを紐につるして文書紙面にぶら下げたもの（垂印）。中央に古代ローマ人の衣服をまとい、月桂冠を被ったカール肥満王の横顔が描かれ、周囲に「皇帝、尊厳者カール」Karolus IvP (=IMP) AGS の銘が刻まれている。

章を借用しつつシャルルを「禿頭」(calvus)と呼ぶが、カール三世については、文章自体はフルトルフを借用しながらも別のあだ名を用意する。「肥満」(crassus)がそれであり、これが今日彼に付されるのが常である「肥満」というあだ名の初出事例なのである。

十二世紀後半の一一五五〜一一六五年頃、ドイツのパーダーボーン司教マインベルク伝』では、カール三世はまだ「禿頭」(calvus)と呼ばれている。しかして十三世紀半ば、メーレンのオパヴァ(トロッパウ)出身のマルティンの作品『教皇と皇帝たちの年代記』はシャルルを「禿頭」(calvus)と呼び、カールを「肥満」(crassus)と呼ぶ。かくして、シャルル「禿頭王」とカール「肥満王」のあだ名の区別が定着していくのである。

あだ名で呼び始めたのはいつの時代の人びとか

前章ではカール・マルテル(七四一年没)のあだ名を、本章ではピピン短軀王(七六八年没)、カール大帝(八一四年没)、ルードヴィヒ敬虔帝(八四〇年没)、シャルル禿頭王(八七七年没)、ルイ吃音王(八七九年没)のあだ名を取り上げ、あわせてルードヴィヒ・ドイツ人王(八七六年没)、カール肥満王(八八八年没)のあだ名にも言及した。

メロヴィング朝の国王が誰ひとりとしてあだ名を伝えられていない、そのような状況の中、メロヴィング朝末期のひと、「鉄槌」とあだ名されるカールが登場する。しかし、カール・マルテル、ピピン短軀王、カール大帝、ルードヴィヒ敬虔帝は、仮に各人がそれぞれの同時代人によってあだ名で呼ばれていたとしても、そのあだ名は今日伝えられておらず、彼らがあだ名で呼ばれるのが確認されるのは、いずれも彼らの死後のことである。しかも、ピピンの場合をのぞき、みな、九世紀末〜十世紀初のことであった。

ルードヴィヒ・ドイツ人王、シャルル禿頭王、ルイ吃音王、カール肥満王の場合はその同時代人によって――禿頭王、肥満王の場合は生前に――、すなわち九世紀末〜十世紀初にあだ名で呼ばれていた。

第一章においてわれわれは、本来「私的な空間」にあって多くは伝わらないと思われているあだ名が、ヨーロッパ中世においては大挙して現れ、他の時代、他の社会には見られない特異な現象、「あだ名文化」とも表現できる状況を現出させているが、そうした状況は、中世全般に見られるのではなく、メロヴィング朝末期〜カロリング朝期以降の人びとに対して初めて語られうる、と述べた。しかし、メロヴィング朝末期〜カロリング朝前期の人びとをあだ名で呼んだのは、その彼らの同時代人ではなかった。カロリング朝後期以降の九世紀末〜十世紀初の人びとが、彼らメロヴィング朝末期〜カロリング朝前期の人びと、および自分たち自身の同時代人に対して、あだ名で呼んだのである。

ルドルフ・シーファーは、一個の形容語・名詞が一個人にきまって添えられるそれ、つまりあだ名へと昇華する時期を、九世紀から十世紀への転換期、九世紀末である、としたが、われわれは彼のこの見通しを支持するとともに、時期の設定をもう少しゆるめて、九世紀末〜十世紀初、と見ておこう。ヨーロッパ中世における「あだ名文化」の始まりは、中世という時代が少し進んだ九世紀末～十世紀初であった。九世紀末～十世紀初の人びとが、メロヴィング朝末期～カロリング朝前期、すなわち八世紀～九世紀半ば人びとを、そして自分たちと同時代の人びとを、あだ名で呼ぶところから始まったのである。

右の結論を別の側面から確認してみたい。「九世紀末～十世紀初の時期」の前、その時期、その後の時期、に書かれた三つの文章を比べてみよう。とりあげるのは、いずれもカロリング家の人びとについて書かれたもので、系譜的に述べられている部分である。

まず「前」の時期の作品。取り上げるのは九世紀初、八三〇年代頃の、アインハルトの『カール大帝伝』の一節（第一部・第二章）である。

この職を、キルデリヒが廃位されたとき、国王カールの父ピピンはすでに世襲職のごとくつとめていた。何故なら彼の父カールが、全フランクの地を支配することを求める僭主たちを粉砕し、ガリアを占領しようとしたサラセン人たちを二度の激戦で、一つはアキタニアにおいて都邑ポワティエの近傍で、今一つはナルボンヌの近くベル川において打ち破り、ヒスパニアへ退却することを余儀なくさせ、父ピピンから受け継いだその同じ職務を立派につとめていたからである。

誰と誰のことが書かれているのか、途惑うのではないだろうか。一読でそれがカロリング家の四世代、四人のことを書いていると理解するのは簡単ではあるまい。念のため、あだ名などを添えて、再度示そう。

この職（宮宰職）を、キルデリヒ（メロヴィング朝最後の国王）が廃位されたとき、国王カール（カール大帝）の父ピピン（ピピン短軀王）はすでに世襲職のごとくつとめていた。何故なら彼（ピピン短軀王）の父カール（カール・マルテル）が、全フランクの地を支配することを求める僭主たちを粉砕し、ガリアを占領しようとしたサラセン人たちを二度の激戦で、一つはアキタニアにおいて都邑ポワティエの近傍で、今一つはナルボンヌの近くベル川において打ち破り、ヒスパニアへ退却することを余儀なくさせ、父ピピン（中ピピン）から受け継いだその同じ職務を立派につとめていたからである。

つぎに「その時期」の作品。先にも取り上げた、ザンクト・ガレン修道院の修道士ノトカーが八八〇年代に著した作品『カール大帝業績録』の第二巻・第一六章である。本書はもともとノトカーが、カール肥満王（皇帝にまでなっているが日本語では、通例、肥満王といわれる）に請われて、肥満王の曾祖父カール大帝について記したものである（本書はしかし、献呈前に肥満王が失脚してしまったため、未完のままザンクト・ガレン修道院に蔵匿されてしまっていたと思われ、十二世紀に至って写本が作成されるようになって、ようやく知られるようになった）。引用する箇所は、ノトカーが、本来はカール大帝のことのみを語ればよかったのに、ルードヴィヒ敬虔帝やピピン短軀王のことに話題が逸脱してしまったことを詫びる箇所である。

おお、尊厳なる皇帝よ、私はあなたの曾祖父カールについてのみ、あなたが彼がなしたことすべてを御存じなので、話を短く織りなすつもりでした。しかし貴顕なる人の異名で呼ばれる最も栄光あるあなたの父ルードヴィヒや、敬虔なる人の異名のあなたの最も敬神の念篤き祖父ルードヴィヒ、あるいは最も勇猛なあなたの高祖父である年少のほうのピピンについては、近ごろの人の無智の故にまったく語られておりません。彼らについてせっかく言及する機会を与えられながら、すべてを触れずに済ますことは、私には正道に悖《もと》ると思われたのです。これに対し年長のほうのピピンについては最も博学なベーダが教会史の中でほとんど一巻すべてを捧げました（ので私は触れませんでした——補足は引用者）。

決して読みやすいというわけではないが、人物の区別・識別のしやすさに関する限り、アインハルトの文章のように途惑うことはないであろう。念のため記すならば、「貴顕なる人の異名で呼ばれる最も栄光あるあなたの父ルードヴィヒ」（Hludowicus cognomento illustris …）はルードヴィヒ・ドイツ人王、「敬虔なる人の異名のあなたの最も敬神の念篤き祖父ルードヴィヒ」（Hludowicus agnomine pius …）はルードヴィヒ敬虔帝、「最も勇猛なあなたの高祖父である年少のほうのピピン」（Pippin iunior）はピピン短軀王のことである。なお、「年長のほうのピピン」（maior Pippin）はここでは中ピピンのことで、「年少のほうのピピン」（Pippin iunior）との対比でこう呼ばれている（この点については後述する)。

最後に「その後」の時期の作品。ここでは既出の、十二世紀中葉の作品、『ブーローニュ伯の系譜』の一節をもう一度取り上げよう。

以下が、偉大なると呼ばれる国王カールがそこから出自した血統である。……後に司教になった大公アルヌルフは、メッツ司教アイストゥルフとグイアルキス、フロドゥルフとアンゼギゼルをもうけた。大公アンゼギゼルは宮宰ピピンの娘ベッガから年長のほうのピピンをもうけた。大公である年長のほうのピピンはカール・マルテルをもうけた。大公カールはピピン短軀王をもうけた。国王ピピンは偉大なる王カールをもうけた。……そしてその後、前述のハドリアヌスの後継者である教皇レオ三世によって国王カールは主の降誕の日に至福なるペテロの教会で皇帝《イムペラトール》へと塗油された。このカールが敬虔なる皇帝《アウグストゥス》ルードヴィヒをもうけた。ルードヴィヒがロタール、ピピンそしてルードヴィヒをエルメンガルトから、禿頭のシャルル(カール)をユーディットからもうけた。禿頭のシャルルはルイ(ルードヴィヒ)をもうけたが、彼は四年しか生きなかったので何もしなかった。ルイの息子ルイは単純なシャルルとカルロマンをもうけた。

無味乾燥な文章ではあるが、冗長な称揚語はなく、あだ名が直截に使用されている。人物の区別・識別のしやすさの点では、前の二作品の比ではない。

九世紀初のアインハルトの『カール大帝伝』があだ名をほとんど用いていないのに対し、九世紀末のノトカーの『カール大帝業績録』では「〜の異名（あだ名）で呼ばれる」といった語句がさまざまな称揚語に交じって付されている。あだ名を付して呼び始めた時期にあって、特定のあだ名が定着していたわけではない、そのような時期の作品であることをよく表しているといえよう。これらに対し、十二世紀中葉の『ブーローニュ伯の系譜』は、あだ名を付して呼ぶことが普通に行われていたことをわれわれに示してくれている。

「私的な空間」のあだ名から「公然性」の中へ

ドイツの研究者アンドレアス・ラックマイアーは中世盛期までの、北欧を含むヨーロッパの王侯のあだ名に関する一九三六年の学位論文において、五世紀初から十三世紀初までの一七三人の王侯のあだ名について、その史料上の初出を一覧にして提示した。六世紀半ばのヨルダネスの『ゲティカ』が伝えるゴート人の王のあだ名、およびプロコピウスの『ゴート戦役』が伝えるゴート人の軍事的指導者のあだ名、六世紀末のトゥールのグレゴリウスの『歴史十書』（『フランク史』）の伝えるグンドヴァルトのバッロメル（Ballomer）、グントラムのボゾー（Boso）というあだ名（「バッロメル」と「ボゾー」をあだ名とすることは適切ではないように思われるが、ここではこの問題には立ち入らない）、の計四つを別とするならば、そして今日の古文書学などの研究水準に照らしてカール・マルテル、カール大帝、ルードヴィヒ敬虔帝の「あだ名」の初出を訂正するならば、ラックマイアーが取り上げた、今日伝えられるヨーロッパの王侯のあだ名の初出は、九世紀末〜十世紀初より前の時期へ遡ることはない。右のわれわれの確認を支持する資料データといえよう。

もとよりラックマイアーの提示するあだ名のリストも完全なものというわけではない。例えばわれわれはトゥールのグレゴリウスの『歴史十書』の中に、他に、国王グントラムの妃アウストレギルデのあだ名「ボビラ」(Bobilla)、大公ドラコレンのあだ名「勤勉家」(Industrius)を見出すことができる。しかし両事例ともあだ名のいわば紹介にとどまっており、何度も登場する両人の名前に必ず添えられているわけでも、代名詞的に使われているわけでもない。グレゴリウス以外にも誰かが伝えているというわけでもない。仲間うちの愛称や蔑称などとして、いつの時代、どの社会にも存在する、「私的な空間」におけるあだ名が、グレゴリウスを通してたまたま伝わったものといえよう。つまり、本来「私的な空間」にあって多くは伝わらないと思われているあだ名が、たまたま同時代人によって書き留められて、伝わったものといえる。

これに対し九世紀末~十世紀初の人びとが使い出したあだ名はどうであろうか。カール・マルテルの場合、あだ名「トゥディテス」および「マルテル」の初出事例を紹介した。実は、「トゥディテス」を伝えるアドレヴァルトの『聖ベネディクトゥスの奇跡』においても、「マルテル」を伝える『ランス司教リゴベルト伝』においても、それぞれ、カールのあだ名をあげる箇所は、あだ名を紹介し、その由来を語る箇所のみである。このことは一見、「私的な空間」におけるあだ名が、たまたま書き留められて、伝わったもののように見える(ただし『聖ベネディクトゥスの奇跡』ではカールはそもそも問題の箇所以外に登場しない)。しかし、「トゥディテス」と「マルテル」がカールの死の一三〇~四〇年後の九世紀末に、ほぼ同時期に伝えられていることは、単なる偶然なのであろうか。さらにはカール・マルテルの例だけでなく、九世紀末～十世紀初に少なからぬ著述家が期せずしてあだ名に言及していることは、たまたま、といった偶然性のみで説明できるのだろうか。例示したあだ名の中では、シャルル禿頭王のあだ名「禿頭」や、カール肥満王のあだ名「禿頭」の初出事例は、すでに、ニュアンスを排した使われ方の観がある。『サン・ベルタン年代記』での「禿頭のラムベルト」の登場も九世紀末であった。つぎのように見通されないだろうか。すなわち、この時期、ヨーロッパ中世において特徴的な「公然性」の中のあだ名への一歩が踏み出されたのではないか、さらにはあだ名の大挙しての登場は新たに登場した「公然性」の中のあだ名によって促されたのではないか、と。

ヨーロッパ中世には、本来「私的な空間」にあって多くは伝わらない、と思われているあだ名が大挙して現れ、他の時代、他の社会には見られない特異な現象、「あだ名文化」とも表現できる状況が現出した。そのような事態は、九世紀末～十世紀初の人びとが自分たちの同時代の人びとを、そしてメロヴィング朝末期～カロリング朝前期、すなわち八世紀～九世紀半ば人びとをも、あだ名で呼ぶところから始まった。問題は、なぜ九世紀末～十世紀初の人びとのもとであだ名が多用されるようになったのか、ということにあろうが、それは同時に、先にふれた、ヨーロッパ中世においてはなぜ特殊な、「公然性」の中のあだ名があるのか、という問題ともかかわるように思われる。これらの問題については、関連する事項を取り上げた後、第五章であらためて考えていこう。ここでは本章の最後にあたり、ピピン短軀王のあだ名について今一度ふれておきたい。

ピピンはなぜ十一世紀まであだ名で呼ばれなかったのか

ピピン（七六八年没）に対しては、十一世紀初めの「敬虔なる者」というあだ名の登場に至るまで、あだ名の存在は確認されない。もとよりそれは、彼が生存中にあだ名で呼ばれていなかったことの証左というわけではない。だが、いずれにせよこの間の九世紀末～十世紀初の人びとが、メロヴィング朝末期～カロリング朝前期の人びとにあだ名をつけて呼び始めていた。なぜ、ピピンはこの時期にあだ名で呼ばれなかったのであろうか。

人びとがいわば勝手にあだ名をつけて呼ぶようになる九世紀末～十世紀初においては、直ちにあだ名の使用が支配的となったわけではない。後で章を変えてあらためて取り上げることになるが、それ故結論を先取りし、それを前提として語ることになってしまうのだが、あだ名の使用を促したところのもの、すなわち「区別・識別の必要」は、あだ名だけではなく、他の呼び方の使用をもまた促した。例えば「年長／年少のほうの」「一世／二世」といった呼称である。

ところがピピンの場合、そもそも彼を他者から区別・識別することはそれほど困難ではなかった。第一に、ピピンという名はカロリング家の「主導名」——一族内で受け継がれる名前（後述、第五章）——の一つであるとはいえ、そのカロリング家においては次第にカール、カールマンという名前や、元来メロヴィング家の「主導名」であったがカール大帝によってその息子たちに命名されて以降カロリング家の主導名となったルードヴィヒ、ロタールという名前（後述、第七章）などが、優先的に命名されるようになり、ピピンという名前はあまり命名されなくなる傾向にあった。ちなみに九世紀半ば以降、中フランク、東フランクのカロリング家にこの名の人物はいな

［図11］カール大帝と息子ピピン

フェリエールのループス『法の書』（820–30年代）の10世紀写本挿画、モデナ司教座図書館蔵

勅令などによる国王の立法活動が盛んであったカロリング朝前期における、立法者としての国王を描く。左カール大帝、右その息子ピピン。ピピンは、カールの嫡出二男で、当初カールマンと命名されたが後にピピンと改名され、イタリア王になった人物と思われる（彼の庶出の異母兄、傴僂のピピンと見る説もある）。手前は書記を描いていると見られる。

い。西フランクでもこの名前のカロリング家の人物は、シャルル禿頭王の生後一年で死去した六男(!)のみである。しかも「国王ピピン」といえば、われわれのピピン「短軀王」以外に、カール大帝の嫡出二男で、イタリア王となるも早世したピピン(八一〇年没)、ルードヴィヒ敬虔帝の二男アキタニア分国王ピピン(八三八年没)とその息子でアキタニア王を名乗ったピピン(八六四年以降没)がいるが、彼らとの区別・識別はそれほど困難ではなかった。

第二に、より重要なことと思われるのだが、彼は「カール・マルテルの息子」であり、「カール大帝の父」であるが故に、容易に特定できたのである。第二章において、あだ名が多用されていなかった時期の作品ではあるが、アルクインの『ヴィリブロールト伝』において、ピピンが「カール(マルテル)の息子、カール(大帝)の父」と説明されていたことを思い起こしていただきたい。ピピン自身にもあだ名の付された例ではあるが、本章の初めに紹介したアデマールの『歴史』第二書・第一章では「フランク人たちは……カール・マルテルの息子、敬虔なピピンを国王に推戴した」と述べられ、『フランク王とフランドル伯の系譜』でも「カール・マルテルは短軀のピピン、偉大なるカールの父、をもうけた」と述べられていた。九世紀末にいち早くカール・マルテルやカール大帝があだ名で呼ばれ始めた状況下、「区別・識別の必要」はピピンをあだ名で呼ぶことを必ずしも求めなかったのである。

十一世紀初にシャバンヌのアデマールがピピンのあだ名(「敬虔なる者」)を初めて伝えるが、それは、あだ名にかかわる記憶の再構築や記録化、さらにはあだ名の創作が活発化する状況の中においてであった。これについても第五章でふれよう。

■補説1　アルファベット■

ピピン短軀王のあだ名「短軀」のアルファベット表記で、おやっ、と思われたかもしれない。《parvus》と表記されたり、《paruus》と表記されたりしているからだ。

今日われわれが使用するアルファベット＝ローマ字は、古代ローマ人が使用していたアルファベットそのものと思われているかもしれないが、実は少し異なる。

まず、今日、大文字と小文字とがあるが、古代ローマ人が使用したのは大文字のみ。この文字はさまざまな書体（字体）で書かれていき、中世に入り、カロリング朝フランク王国ではカール大帝の時代に「カロリング小字体」と呼ばれる書体が作られた。カロリング朝ではこの「カロリング小字体」を使って古代以来のさまざまな文献の写本が作成された。時代が下って、ルネサンスの時期、人文主義者たちが古代の文献を渉猟したさい、カロリング朝期の写本を古代ローマ時代の原典と思い込み、「カロリング小字体」を大文字とともに古代ローマの標準的な書体であると勘違いして、これをもとに書き記すようになった。これが今日の小文字のもとである。

つぎに、よく、アルファベット二十六文字、といわれるが、もともと古代ローマ人が使用していたアルファベットは二十六文字ではなく、二十三文字であった。

(1) Uはなく、母音[u]を表すのはVであった。Vは同時に半母音[w]も表した。簡単にいえば、V

Iniurias inrogantem. Tolerat
quia patientiam exhibe-
sui sponsi. Exspectans
auras libertatis. ut uindi-
cetur abeo eius humilitas
qm eam uiris sui obtinet ca-
ritas. Ipsa est enim qui ui-
uit & regnat cum dō patre.
& cum sĉō spū In saecula
saeculorum. Amen.

ACCIPE SUMME PUER
PARUU HLUDOUUICE LIBELLU

QUEM TIBI DEUOTUS
OPTULIT EN FAMULUS.

SCILICET INDIGNUS IUUA
UENSIS PASTOR OUILIS

DICTUS ADAL RAMMUS
SERUULUS IPSETUUS.

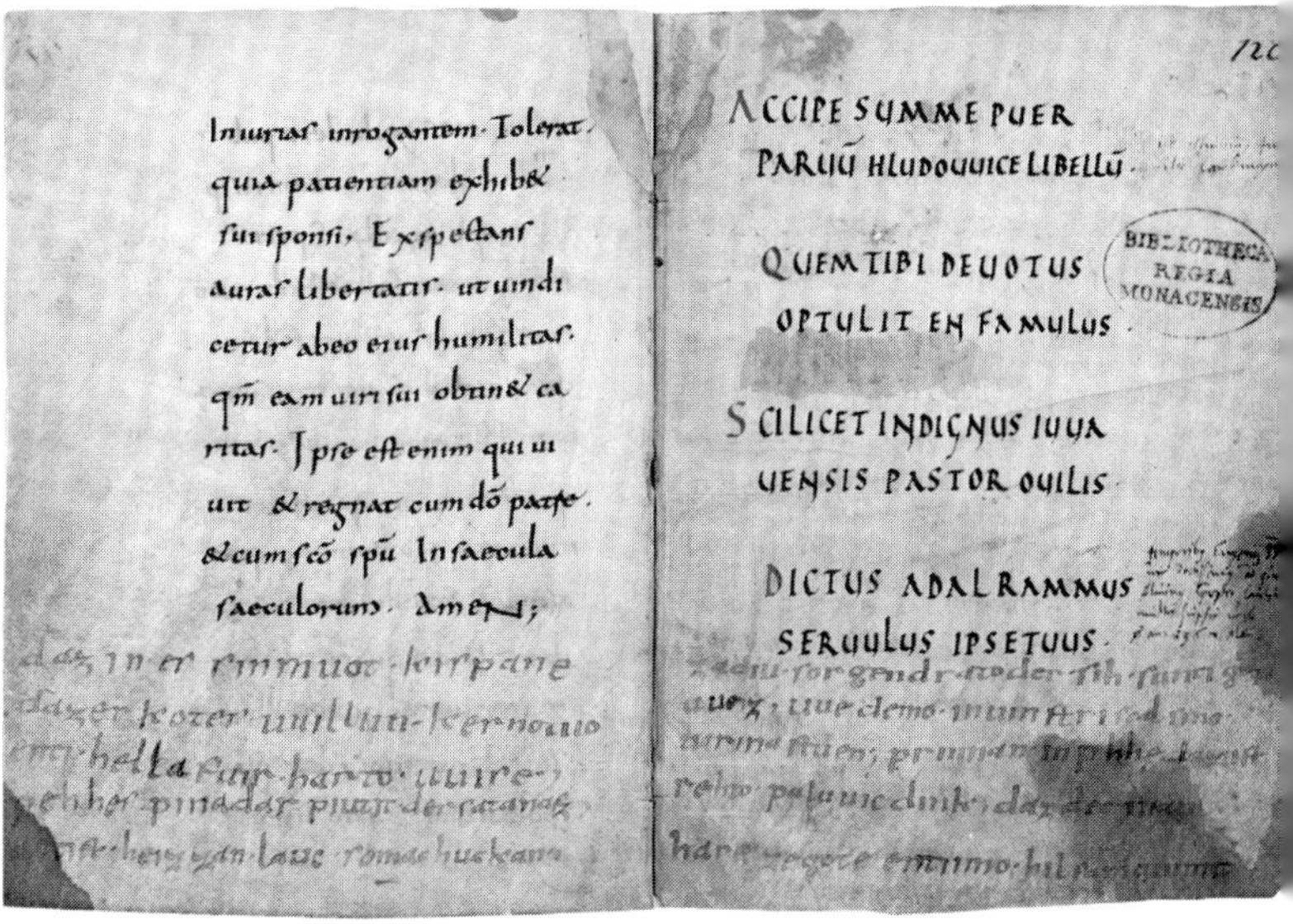

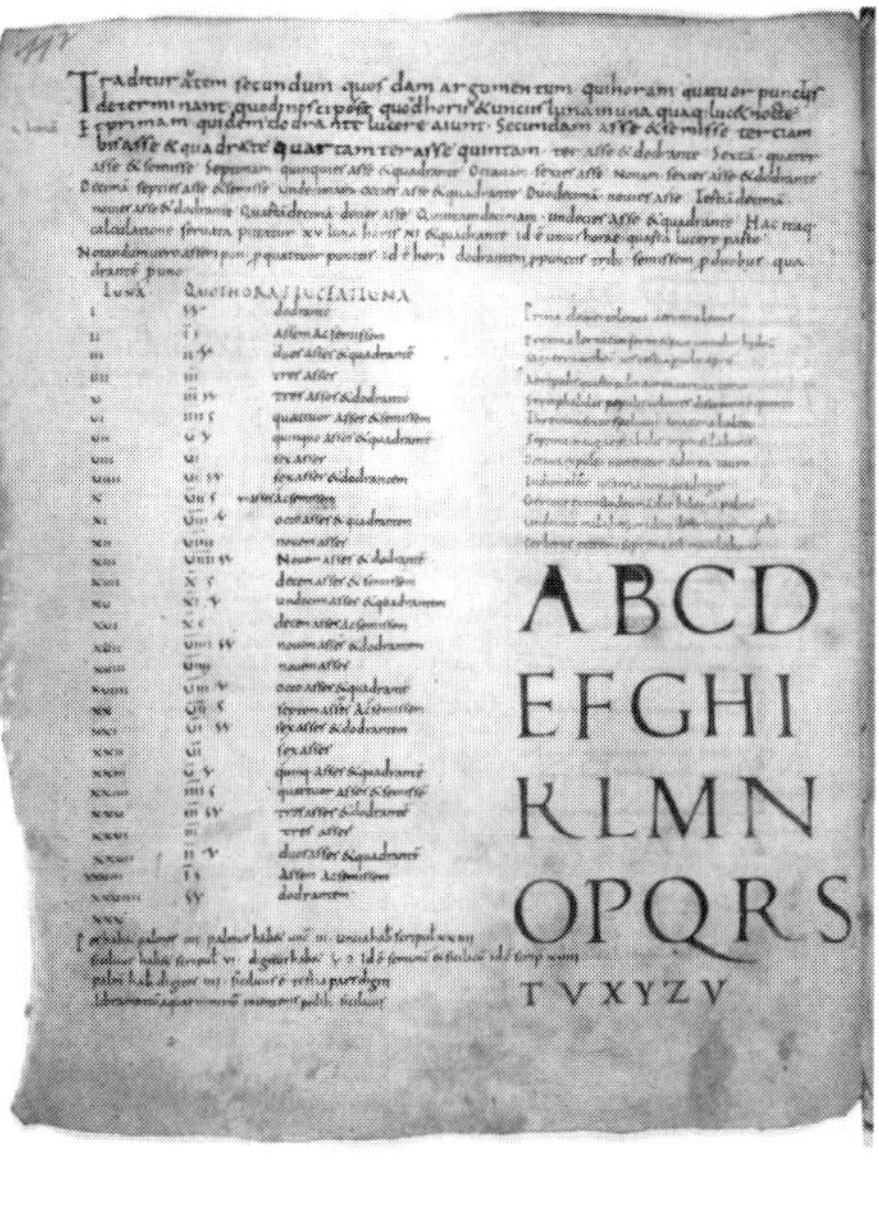

▲ [図12a] カロリング小字体
英雄叙事詩『ムースピリ』写本、9世紀
ミュンヘン、バイエルン国立図書館蔵
ルードヴィヒ・ドイツ人王へのザルツブルク大教アダルラムからの献呈本。濃く見える部分はもとの書冊の文章で、830年頃に書かれたもの（頁最後の部分に「アーメン」amenと書かれる）。薄く見える部分は、余白に870年頃にドイツ人王自らが古高ドイツ語による英雄叙事詩『ムースピリ』を筆写したものと考えられており、今日、同叙事詩の最重要資料となっている。いずれもカロリング小字体で書かれている。

◀ [図12b] アルファベット
アクイタニアのヴィクトリウス『計算』写本、9世紀頃、ベルン市図書館蔵
アクイタニアのヴィクトリウス（5世紀）が復活祭日の算定のために暦の計算を示した『計算』Calculusを筆写した9世紀の写本（中央部分）。ちなみに最左列には月齢（luna）が書かれており、ローマ数字でI～XXX（XVが満月）が記されている。当時羊皮紙は貴重品であったので、後代に、余白に書き込みがよくおこなわれた。右下もそうした一例で、アルファベット「大文字」の手本を示したもの。J・U・Wがないことに注意されたい。

141　第Ⅲ章｜ピピンはいつから短軀王と呼ばれたか

は単独、あるいは子音の後に来れば「ウ」、例えばSVならば「ス」と発音し、後ろに母音が来れば、例えばVAならば「ウァ」、VIならば「ウィ」と発音した。中世の時代に母音[u]のみを表すUが生み出されていき、Vは半母音のみに使われていくようになった。なお半母音としてのVは古代末期から次第に濁音[v]（「ヴ」）になっていった。

要するに、古代ローマ人の言葉であるラテン語においては、表記上UとVの区別はないのであり、中世に入ってUが作られるようになっても、書く人によってVを使ったり、Uを使ったりしていたのである。《paruus》＝《parvus》なのである。

(2)Jはなく、Iが母音[i]と半母音[j]を表した。Vと同様に、単独、あるいは子音の後に来れば「イ」、例えばBIならば「ビ」と発音し、後ろに母音が来れば、例えばIAならば「イァ（ヤ）」、IVならば「イゥ（ユ）」と発音した。中世の時代に半母音[j]のみを表すJが生み出されていき、Iは母音のみに使われていくようになった。

第二章で《junior》《iunior》の二つの表記が出てきたが、事情はU・Vと同じである。

(3)Wはなかった。上述のようにVが[v]と発音されるようになると、半母音[w]を表すために、Vを重ねたVVが使われるようになった。これがWであり、Uが使われるようになるとUUとも表記された。

第六章でウィティキヌスUuitichinusという名前をヴィドゥキントWitikindの変形と考える説を紹介するが、UUイコールWなのである。ちなみにフランス語ではWはドゥブルヴェ、つまり二つのV《ヴェ》と呼び、英語ではダブリュー、つまりダブル・ユー、二つのUと呼ぶのはご存じのとおり。

第Ⅳ章

姓の誕生

▼ヨーロッパの「家名」をさかのぼる

前章までのカール・マルテルやピピン短軀王たちのあだ名をめぐる話から、あるいはそこで取り上げたさまざまな文献の引用文から、ひとつの疑問をもたれたかもしれない。彼らヨーロッパ中世の人びとは苗字（姓・家名）をもっていなかったのか、と。

ヨーロッパやアメリカの人びとというと、われわれは、名前（正確にいうと名前を構成する部分）をいくつももっていると思いがちである。日本人のように個人名（ファーストネーム）と姓（ファミリーネーム）だけのひともいるが、その間にミドルネームとして洗礼名や先祖の名前、あるいは旧姓が並ぶひとも少なくなく、おそらく後者のイメージが強いせいであろう。だから「カロリング家のカール・マルテル」と聞けば、「カール・マルテル・カロリング」がフルネームであって、カールは個人名（ファーストネーム）、マルテルはミドルネーム、カロリングは姓（ファミリーネーム）、と思ってしまうかもしれない。

だがマルテルは、もとより叔父の名前などではなく、あだ名であった。それではカロリング――カロリング家とは何なのか。

「カールたち」――「カロリング家」という名の始まり

カロリング家の人びとに対しては、九世紀以来、この一族を代表するカール・マルテルやカール大帝の名を用いて「カールの血筋／子孫」(stirps Caroli / Karoli)、あるいはより直截に「カール大帝の血筋／子孫」(stirps Caroli / Karoli Magni) という呼び方がなされてきた。そうした中、十世紀後半に、「カールたち」という呼び方が登場する。

ドイツのコルファイ修道院の修道士ヴィドゥキントは、九六〇年代に著した『ザクセン人の事蹟』の第一章・第一六節において、最後のカロリング朝東フランク王ルードヴィヒ四世(幼童王、九一一年没)について、つぎのように語る(なお、ルードヴィヒ四世の父王アルヌルフと西フランクのカロリング家の人たちとの、文中でいわれる系譜関係は正確ではない)。

> しかして東フランクにおいて統《す》べていたカールたち(Karoli、Karolus の複数形)のうちの最後の人物は、アルヌルフ——現国王ロテール(西フランク王、在位九五四—九八六年)の曾祖父シャルルの甥——からの息子、ルードヴィヒであった。

ラテン語で«Karoli»と表記された「カールたち」は、その後、おそらくは話し言葉の古高ドイツ語の影響をうけて、«Karlingi»、«Karolingi»などと表記されていく(というより、「カールたち」を意味した話し言葉が、一族を表す「固有名詞」、つまりは姓・家名として用いられていくにつれて、ラテン語表記に取りいれられた、というべきか)。ドイツ語の«Karolinger»《カロリンガー》、フランス語の«Carolingien»《カロランジャン》、つまりカロリング—カロリング家という呼び方の定着である。

カロリング—カロリング家とはしたがって、カール大帝に代表される一族の人びとに対して、後世、カールの名前をもって付された一族名（姓・家名）であって、もともとカロリング家の人びと自らが用いた一族名（姓・家名）ではない。「カロリング家のカール・マルテル」のフルネームは「カール」、それだけであり、彼に限らず、初期ヨーロッパ中世の人びとは、個人名しかもたなかった。

カロリング家、オットー家、カペー家といったヨーロッパ中世に登場する一族名（姓・家名）は、本人たちがそう名乗っていたわけではなく、多くの場合、後世の人びとが名づけたものなのである。

古代ゲルマン人の名前

ヨーロッパ中世の人びとというと、ヨーロッパ人の中でもいわゆるゲルマン系に属する人びとがいわば「主役」である。中世の人びと、と述べたが、もともとゲルマン系の人びとは古代ローマの時代から登場している。彼らゲルマン系の人びとの名前がもともと個人名しかなかったのだろうか。

ゲルマン系の人びとの名前については、さかのぼること紀元前後より、おもに古代ローマの著述家たちからの情報を通して、知られる。例えばタキトゥスが二世紀初め、一一〇年頃に著した作品『年代記』では、ゲルマン人の諸部族の王、首長、貴族らがかなりの数、登場する。マルシー族の首長マッロウェンドゥス、スエビー族の王マロボドゥウス、カッティー族の首長アドガンデストゥリウス、フリーシー族の王ウェッリストゥスとマロリクス、ヘルムンドゥリー族の王ウイビリウス、等々。彼らはみな、単独の名前で呼ばれている。

もっともタキトゥスはローマ人もフルネーム（後述）では呼ばず、たいていは氏族名か家名で呼んでいる。例えば『年代記』冒頭ではキンナ（家名）、スラ（家名）、ポンペイウス（氏族名）、クラッスス（家名）、そしてカエサル（家名）と単独の名で呼び、フルネームで呼ぶどころか「個人名」を加えることもしていない（もとよりこれはタキトゥスに限らず、ローマの著述家の間では普通のことである）。またローマ人が伝えるゲルマン人の名前は、ローマ風に変えられて伝えられていることもあり、本来の名前ではないこともままある。トイトブルクの森の戦い（西暦九年）で知られるケルスキー族の首長アルミニウスは、ローマ世界で活動した経歴もあり、そのこともあってアルミニウスという名前は彼の本来の名前ではないと考えられている。それ故に先にあげたゲルマンの人びとの名前が、それだけが彼らの名前を構成するすべてであったという確証は、別の言い方をするなら、タキトゥスのあげる彼らの名が「個人名」であった確証は、実は、ない。

しかし同じくタキトゥスによって一世紀末、九八年頃に書かれた作品『ゲルマニア』の中に興味深い記述がある。この作品にはゲルマン人のさまざまな部族が紹介されているが、不思議なことに個人の名前は、神のように見なされていた女性たちの名前をのぞき、登場しない。その『ゲルマニア』第四二節において、つぎのように述べられている。

マルコマンニ族とクァディ族には、われわれの時代にいたるまで、彼ら自身の部族からの王たちが存続した。マロボドゥウスたち（Marobodui、Maroboduus の複数形）とトゥーデルたち

（Tudri、Tuder の複数形）という高貴な氏族が。

トゥーデルという名前のクァディ族の王は知られていない。マロボドゥウスという名前の王についていては、先にあげたようにタキトゥスは『年代記』において、マルコマンニ族ではなくスエビー族の王として登場させていた。ところがローマの歴史家ウェレイユス・パテルクルスの西暦三〇年頃の作品『ローマ世界の歴史』第二巻において、マルコマンニ族の王マロボドゥウスが登場し、記述内容からしてタキトゥスの『年代記』に登場するスエビー族の王マロボドゥウスと同一人物と考えられるのである。マルコマンニ族やスエビー族、そしてマロボドゥウスに関しては『年代記』の記述のほうが『ローマ世界の歴史』のそれより詳細なことを考量するなら、また『ローマ世界の歴史』（三〇年頃）、『ゲルマニア』（九八年頃）、『年代記』（一一〇年頃）という作品の成立年代を時系列に並べて考えるなら、タキトゥスは『年代記』を著すにあたって、資料を精査し、書き改めたということであろうか。

ここでわれわれにとって興味深いのは「マロボドゥウスたち」「トゥーデルたち」という表現である。これは先に見た「カールたち」と同じ構造である。一族を代表する人物の名をもってその一族名を記したと考えられるのであり、それはつまりは、ゲルマン系の人びとが単独の名前しかなく、すなわち「個人名」しかなく、姓・家名はなかったことから（ローマ人のもとで見られる、「個人名」以外の、「氏族名」も「家名」もなかったことから）なされたと思われるのである。

ゲルマン系の人びとの名前について、年代を下って簡単に見ていこう。民族大移動期における よく知られる人物で見ると、西ローマ帝国を滅ぼしたとされるオドアケル（四九三年没）、そのオドアケルを破って東ゴート王国をたてたテオドリック（五二六年没）、フランク族を統合したクローヴィス（五一一年没）等々。やはりみな、個人名しか伝えられない。テオドリックについてはアマラー家、クローヴィスについてはメロヴィング家の名があげられることがあるが、いずれも伝説上の祖先にちなんで他者が名づけたもので、カロリング家などと同様に、彼ら自らが用いた姓・家名ではない。

ゲルマン系の人びとは、歴史上に捉えられて以降、一〇〇〇年以上の長きにわたって個人名しかもたなかった民族なのである。

古代ローマ人の名前

ところでここで右で少しくふれた古代ローマ人の名前についてふれておきたい。共和政後期～帝政期を中心に見ると、ローマ人の名前は一般に三つの構成要素から成っていた。「個人名」＋「氏族名」＋「家名」である。例えば有名なカエサルでいうと、「ガイウス・ユリウス・カエサル」（Gaius Julius Caesar）が彼のフルネームである（「ジュリアス・シーザー」は彼の氏族名と家名の英語読みである）。ただし先にも述べたように、通例、「氏族名」か「家名」だけで呼ばれた。もっとも「グラックス兄弟の改革」で知られるグラックス兄弟（兄ティベリウス・センプロニウス・グラックス Tiberius Sempronius Gracchus、弟ガイウス・センプロニウス・グラックス Gaius Sempronius Gracchus）などは、当然のことなから個人名でしか区別できないから、個人名を添えて呼ばれている。

「個人名」＋「氏族名」＋「家名」に加え、養子となったときは、もとの氏族名が添えられることもあり、また尊称などの添え名が加えられることもあった。これも例をあげると、例えば小スキピオは「プブリウス・コルネリウス・スキピオ・アエミリアヌス・アフリカヌス」（Publius Cornelius Scipio Aemilianus Africanus）と呼ばれるが、第四番目の名「アエミリアヌス」はアエミリウス氏族出身の養子であることを示し、第五番目の名「アフリカヌス」は第三次ポエニ戦争でカルタゴを滅ぼし、これを属州アフリカとした功績によって添えられるようになった尊称である。

われわれには想像しづらいことであるが、女性には個人名はつけられなかった。共和政期にはふつう氏族名で呼ばれ、帝政期にはこれに家名を加えて呼ばれた。カエサルの娘で、ポンペイウスに嫁した「ユリア」（Juria）で見てみよう。これは彼女の個人名ではなく、氏族名ユリウスの女性形である。ラテン語の名詞には文法上の性があり、必ず男性名詞、女性名詞、中性名詞のいずれかに分かれる。多くの場合（正確には第一・第二変化名詞の場合）それぞれ「～ウス（-us）」「～ア（-a）」「～ウム（-um）」という語尾で終わる。氏族名や家名は通例、男性名詞の形で表されるが、個人では女性であれば女性名詞の形で表される。ユリアはユリウス（Julius）の女性形、ユリウス氏族の女性を示しているのである。カエサルを中心とする系図を見ると、やたらとユリアという女性が登場するが、それはこのためである。また父や夫の家名の属格（「～の」の意）を加えて呼ばれることもあった。これも右のユリアの場合でいうと、「ユリア・カエサリス」（Juria Caesaris）、「カエサルの（娘）ユリア」という意味である。ただしカエサル家の女性はみな、こう呼ばれてしまうことになる。娘が二人、三人、となったらどうするのか。その場合は「年下の」(minor)、あるいは「二番目の」(secunda) や「三番目の」(tertia) をつけて呼んだ。

もっとも、男性のみに個人名があるとはいえ、第五子に「クイントゥス」(Quintus)、第六子に「セクストゥス」(Sextus) と名づけることがある。これらはもともと五番目、六番目の意味の序数詞から来ている。日本の五郎、六郎といったところ。

さて、女性には個人名がないとはいえ、父親にとっては、そこはかわいいわが子。愛称で呼ぶこともある。例えばキケロ (マルクス・トゥッリウス・キケロ Marcus Tullius Cicero) は娘トゥッリア (Tullia) を「われらが愛し子《いとご》トゥッリオラ」(Tulliola, deliciolae nostrae) と呼んでいる。トゥッリアちゃん、といったところであろう。

個人名しかもたない人びと

古代ローマ人の複雑な名前のありように照らすとき、ゲルマン系の人びとが個人名しかもたなかったことは文明度にかかわるものなのか、と思われるかもしれない。ひとの名前というものは確かに民族ごとにさまざま、かつ特有であって、それぞれの民族の社会・歴史に根ざしているが、しかし必ずしも文明度にかかわるものではない。何よりの証拠に、高度な文明を誇った古代ギリシア人もまた、個人名しかもってはいなかった。ソクラテスはソクラテス、プラトンはプラトン、それだけであった (もっとも、プラトンの死の約五五〇～六〇〇年後、三世紀のディオゲネス・ラエルティオスの『ギリシア哲学者列伝』は、プラトンは本名ではなく、あだ名であると伝えるが、真偽は不明である)。

個人名だけで姓をもたない民族は、今日でも各地で見られる。インドネシアの元大統領スカルノは、この名がフルネーム、つまり個人名のみであった。またミャンマー（ビルマ）の政治家アウンサンスーチーはこの名全体で個人名であり、スーチーという部分は祖母と母に由来するとはいえ姓ではなく、あくまでも個人名の一部である。一見「個人名」と「姓」と思われる名前でも、個人名に姓以外の他の要素を添えたものも見られる。例えばエチオピアの人びとの名は基本的には個人名のみであるが、通例呼称としてこれに父の名が添えられる。かつてマラソンで活躍したエチオピアのアベベ・ビキラは、アベベが個人名であり、ビキラは個人名に添えられた彼の父の名である。一九九六年のアトランタ・オリンピック女子マラソンの金メダリスト、エチオピアのファツマ・ロバは、オリンピック後に結婚し、その後も何度か来日してファツマ・ロバの名でマラソン競技に出場した。「旧姓」でエントリーしたわけではない。結婚したからといって、父の名が変わるはずもない。

ヨーロッパ中世の人びとのもとで姓はいつ誕生したのか

ゲルマン系の人びとが一〇〇〇年以上の長きにわたって個人名しかもたなかったとはいえ、彼らの子孫である今日のヨーロッパやアメリカの人びとが個人名しかもっていないということは、まずない。既述のように、姓やミドルネーム、その他いくつもの名前を重ねるひともいる。どこかで個人名しかもたない状況から、複数の要素から構成される名前への転換があったはずである。その第一歩、とりあえずは通例誰もがもつことになる姓・家名について見た場合、その誕生は、いつ、どのような形で、そしてどのような背景のもとで生じたのであろうか。

史料からたどる姓の誕生――(1)個人名のみの時代

個人名しかなかったゲルマン系の人びとのもとでの姓はいつ、どのような形で誕生したのか。この問題を史料から、それも必ず本人が自分の名前を確認しているはずの史料から、たどってみることにしよう。ここで取り上げたいと考えるのは各種の文書・証書の「証人欄」である。中世においては、所領の寄進や交換、あるいは裁判集会でなされた法の判告、為政者による特権の授与など、さまざまな「法的」行為を証書として書き記すさい、その行為の効力を裏づけるために、これに立ち会った人びとが証人として名を連ねた。それが証人欄である。証人であるからには、記されたのは当然、証人自らが名乗った名前のはず、ということで各種の文書・証書の証人欄を取り上げようというわけである。以下、[表2a～e]〈文書証人欄に見る名前の構成要素の変化〉を参照されたい。

これらの表は、九世紀半ばから十二世紀半ばまでの各種文書から証人欄を抜き出し、年代順に並べたもので、地域的にはフランス、ドイツなどから取っている。これらを見ていきたいのだが、その前に少し確認しておきたい。

中世ヨーロッパの書き言葉は、すでにこれまでに引用したさまざまな史料からも気づかれたと思うが、ラテン語、つまり古代ローマ人の使った言葉であった。中世の人びとはフランス地域であれ、ドイツ地域であれ、自分たちのしゃべっている言葉を文字に表すのではなく、古代ローマ人の言語をそのまま書き言葉として使いつづけた。念のために言い添えるならば、文字（ローマ字）だけでなく、単語、文法などすべて丸ごとラテン語をそのまま用いつづけた。もちろんラテン語は人びとが普段使っている言葉ではないから、あらためて修得しなければならなかった。外国語の修得と同じである。そのため、中世ヨーロッパでは読み書きができないひとのほうが圧倒的に多かった。それでは証人欄に名を連ねる人びとはみな、読み書きできたのか、読み書きできるひとだけが証人として名を連ねたのかというと、実はそうではない。ほとんどの場合、文書を作成し浄書した者が「代筆」していた。つまり一人ひとりが署名したのではなく、文書の作成・浄書者が証人たちの確認のもと、彼らの名を記したのである。

少しめんどうな話だが、書き方は書き手によりさまざまである。文書の作成・浄書者が丁寧な書き手であれば、「〜の署判」（Signum ＋人名の属格形。signum はもともと「印《しるし》」の意）と書き、さらに各証人が確認したことを示す十字の印（†）が加えられる。《Signum》を省略して《S.》と記す場合もある。さらに簡略化して「名前」のみを記す場合もあり、その場合名前は主格、要は格変化しない基本の形で記される。十字の印もよく省かれる。

さて、あらためて付表の各証人欄を見ていこう。ここで記されているのは人の名前、固有名詞なので、文法の知識は必要ない。そのままローマ字式に読んでいって（見ていって）みよう。一番わかりやすいのは各証人欄の最後あたりの人たち。肩書のない人たちが多いからだ。まずは十一世紀初めまでの六例を見ていこう。

史料[1]は九世紀半ばの八四六年に、現在のフランス中部、シャルトルに近いシャトーダンの伯ウードがトゥールのサン・マルタン修道院に宛てた、所領寄進状における証人たちである。最初の証人は伯ウードその人（「この譲渡行為がなされることを命じた伯ウードの署判」Signum Odonis comitis qui hanc precariam fieri iussit）。以下、「〜の署判」（S. 〜）とつづくが、最後の三名を見てみよう。「ワリニウスの署判、ゲラルドゥスの署判、アダルセウスの署判」（S. Warini. S. Geraldi. S. Adalsei）。肩書をのぞけば個人名しかないのがよくわかろう。

史料[2]の証人たちは十世紀初め、九〇四年ないし九〇六年に、東フランク＝ドイツの東部、オストマルク（現在のオーストリア）のラッフェルシュテッテンにおいて、国王ルードヴィヒ四世（幼童王）の命により、ドナウ川流域の関税徴収問題に関して開かれた集会での決定を告げる判告書に登場する人たちである。最初に集会の主催者である辺境伯アリボの二人の代官、「代官ワルトー、代官ドゥリンク」（Walto vicarius, Durinc vicarius）の名があげ

[1] 846年
（シャトウダン伯ウードのサン・マルタン修道院宛て所領寄進状）

Signum Odonis comitis qui hanc precariam fieri iussit. S.Guandilmodis uxoris ejusdem Odonis consentientis. S.Archambaldi. S.Burchardi. S.Neldilonis. S.Mammardi. S.Bertraudi. S.Gerardi. S.Frotgerii. S.Gundachri. S.Gisliberti. S.Durandi. S.Salconisi. S.Frodardi. S.Archambardi. S.Ardradi. S.Trutfei. S.Amalrici. S.Elardi. S.Teutberti. S.Warini. S.Geraldi. S.Adalsei.

[2] 904/906年
（ラッフェルシュテッテンの関税徴収に関わる判告 Raffelstettener Zollweistum）

… Et isti sunt, qui iuraverunt pro theloneo in comitatu Arbonis:Walto vicarius, Durinc vicarius, Gundalperht, Amo, Gerpreht, Pazrich, Diotrich, Aschrich, Arbo, Tunzili, Salacho, Helmwin, Sigimar, Gerolt, Ysac, Salaman, Humperht, item Humperht, Engilschalh, Azo, Ortimuot, Ruothoh, Emilo, item Durinc, Reinolt, Eigil vicarius, Poto, Eigilo, Ellinger, Otlant, Gundpold, item Gerolt, 0tperht, Adalhelm, Tento, Buoto, Wolfker, Rantolf, Kozperht, Graman, Heimo.

［表2a］文書証人欄に見る名前の構成要素の変化

られ、以下、ほとんど個人名のみの人物名がつづく。最後の三名を見てみよう。「コズペルト、グラマン、ヘイモ」（Kozperht, Graman, Heimo）。

史料[3]は同じく十世紀初め、九二一年に西フランク王シャルル三世（単純王）と東フランク＝ドイツ王ハインリヒ一世とが、ボン近郊のライン川の船上で結んだ条約の証人欄である。証人たちの前半はシャルル側の証人として、大司教、司教などの高位聖職者たち、そして俗人の伯たちが並び、後半はハインリヒ側の証人として、同じように高位聖職者たち、そして伯たちが並ぶ（ちなみに両王は「国王シャルル」「高貴なる国王ハインリヒ」と、称号や敬称をのぞくと個人名のみである）。伯たちはまとめて、しかも肩書抜きで記されていて、わかりやすい。やはり最後の三名を見てみよう。「マゲンハルドゥス、フリデリクス、フォルダク」（Magenhardus, Fridericus, Foldac）。個人名のみである。

史料[4]は「伯にしてフランク人たちの大公ユー

3 921年
（西フランク・シャルル単純王と東フランク＝ドイツ王ハインリヒ1世との間のボン条約）

Haec sunt nomina episcoporum, qui cum nobilibus ac fidelibus laicis firmitatem, quam praememorati reges inter se fecerunt, collaudando acceptaverunt et manibus suis sacramentum firmaverunt nunquam a se destruendam : Episcopi ex parte domni regis Karoli : Herimanus archiepiscopus Agrippinae, quae modo est Coloniavocitata, Rodgerus archiepiscopus Trevirorum, Stephanus praesul Cameracorum, Bove episcopus Catalaunensium, Baldricus Traiectensium episcopus. Haec nomina comitum:Matfredus, Erkengerus, Hagano, Boso, Waltkerus, Isaac, Ragenberus, Theodricus, Adalardus, Adelemus. Episcopi ex parte regis inclyti Heinrici : Herigerus archiepiscopus Moguntiacorum, Nithardus episcopus Mimmongerneferdae, Dodo episcopus Osnobroggae, Ricawo episcopus Vangionum, quae nunc dicitur Warmatia, Hunvardus episcopus Paderbornensis, Notingus episcopus Constantiae Alemannicae. Haec sunt nomina comitum : Evrardus, Chonradus, Herimannus, Hato, Godefredus, Otto, Herimannus, Cobbo, Magenhardus, Fridericus, Foldac.

［表2b］文書証人欄に見る名前の構成要素の変化

4 942年
（大ユーグ〔ユーグ・カペーの父〕文書）

Signum Hugonis Comitis et Francorum Ducis. Signum Rotberti …S.Gibardi fratris ejus sancti Martini Canonici. S.Fulconis Andegavorum Comitis. S.Theotbaldi Turonorum Vicecomitis. S.Gaufredi Aurelianensium Vicecomitis. S.Burchardi Comitis. S.Gauzfridi Carnotensium Vicecomitis. S.Odulfi. S.Gerardi. S.Bernardi Silvaneci Comitis. S.Hucberti. S.Adalardi. S.Bernerii. S.Landrici. S.Guanilonis. S.Odulgerii. S.Evrini.

5 962年
（オットー大帝の特権状 Pactum Ottonianum）

… Hoc ut ab omnibus fidelibus sanctae dei ecclesiae et nostris firmum esse credatur, propriae manus signaculo et nobilium optimatum nostrorurn subscriptionibus hoc pactum confirmationis nostrae roboravimus et bulle nostrae inpressioniadsignari iussimus. †Signum domni Ottonis serenissimi imperatoris ac suorum episcoporum, abbatum et comitum. †Signum Adaldagi Hamaburgiensis ecclesiae archiepiscopi. Signum Hartberti Curiensis ecclesiae episcopi. Signum Druogonis Osnabruguensis ecclesiae episcopi. Signum Uotonis Argentenensis ecclesiae epicoi. Signum Otwini Hiltinesemensis ecclesiae episcopi. Signum Landwarti Mindonensis ecclesiaeepiscopi. Signum Otgeri Nemetinensis ecclesiae episcopi. Signum Gezonis Tortunensis ecclesiae episcopi. Signum Hucberti Parmanensis ecclesiae episcopi. SignumWidonis Mutunensis ecclesiae episcopi. Signum Hattonis Fuldensis monasterii abbatis. Signum Guntharii Herolfesfeidensis monasterii abbatis. Signum Eberharticomitis. Signum Guntharii comitis. Signum Burgharti comitis. Signum Utonis comitis. Signum Cuonrates comitis. Signum Ernustes. Signum Thietheres, Ricdages, Liupen, Hartwiges, Arnolves, Inghilthies, Burchartes, Retinges.

6 1007年
（バムベルク司教座建設文書）

†Willigisus sancte Mogontiensis aecclesiae archieps. …†Radherius Podelbrunnensis aecclesiae eps. …†Megingaudus Eihstatensis eps. …Berenwardus Hildinisheimensis eps. …†Lambertus Constantiensis eps. …†Arnolfus Halberstatensis. …†Oudalricus Curiensis eps. …†Burchardus Wormaciensis eps. …†Werinharius Argentinensis eps. …†Waltherius Spirensis eps. …†Brun Augustensis eps. …

［表2c］文書証人欄に見る名前の構成要素の変化

グの署判」(Signum Hugonis Comitis et Francorum Ducis)、つまりユーグ・カペーの父である大ユーグが十世紀半ばの九四二年に作成した文書の証人欄で、「〜伯」や「〜副伯」などの肩書をもった証人がつづき、最後のほうは肩書なしの証人たちが並ぶ。これも最後の三名を見てみよう。「グアニロンの署判、オドゥルゲリウスの署判、エヴリヌスの署判」(S. Guanilonis. S. Odulgerii. S. Evrini)。やはり個人名のみである。

十世紀後半の例として史料[5]。九六二年、ドイツ王オットー一世がローマで教皇ヨハネス十二世により皇帝に戴冠されたさいに、オットーが教皇と交わした約定、いわゆる「オットー大帝の特権状」(Pactum Ottonianum)の証人たちである。「いと晴朗なる皇帝オットー陛下の、ならびに彼の司教たち、修道院長たち、そして伯たちの署判」(Signum domni Ottonis serenissimi imperatoris ac suorum episcoporum, abbatum et comitum)と始まり、最後のほうは肩書なしの証人たちが並ぶ。これも例によって最後の三名を見てみよう。「インギルティウスの、ブルクハルトゥスの、レティングスの……署判」(Signum ... Inghilthies, Burchartes, Retinges)。個人名しかないことがわかる。

史料[6]は十一世紀初、一〇〇七年、ドイツ王・皇帝ハインリヒ二世によって中部ドイツのバムベルクに司教座が設立されたさいに作成された建設文書の中の証人たち。みな、「〜大司教」「〜司教」とあってわかりづらいが、肩書を取り払えば、やはり個人名のみである。最後に載せた人物だけ見てみよう。「アウクスブルク司教ブルン」(Brun Augustensis eps.)、ハインリヒ二世の弟ブルンである。

以上、少し煩雑になったが十一世紀初めにいたるまでの人びとの名前を見てきた。上は国王をはじめとする高い身分の人たちから、下は判告書に登場する名しか知られない人たちにいたるまで、人びとには個人名しかなかったことが確認されよう。

史料からたどる姓の誕生——(2)家名の登場

転換点は十一世紀半ば。引きつづき文書証人欄を見ていこう。ここからは史料[7]から史料[11]まで一気に見ていきたい。あらかじめ下線を引いておいたので、そこを注意して見ていただきたい。

史料[7]は十一世紀半ばの一〇六九年、フランス東部、モーゼル川上流に位置する都市トゥール（Toul、サン・マルタン修道院の所在するフランス中部のトゥール Tours とは別の都市）の司教ウドーが作成した文書の証人欄である。肩書をもった証人や個人名のみの証人の中に、《S. Odelrici de Nanceio》という名が見られる。《— de —》という形に注目してもらいたい。この形は十一世紀半ばのこの史料では一例にとどまるが、十一世紀末の史料[8]（南ドイツ所在のザンクト・エムメラム修道院文書）や史料[9]（現在のルクセンブルクに所在するエヒテルナハ修道院文書）では、個人名のみの名前にまじって散見されるようになる。そして十二世紀半ばの史料[10]、史料[11]（いずれもドイツ王・皇帝フリー

[7] 1069年
（トゥール司教文書）

Ego Udo, gratia dei Leucorum episcopus, signavi. S. Stephani archidiaconi. S. Lambertiarchidiaconi. S. Roberti archidiaconi. S. Odelrici archidiaconi. S. Rodulfi archidiaconi. S. Odelrici, praepositi sancti Gengulphi. S. Gerardi Lothariensium ducis. S. Lutulfi comitis. S. Hainonis comitis. S. Odelrici de Nanceio. S. Alberti. S. Valfridi. S. Everardi. S. Milonis. S. Henrici advocati. S. Himari villici. S. Walteri vulnerati. S. Sigifridi scabini. S. Henrici.

［表2d］文書証人欄に見る名前の構成要素の変化

8 1085/95 年
（ザンクト・エムメラム修道院文書）

Testes sunt Henricus comes et filius eius Henricus, Eberhardus de Razinhoven, Altman de Umbilistorf, Henricus de Reinhusen, Eglolf de Steininbruch, Ruotpertus de Geckilinpach, Dietmar de Griozpach, Oudalricus de Tanna, Gotefrid, Heriger, Manzinc, Meginvart, Meginfrid, Henricus, Oudalrich.

9 1095 年
（エヒテルナハ修道院文書）

Testes autem huius concessionis et confirmationis idonei et nobilissimi sunt isti:Henricus palatinus, Herimannus Herimanni comitis filius et frater eius Theodericus et Bezelinus de Arlon et Adalbertus et Beselinus de Engelinga, Anselmus de Edinga, Rupertus filius eius, Iohannes, Bulso, Thiboltet et filius eius Gyselbertus, Hugo, Hesso.

10 1157 年
（皇帝フリードリヒ１世文書）

Huius rei testes sunt:Arnoldus Moguntinus archiepiscopus, Cunradus Wormaciensis episcopus, Gunterus Spirensis episcopus, Hermannus Fardensis episcopus, Cunradus palatinus comes Reni, Fredericus dux Suevorum filius Cunradi regis, comes Emicho de Liningen, Ulricus de Horningen, Marquardus de Grunbach

11 1168 年
（皇帝フリードリヒ１世文書）

Christianus Magountine sedis archiepiscopus, Udo Cicensis episcopus, (55名略) comes Boppo de Wertheim, Counradus burkgravius de Nouremberg, Roubertus de Kastela, Counradus de Buokkesberg, Fredericus de Bilred, Boppo et Godebuldus de Lietenberg, Heinricus et Boppo de Trimperg, comes Hermannus de Wolveswach, Waltherus et Graftode Lobenhusen, Manegoldus de Tunkdorph, Albertue de Hilthenburg, Conradus de Scheideveld, Conradus de Nivemburg, Conradus de Phucecha, Heinricus marischalcus, Bertolfus triscamerarius, Cono camerarius de Minzenberg, Waltherus dapifer, Conradus Colbo pincerna, et fratres eius Loudowicus et Berengerus, Hugo de Warda, Thiemo de Koldiz, Bodo de Wirzeburg, Iringus pincerna, Engelhardus dapifer, Billungus vicedomnus, Billungus et Heinricus schultheti, Richolfus de Rieth, Wolframmus et Counradus de Brozoldesheim, Godefridus et Engelbertus de Foro.

［表2e］文書証人欄に見る名前の構成要素の変化

[図13] フリードリヒ１世文書
1168年（ミュンヘン、バイエルン国立図書館蔵）

史料11の原本（やや明るく囲った部分が引用箇所）。皇帝フリードリヒ１世（赤髭王）がヴュルツブルク司教座に大公権を認めた特権状。以後、ヴュルツブルク司教は同時に世俗の大公の地位を認められ、同司教領は大公領とされた。印章（押印）の左は、フリードリヒの名前の文字（Fredericus）を組み合わせたモノグラム。モノグラムは国王・皇帝自身が文書の法的効力を保証するため署名として書くものであり（文書自体は通例書記が書いた）、日本の「花押」に相当する。

ドリヒ一世特権状）でもこの形の名前は増加しつづけている。

この《de》（デと発音）は、英語の《of》に相当するラテン語の前置詞で、「〜の」などの意味である。フランス語では発音は異なるが同じ綴りの《de》（ドゥ）、ドイツ語では《von》（フォン）に相当する。《de》の前、一〇六九年の史料[7]の証人《S. Odelrici de Nanceio》でいうと、《S. Odelrici》は「オデルリクスの署判」、したがって《Odelricus》という個人名が記されている。前置詞《de》と結びつく後ろの部分は、実は「城砦」、城の名であって、《de —》とは「de＋城砦名」、つまりは「どこそこ城の」という意味になる。右の一〇六九年の《de Nanceio》の例でいえば、後述するようにこの時期に建設された城砦ナンシー（標準のラテン語表記でNanciacum。現在のフランス東部の都市ナンシー Nancyの前身）と結びついて、「ナンシー（城）の」ということになる。したがって《S. Odelrici de Nanceio》というのは「ナンシー（城）のオデルリクスの署判」という意味である。

史料[7]〜史料[11]を通して、個人名に「de＋城砦名」がプラスされた名前、「どこそこ城の誰それ」が十一世紀後半以降次第に増えてくることが読み取れよう。これは何を意味し、それまでは個人名しかもたなかった中世の人びとのあいだに、十一世紀後半から十二世紀にかけて何故このような名前が増えてくるのだろうか。

この問いかけに対して、さしあたり教科書的な説明をしておこう。教科書的、という意味はあとであらためてふれたい。

十二世紀を中心とする時期、それは封建社会真っ盛りの時期である。しかしてこれは政治的秩序の点からいうと、権力の細分化が進んだ時代であった。

ドイツ・イタリアでいえば叙任権闘争、そしてシュタウファー家とヴェルフェン家（ヴェルフ家）の権力闘争がつづき、長期にわたるこの国王派と反国王派・教皇派との闘争は貴族＝荘園領主層を否応《いやおう》なく巻き込み、彼らは生き残りを賭けてこの時代に臨むことになる。そうした情勢の中で、彼ら貴族＝荘園領主層は、上は大公ら大諸侯から下は伯に代表される中クラスの貴族層にいたるまで、みな、一方では自身より上級の貴族との関係では、名目上その上級の貴族を「主君」、自らをその「臣下」と位置づけるいわゆる「封建的主従関係」に身を置きながら、その実、相対的に自身の自立性・独立性を確保しつつ、他方、自身より下級の貴族に関しては、これを自己の実質的な支配のもとへ可能な限り組み込んでいこうとする。もとよりこの過程で、成功を収めるものもあれば、没落するものもあるが、しかし、全体としてみるなら、特徴的なこととして、かつてないほど多数の中クラスの貴族たちが実質的に自立化・独立化する現象が見られた。彼らは先祖伝来の自家所領を中心にコンパクトな支配領域――その中心に堅固で防備にすぐれた石造の「城砦」が築かれた――を形成していき、彼らに対する上位の貴族・諸侯層の支配を相対化しつつ、下級貴族へは自己の支配を強め、自己の勢力の自立性・独立性を確保していった。こうして彼らは城砦を拠点とするコンパクトな勢力圏を形成して、新たに「城主」層として「君臨」した（ちなみにヨーロッパ各地で石造建築物としての城の建築が隆盛するのもこの時期からであった）。

それは、各地で統一的な中央権力を欠くという、封建的分権・分立現象に他ならず、自立化した貴族・城主たちに、かつてないほどの自信、誇りを生ぜしめた。彼らのそうした自意識の高まりを示すものがいくつか形となって表れている。勝手に「伯」――伯は、元来は国王から地方の統治を任された官僚の官職名であったが、十・十一世紀においては大公ら諸侯の下位に位置する地域権力者の称号となっており、形式的にはなお王権に直属していた――を呼号する。そして自己の権力の象徴たる城砦をもって名乗る。「どこそこ城の（de＋城砦名）誰それだ！」。さらには紋章の創出、使用もこの動向に連なる。こうした意識やそれを象徴するものは、特に紋章の場合、この時期に隆盛した十字軍運動によって増幅されつつ、子や一族によって継承された。この結果「de＋城砦名」や紋章は、個人の使用を越えて、一族を表すもの、象徴するもの、つまりは「家名（姓）」や家紋として使われ、継承されていくことになった。ゲルマン系のヨーロッパの人びとのもとでの、初めての家名＝姓の登場である。

こうしてゲルマン系のヨーロッパの人びとのもとでの姓＝家名は、十一世紀後半以降、中クラスの貴族たちのもとで、個人名に付した「どこそこ城の」、つまり「de＋城砦名」から始まった。ひとたび姓が使用されるようになると、それはさまざまな成り立ち・形で、次第に高位の貴族たちのもとにも広まり、十二・十三世紀には一般の人びとにも拡大する。

姓を名乗り始めた人びと

さて、右の説明については教科書的なそれと述べた。教科書的というわけは、姓を名乗り始めた人びとは「城主層」に限られたのではなく、実際には、その周辺の階層の人びとにもそうした動向が見られたからである。先の史料7一〇六九年のトゥール司教文書における証人「ナンシーのオデルリクス」(Odelricus de Nanceio) の周辺をもう一度見てみよう。

一〇六九年より八年前、一〇六一年のトゥール司教の文書において、《Odelricus, advocatus de Nanceio》なる証人が登場する。実はこれが、中世都市ナンシーにつながる城砦ナンシーの史料上の初出である。《advocatus》とは、ラテン語で元来は弁護人、代理人という意味であるが、十一世紀半ばのこの文書においては、さしあたり、城主から城砦とそれに所属するものの管理を任された者と理解される――《advocatus》は研究者の間ではこれに相当するドイツ語《Vogt》を用いて「フォークト」と表記することが多く、ここでもフォークトと表記していきたい――。したがって《Odelricus, advocatus de Nanceio》は「ナンシーのフォークト、オデルリクス」ということになる。これと同一人物と思われる人物《Odelricus, advocatus de Nanceio》が十二年後の一〇七三年にもう一度トゥール司教の文書において登場する。この一〇六一年〜一〇七三年の両時点の間の時期に位置する史料[7]一〇六九年のトゥール司教文書に見られる証人「ナンシーのオデルリクス」(Odelricus de Nanceio) は、これらと同一人物と見ておそらく間違いないであろう。そうだとすると、彼は城砦ナンシーの「フォークト」であって「城主」ではなかったことになる。

ナンシーを含むロレーヌ(ドイツ語でロートリンゲン)地方は、十一世紀当時、ドイツ=神聖ローマ帝国に属した。ナンシーは、右の三文書をはじめとするさまざまな資料から判断して、ロートリンゲン(ロレーヌ)大公ゲルハルト(ドイツ語表記。フランス語ではジェラール)(一〇七〇年没)によって一〇五〇年頃、すなわちまさに十一世紀半ばに、司教座都市トゥールの東方、モーゼルの支流ムルト河畔の小高い丘に囲まれた地に建設された「城砦」を起源とする、と考えられている。

城砦の建設者と見られるこの大公ゲルハルトは、一〇六九年のトゥール司教文書＝史料[7]の証人の中にも登場する。「ロートリンゲン大公ゲラルドゥスの署判」(S. Gerardi Lothariensium ducis) の「ゲラルドゥス」(Gerardus) である。

「ナンシーのオデルリクス」は城主たる大公ゲルハルトから城砦の管理を任されたフォークトであったと考えられるのだが、一体どのような人物であったのだろうか。

史料[7]においてオデルリクスの直前に証人「伯ハイノ」(S. Hainonis comitis ∧ Haino comes) の名が見える。「伯ハイノ／ハイモ」なる人物は、十一世紀中葉にトゥール司教文書をはじめとする、トゥール地域にかかわるいくつかの文書に証人として名を連ね (《Haimo》《Hamo》《Haino》など。名前はこの時代、書き手によりさまざまに書かれ、綴りが異なっても同一名を記した場合が少なくない。また逆に同一名であっても、必ずしも同一人物であるとは限らない)、いずれも同一人物と見られ、「ブリクセのハイモ」(Haimo de Brixeio) と名乗る人物とも同一人物と考えられている。「伯ハイモ」の存在を伝える史料のうち一〇七一年のトゥール司教文書の証人欄では「伯ハイモとその息子オデルリクス」(Haimo comes et filius eius Odelricus) とあり、彼にオデルリクスという息子がいたことが知られる。さらに一〇一一年のトゥール司教文書などから「ブリクセのオデルリクス」(Odelricus de Brissei)、「伯オデルリクス」(Odelricus comes) の名が知られる。これらのことから、十一世紀中葉から十二世紀にかけて、トゥール地域にブリクセの伯を名乗ったハイモ、オデルリクス父子が存在したことが確認される。

史料[7]一〇六九年のトゥール司教文書の証人欄においては「伯ハイノ」にすぐつづいて「ナンシーのオデルリクス」の名があげられていた。右に見た史料状況からして、両名を一〇七一年のトゥール司教文書の証人欄の「伯ハイモとその息子オデルリクス」と同一人物たち、つまりはブリクセの伯を名乗った人物たちと見てほぼ間違いあるまい。

ブリクセはトゥールの南西方に位置する小村ブリクセ・オ・シャノワヌ（Brixey-aux-Chanoines）に比定されており、それはトゥール司教座の所領が展開する地域に所在する。この地に十一世紀頃に城砦が建設されているが、その建設者はトゥール司教と見られている。またトゥール司教のこの地域での領主権はその後も、十四世紀に至っても、確認される。ブリクセの伯を名乗ったハイモ、オデルリクス父子と、ブリクセの「城主」と思われるトゥール司教との関係はどのようなものであったのだろうか。

ハイモ、オデルリクス父子の子孫はその後もブリクセを拠点とする領主として登場し、十二世紀半ばにトゥール司教となったペトルス・デ・ブリクセ（フランス語でピエール・ド・ブリクセ）（在職一一六五〜一一九一年）は、この一族の出身と考えられている。逆に、ハイモ以前の系譜に関してはほとんど何も知られず、またブリクセの伯を名乗った者も知られない。ハイモ、オデルリクス父子は、この地域にかかわるトゥール司教文書に常に証人として名を連ねていることを考慮するなら、おそらくはトゥール司教との密接な関係の中で、在地の権力者としての地位を築き上げていったのであろう。ここでわれわれは「ナンシーのオデルリクス」と自称した「ナンシーのフォークト、オデルリクス」を想起しよう。ひょっとしたらハイモは城砦ブリクセにおけるトゥール司教の「フォークト」職に立脚してその権力基盤を堅固なものとし、「ブリクセのハイモ」と自称したのかもしれない。トゥール司教権力と在地権力たるハイモ、オデルリクス一族との関係は、トゥール司教の領主権がその後もこの地から排除されたわけではないことを勘案するなら、排他的な関係ではなく、「共存」関係にあり、またその関係をつづけていったと思われる。

あらためて「ナンシーのオデルリクス」の問題とあわせて考えよう。ハイモ、オデルリクス父子は十一世紀半ば、トゥール司教を多分に名目的な上級支配者として戴きつつ、ブリクセ地域において自立的な権力者となっていったのであろう。教科書的な説明で述べたところの、自家所領を中心に自立化・独立化を強めてコンパクトな勢力圏を築いた中クラスの貴族たちの一例と見て大過あるまい。伯とはいえ、小村ブリクセを中心とするその勢力圏は、例えばフランドル伯やアンジュー伯といった諸侯クラスの貴族のそれなどとは比べるべくもなく、おそらくは伯も「勝手に」名乗ったのであろう。トゥール司教の立場でいえば、封建的分権化が進行する中、在地で有力となった者、あるいは有力となりつつある者に対し、権力に与《あずか》らせることで彼らとの良好な関係を維持し、「共存」することが選択されたのであろう。「ナンシーのオデルリクス」とロートリンゲン大公との関係も、おそらくはこれと同様なものと見てよいと思われる。ただし城砦ナンシーの場合、オデルリクスの子孫がその支配に与ることはなく、ロートリンゲン大公が支配を維持、強化し、「都市」ナンシーは十二世紀以降ロートリンゲン大公領＝ロレーヌ公国の「首都」として繁栄することになる。

先の教科書的な説明では、「〜城の」と名乗る「城主層」として実際に自己の所領に城砦を築く「城主」が想定された。ハイモ、オデルリクス父子の場合はどうやらそうではないようである。

ナンシーにせよ、ブリクセにせよ、彼らより上級の権力、ロートリンゲン大公やトゥール司教が「城主」であって、ハイモ、オデルリクス父子はおそらくその「フォークト」として出発したように思われる。しかしおそらくは在地権力者としてのその自信が、彼らに「伯」を名乗らせ、また「フォークト」として「城主」に代わって城砦を管理、実質的には支配し、自己の支配拠点としていることで、城砦名をもっての名乗り(「de＋城砦名」)をなさしめたのであろう。教科書的な説明においては「城主層」が家名＝姓を使い始めたとされるが、この「城主層」をわれわれは柔軟に捉える必要があると思われるのである。ちなみに史料⑩⑪の皇帝フリードリヒ一世文書など、十二世紀の諸文書の証人欄において同様な名乗りをおこなっている者たちの中には、いわゆる「帝国ミニステリアーレン(帝国家人《けにん》)」たちも少なくない。ミニステリアーレンは、元来、非自由人であって、主人の側近の用務に従事した家僕であった。しかし上位貴族のミニステリアーレン、とりわけ国王のミニステリアーレン＝帝国ミニステリアーレンともなると、重要な「勤務」に就き、非自由人として法的には地位は低いながらも、社会的には高い地位、大きな権勢を有した。国王の城砦のフォークトに任じられる者もいた。彼らが城砦名をもって名乗ったとしても不思議ではないのである。

庶民のもとでの姓

十一世紀後半以降、中クラスの貴族たちのもとで、個人名に付した「どこそこ城の」、つまり「de＋城砦名」の形から始まった姓＝家名は、先に述べたように、さまざまな成り立ち・形で次第に高位の貴族たちのもとでも広まり、十二・十三世紀には一般の人びとにも拡大する。姓の誕生の話に関連して、ここでは一般の人びとのもとでの姓について、すでによく知られていることも含めて、少しふれておきたい。

一般の人びとの姓の場合、日本人の姓の場合と同様に成り立ちや意味はさまざまであるが、つぎの三つの型が多く見られる。まず「出身地」からとったもの。少し時代は下るが、よく知られた例でいうと、レオナルド・ダ・ヴィンチ。「ヴィンチ（村名）からの（＝出身の）レオナルド」。「宮本村の武蔵」と作り方が同じ。二つ目に「職業」から来たもの。イギリス人によく見られる「スミス」（ドイツ語では「シュミット」）という姓は鍛冶屋、「ミラー」（同「ミュラー」）は粉屋、「ベイカー」（同「ベッカー」）はパン屋、「ポッター」は陶工から来ている。ドイツ人に見られる「ウェーバー」は織匠、「シュナイダー」は仕立屋から。フランス人の姓がない？　職業由来の姓はあるのだが、それよりフランス人には個人名が姓になったものが多く見られる。「マルタン」「ベルナール」「トマ」「ロベール」「リシャール」等々。実はこれは、三つ目にあげる型のヴァリエイションなのだ。

三つ目、それは父の名を用いて「～の息子」としたもの。英語名で見てみよう。

「～の息子」から来た英語名の姓は、イングランド、アイルランド、スコットランドそれぞれに特徴がある。イングランドでは父の名の後に«son»をつける。「ジョンの息子」なら«Johnson»（ジョンソン）、「ジャックの息子」なら«Jackson»（ジャクソン）、「スティーヴンの息子」なら«Stephen-son»（スティーヴンソン）といった具合。これはもともと北欧や北ドイツに多く見られ（「エリクソン」「カールソン」「ヨハンソン」「ハンソン／ハンゼン」「メンデルスゾーン」など）、イングランドへ来襲したノルマン人＝ヴァイキングから入ったといわれる。

「～の息子」由来の姓は、後述するように、民族を問わずよく見られる。アイルランドやスコットランドのケルト系の人びとのもとでもそうである。まずアイルランドでは、アイルランドやスコットランドのゲール語の《ó》、孫（時に息子）、そして子孫という意味の言葉を使って（英語では《O'―》（「オ～」）と表記して）、「～の孫・子孫」と表す。「～の息子」のヴァリエイションといえよう。ブライアンの子孫なら《O'Brien》（オブライアン）。『風とともに去りぬ』の主人公スカーレットは父方がアイルランド系移民という設定。そこで、姓は「オハラ」（O'Hara）とされた。そしてアイルランドでも見られるが、主としてスコットランドで見られる形。「ドナルドの息子」は「マクドナルド」（McDonald）。「マック」（Mac/Mc）はゲール語で、息子という意味。したがってアーサーの息子は「マッカーサー」（MacArthur）。他に、マッカートニー（McCartney）、マッキントッシュ（Macintosh）など、日本でもおなじみの名が多い。

「～の息子」――父称（patronymic《パトロニミック》）

もっとも、個人名に「～の息子」を付して呼ぶことは、貴族であれ庶民であれ、姓の誕生以前からよくおこなわれていた。例えばコロンブス以前にアメリカ大陸に到達していたといわれるノルウェー人、レイフ・エリクソン（九七〇年頃～一〇二〇年頃）は「エーリクの息子レイフ」の意味であり、その父エーリク・ソルヴァルズソン（赤毛のエーリク）は「ソルヴァルドの息子エーリク」、その父ソルヴァルド・アスヴァルズソンは「アスヴァルドの息子ソルヴァルド」、その父アスヴァルド・ウルフスソンは「ウルフスの息子アスヴァルド」、といった具合である。個々人がそれぞれ自身の父の名をあげられ、それがその人たちを個別に識別する役割をしている点で、「〜の息子」という呼称は、ここでは家名・姓とはなっていない。

「マック」(Mac/Mc)の場合も同じ。シェークスピアの戯曲『マクベス』の主人公マクベス(Macbeth)は実在のスコットランド王(在位一〇四〇〜一〇五七年)をモデルとするが、そのマクベスは、父の名がフィンドレイヒ、ということで、時に「マック・フィンドレイヒ」(mac Findlaích、フィンドレイヒの息子)が付加される。さらにフィンドレイヒは「フィンドレイヒ・マック・ルアイドリ」(Findlaích mac Ruaidrí)、つまりルアイドリの息子フィンドレイヒと呼ばれる。

少し話がそれるが、「マクベス」自体は、英語の表記で《M a c beth》、つまり《mac Beth》、「Bethの息子」ということになる。古ゲール語では《Mac Bethad》、現在のゲール語では《MacBheatha》と表記され、《Bethad/Bheatha》とは「生命、生活、人生」などを意味するゲール語の《beatha》(英語の《life》に相当)であると考えられている。したがって「マクベス」はもともとは「命の子」(英語で《son of life》)といった意味と思われるのだが、はたしてこれが個人名なのか。それとも通称、あだ名なのか。もしそうであるとするとマクベスの本当の名前は何なのか。

個人名に「〜の息子」を付して呼ぶという、男系の祖先の名をとって名前の一部とすること(英語で《patronymic》という。「父称」)は、姓・家名になっているかどうかは別として、民族を問わず、また歴史を通じて、よく見られる。右に見てきたゲルマン系、ケルト系のヨーロッパの人びと以外でいくつかあげよう。スラヴ系の人びとのもとで典型的な姓に「〜ヴィッチ」がある。ショスタコーヴィッチ、ストイコヴィッチ、イワニセヴィッチ、等々。綴りはさまざまであるが、「ヴィッチ」が「息子」である。アラブの世界では「イブン・〜」。「イブン」が「息子」。イブン・ハルドゥーン、イブン・ルシュド、イブン・バトゥータ、イブン・シーナなど。まぎらわしい名前ということで高校の「世界史」でよく試験問題の選択肢にされたりするが、何のことはない、「誰それの息子」といっているだけのこと。

「息子」という語を省いてストレートに父の名を付す事例も見られる。古代ギリシア人は、先に述べたようにゲルマン系の人びとと同様に個人名しかもたなかった。だが、やはりそれでは個人を区別・識別するのが難しいと見えて、呼称として、個人名に父の名を、属格(「〜の(息子)」)の形で付した。例えば、今日陶片追放(オストラキスモス)の制度の説明のさいによく掲載されるテミストクレス(前五二四年頃〜前四五九年頃)の名を刻んだ陶片(意外なほど多数存在している)を見てみると、多くが«ΘEMISΘOKLES NEOKLEOS (Themistokles Neokleos)»と書かれている。«Neokleos»は«Neokles»の属格形(英語の所有格に相当)、「Neoklesの」の意味であり、全体で「ネオクレスのテミストクレス」と書かれている。ネオクレスの息子テミストクレスの意である。

テミストクレス、都市国家アテネのひと。父の名はネオクレス。古代ギリシアの諸ポリス(都市国家)とアケメネス朝ペルシア帝国との戦いであるペルシア戦争(前五〇〇年〜前四四九年)において、ペルシア側の侵攻を抑えるうえで一大転機となったサラミスの海戦(前四八〇年)で、都市国家アテネの指導者としてこの戦闘の勝利に貢献。しかしその後、その独善的な政治姿勢が疑われ、前四七一年頃、アテネ市民による僭主になる恐れがある者への投票、すなわち「陶片追放」に遭ってアテネを追われた。「ネオクレスのテミストクレス」と刻まれた陶片が右のテミストクレスに投ぜられたものであるとみる根拠は、父と息子の二つの名前の一致からである。同名の人物であっても、父までもが同名であることはあまりあるまい。個人名しかない古代ギリシア人にあっては、人物を区別・識別するべく、こうして父の名を付して呼ぶなどの工夫がなされたのである。先に、同じように個人名しかもたず、父の名を付す現在のエチオピアの人びとの名前についてふれたが、同じ発想といえよう。

誕生期の姓とイギリスにおける謎

誕生期の姓の話に戻ろう。ヨーロッパ、ゲルマン系の人びとのもとでの最初の姓の形は「de＋城砦名」であった。《de》（デ）はラテン語の前置詞で、英語の《of》、フランス語の《de》（ドゥ）、ドイツ語の《von》（フォン）に相当し、「〜の」などの意味であった。念のため言い添えるなら、「どこそこ城の」と名乗り始めた人びとは、ラテン語で名乗っていたわけではない。ラテン語はあくまで書き言葉であり、彼らは自分たちの話す言葉で名乗ったのである。つまりフランス語圏のひとであれば当時のフランス語で、ドイツ語圏であれば当時のドイツ語で、名乗ったということである。

さて、この「どこそこ城の（de＋城砦名）」という姓は、今日でも、フランス語圏で「ドゥ・〜」（de—。以下では「ド・〜」と表記する）、ドイツ語圏で「フォン・〜」（von—）という姓にその痕跡をとどめている。フランスの大統領だったド・ゴール、ド・モアブルの定理で知られるフランスの数学者、ロケットの父として知られるフォン・ブラウン、映画『サウンド・オブ・ミュージック』で登場するフォン・トラップ大佐一家、指揮者ヘルベルト・フォン・カラヤン、等々。

もとより十一世紀後半に右にあげたド・ゴールなどの姓が誕生したということではなく、またこの名の城砦があったということでもない。十一世紀後半に誕生した「de＋城砦名」という姓の最初の形がここに見られるということである。そしてこれらの姓に共通していえることであるのだが、フランス人が「ド・〜」という名前を聞くと、ああこの人は「貴族」出身だなあと、ドイツ人が「フォン・〜」という名前を聞くと、この人も「貴族」出身だなあと、すぐに了解する。もともと貴族たちがこの形で姓として使い出したのだから、当然のことではあるが。日本でいえば「〜小路」という姓がこれに当たるであろうか。作家・武者小路実篤の武者小路家は公家で、明治の華族制度で子爵家となっている。綾小路《あやのこうじ》、万里小路《までのこうじ》という家名もよく知られていよう。

フランス語圏やドイツ語圏において、「de＋城砦名」の名残である「ド・〜」「フォン・〜」という姓がある、となると、当然英語圏でも「オブ・〜」(of―)という姓があって然るべきと思われるが、どうだろう、聞いたことがあるだろうか。試みに、BBC(英国放送協会)の『イギリス人名発音辞典』を見てみよう[図14a]。何故か«of―»という名前は一つも出てこない。先述のアイルランド系の人びとに多い「オ〜」(O'―)という姓はいくつも出てくるが、これはゲール語の«ó»、孫(時に息子)そして子孫という意味の言葉であって、«of»の省略形ではなく、「de＋城砦名」由来の姓ではない。どうして今日「オブ・〜」という姓がイギリス人の間で見られない

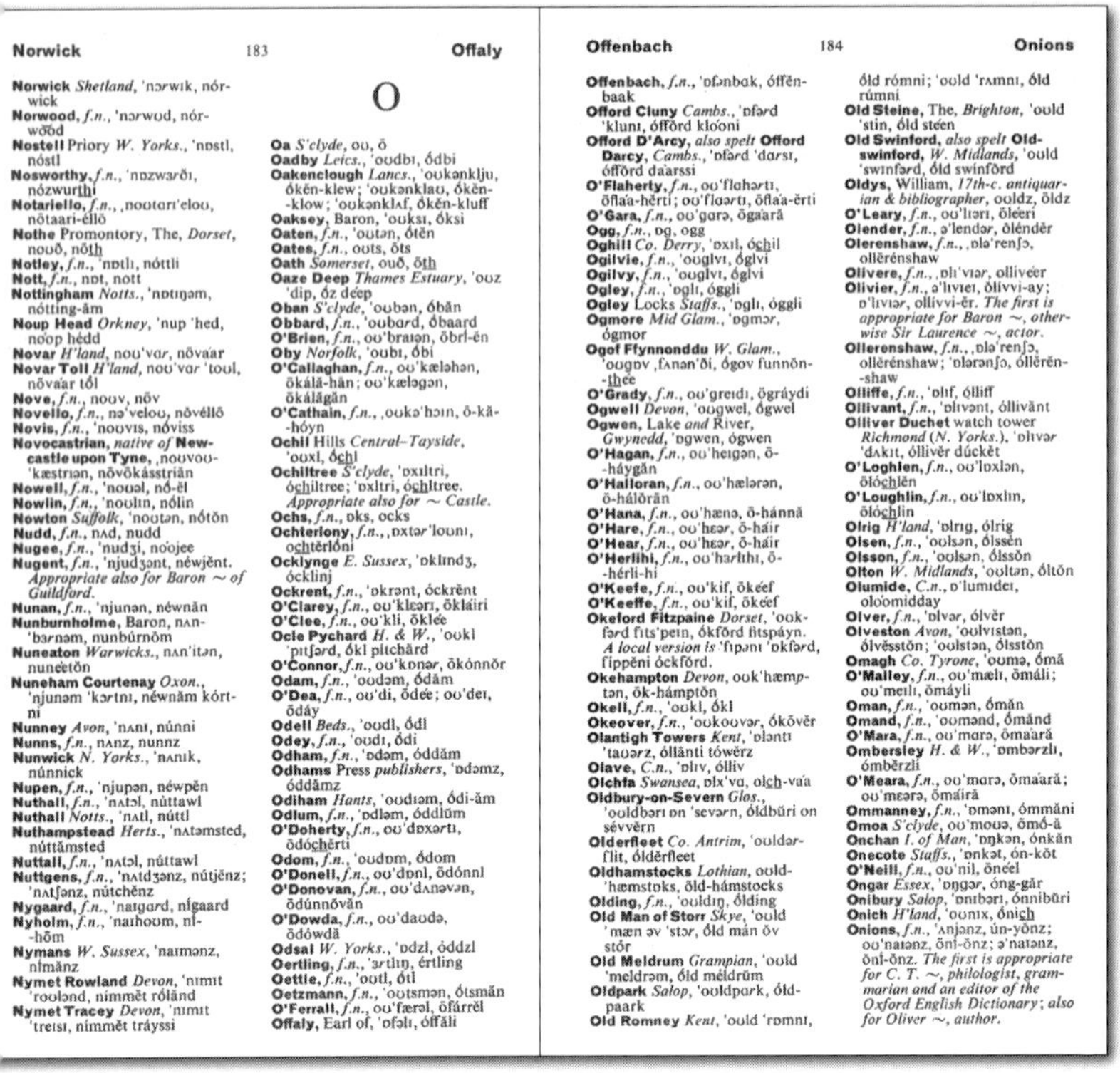
Norwick 183 Offaly

Norwick *Shetland*, 'nɔrwɪk, nór-wick
Norwood, *f.n.*, 'nɔrwʊd, nór-wood
Nostell Priory *W. Yorks.*, 'nɒstl, nóstl
Nosworthy, *f.n.*, 'nɒzwɜrðɪ, nózwurthi
Notariello, *f.n.*, ˌnoʊtɑrɪ'eloʊ, nōtaari-éllō
Nothe Promontory, The, *Dorset*, noʊð, nōth
Notley, *f.n.*, 'nɒtlɪ, nóttli
Nott, *f.n.*, nɒt, nott
Nottingham *Notts.*, 'nɒtɪŋəm, nótting-ăm
Noup Head *Orkney*, 'nup 'hed, noop hédd
Novar *H'land*, noʊ'vɑr, nōvaar
Novar Toll *H'land*, noʊ'vɑr 'toʊl, nōvaar tól
Nove, *f.n.*, noʊv, nōv
Novello, *f.n.*, nə'veloʊ, nŏvéllō
Novis, *f.n.*, 'noʊvɪs, nóviss
Novocastrian, *native of* Newcastle upon Tyne, ˌnoʊvoʊ'kæstrɪən, nōvōkásstriăn
Nowell, *f.n.*, 'noʊəl, nó-ĕl
Nowlin, *f.n.*, 'noʊlɪn, nólin
Nowton *Suffolk*, 'noʊtən, nótŏn
Nudd, *f.n.*, nʌd, nudd
Nugee, *f.n.*, 'nudʒi, nóojee
Nugent, *f.n.*, 'njudʒənt, néwjĕnt. *Appropriate also for Baron ~ of Guildford.*
Nunan, *f.n.*, 'njunən, néwnăn
Nunburnholme, Baron, nʌn-'bɜrnəm, nunbúrnŏm
Nuneaton *Warwicks.*, nʌn'itən, nunéetŏn
Nuneham Courtenay *Oxon.*, 'njunəm 'kɔrtnɪ, néwnăm kórt-ni
Nunney *Avon*, 'nʌnɪ, núnni
Nunns, *f.n.*, nʌnz, nunnz
Nunwick *N. Yorks.*, 'nʌnɪk, núnnick
Nupen, *f.n.*, 'njupən, néwpĕn
Nuthall, *f.n.*, 'nʌtɔl, núttawl
Nuthall *Notts.*, 'nʌtl, núttl
Nuthampstead *Herts.*, 'nʌtəmsted, núttămsted
Nuttall, *f.n.*, 'nʌtɔl, núttawl
Nuttgens, *f.n.*, 'nʌtdʒənz, nútjĕnz; 'nʌtʃənz, nútchĕnz
Nygaard, *f.n.*, 'naɪgɑrd, nígaard
Nyholm, *f.n.*, 'naɪhoʊm, ní-hōm
Nymans *W. Sussex*, 'naɪmənz, nímănz
Nymet Rowland *Devon*, 'nɪmɪt 'roʊlənd, nímmĕt rólănd
Nymet Tracey *Devon*, 'nɪmɪt 'treɪsɪ, nímmĕt tráyssi

O

Oa *S'clyde*, oʊ, ō
Oadby *Leics.*, 'oʊdbɪ, ódbi
Oakenclough *Lancs.*, 'oʊkənklju, ókĕn-klew; 'oʊkənklaʊ, ókĕn-klow; 'oʊkənklʌf, ókĕn-kluff
Oaksey, Baron, 'oʊksɪ, óksi
Oaten, *f.n.*, 'oʊtən, ótĕn
Oates, *f.n.*, oʊts, ōts
Oath *Somerset*, oʊð, ōth
Oaze Deep *Thames Estuary*, 'oʊz 'dip, óz deep
Oban *S'clyde*, 'oʊbən, óbăn
Obbard, *f.n.*, 'oʊbɑrd, óbaard
O'Brien, *f.n.*, oʊ'braɪən, ōbrī-ĕn
Oby *Norfolk*, 'oʊbɪ, óbi
O'Callaghan, *f.n.*, oʊ'kæləhən, ōkálă-hăn; oʊ'kæləgən, ōkálăgăn
O'Cathain, *f.n.*, ˌoʊkə'hɔɪn, ō-kă-hóyn
Ochil Hills *Central–Tayside*, 'oʊxl, óchl
Ochiltree *S'clyde*, 'ɒxɪltri, óchiltree; 'ɒxltri, óchltree. *Appropriate also for ~ Castle.*
Ochs, *f.n.*, ɒks, ocks
Ochterlony, *f.n.*, ˌɒxtər'loʊnɪ, ochtĕrlóni
Ocklynge *E. Sussex*, 'ɒklɪndʒ, ócklinj
Ockrent, *f.n.*, 'ɒkrənt, óckrĕnt
O'Clarey, *f.n.*, oʊ'kleərɪ, ōkláiri
O'Clee, *f.n.*, oʊ'kli, ōklée
Ocle Pychard *H. & W.*, 'oʊkl 'pɪtʃərd, ókl pítchărd
O'Connor, *f.n.*, oʊ'kɒnər, ōkónnŏr
Odam, *f.n.*, 'oʊdəm, ódăm
O'Dea, *f.n.*, oʊ'di, ōdée; oʊ'deɪ, ōdáy
Odell *Beds.*, 'oʊdl, ódl
Odey, *f.n.*, 'oʊdɪ, ódi
Odham, *f.n.*, 'ɒdəm, óddăm
Odhams Press *publishers*, 'ɒdəmz, óddămz
Odiham *Hants*, 'oʊdɪəm, ódi-ăm
Odlum, *f.n.*, 'ɒdləm, óddlŭm
O'Doherty, *f.n.*, oʊ'dɒxərtɪ, ōdóchĕrti
Odom, *f.n.*, 'oʊdɒm, ódom
O'Donell, *f.n.*, oʊ'dɒnl, ōdónnl
O'Donovan, *f.n.*, oʊ'dʌnəvən, ōdúnnŏvăn
O'Dowda, *f.n.*, oʊ'daʊdə, ōdówdă
Odsal *W. Yorks.*, 'ɒdzl, óddzl
Oertling, *f.n.*, 'ɜrtlɪŋ, értling
Oettle, *f.n.*, 'oʊtl, ótl
Oetzmann, *f.n.*, 'oʊtsmən, ótsmăn
O'Ferrall, *f.n.*, oʊ'færəl, ōfárrĕl
Offaly, Earl of, 'ɒfəlɪ, óffăli

Offenbach 184 Onions

Offenbach, *f.n.*, 'ɒfənbɑk, óffĕn-baak
Offord Cluny *Cambs.*, 'ɒfərd 'klunɪ, óffŏrd klóoni
Offord D'Arcy, *also spelt* Offord Darcy, *Cambs.*, 'ɒfərd 'dɑrsɪ, óffŏrd daarssi
O'Flaherty, *f.n.*, oʊ'flɑhərtɪ, ōfláa-hĕrti; oʊ'flɑərtɪ, ōfláa-ĕrti
O'Gara, *f.n.*, oʊ'gɑrə, ōgaară
Ogg, *f.n.*, ɒg, ogg
Oghill *Co. Derry*, 'ɒxɪl, óchil
Ogilvie, *f.n.*, 'oʊglvɪ, óglvi
Ogilvy, *f.n.*, 'oʊglvɪ, óglvi
Ogley, *f.n.*, 'ɒglɪ, óggli
Ogley Locks *Staffs.*, 'ɒglɪ, óggli
Ogmore *Mid Glam.*, 'ɒgmɔr, ógmor
Ogof Ffynnonddu *W. Glam.*, 'oʊgɒv ˌfʌnən'ðɪ, ógov funnŏn-thée
O'Grady, *f.n.*, oʊ'greɪdɪ, ōgráydi
Ogwell *Devon*, 'oʊgwel, ógwel
Ogwen, Lake *and* River, *Gwynedd*, 'ɒgwen, ógwen
O'Hagan, *f.n.*, oʊ'heɪgən, ō-háygăn
O'Halloran, *f.n.*, oʊ'hælərən, ō-hálŏrăn
O'Hana, *f.n.*, oʊ'hænə, ō-hánnă
O'Hare, *f.n.*, oʊ'heər, ō-háir
O'Hear, *f.n.*, oʊ'heər, ō-háir
O'Herlihi, *f.n.*, oʊ'hɜrlɪhɪ, ō-hérli-hi
O'Keefe, *f.n.*, oʊ'kif, ōkéef
O'Keeffe, *f.n.*, oʊ'kif, ōkéef
Okeford Fitzpaine *Dorset*, 'oʊkfərd fɪts'peɪn, ókfŏrd fitspáyn. *A local version is* 'fɪpənɪ 'ɒkfərd, fíppĕni óckfŏrd.
Okehampton *Devon*, oʊk'hæmptən, ōk-hámptŏn
Okell, *f.n.*, 'oʊkl, ókl
Okeover, *f.n.*, 'oʊkoʊvər, ókōvĕr
Olantigh Towers *Kent*, 'ɒləntɪ 'taʊərz, óllănti tówĕrz
Olave, *C.n.*, 'ɒlɪv, ólliv
Olchfa *Swansea*, ɒlx'vɑ, olch-vaa
Oldbury-on-Severn *Glos.*, 'oʊldbərɪ ɒn 'sevərn, óldbŭri on sévvĕrn
Olderfleet *Co. Antrim*, 'oʊldər-flit, óldĕrfleet
Oldhamstocks *Lothian*, oʊld-'hæmstɒks, ōld-hámstocks
Olding, *f.n.*, 'oʊldɪŋ, ólding
Old Man of Storr *Skye*, 'oʊld 'mæn əv 'stɔr, óld mán ŏv stór
Old Meldrum *Grampian*, 'oʊld 'meldrəm, óld méldrŭm
Oldpark *Salop*, 'oʊldpɑrk, óld-paark
Old Romney *Kent*, 'oʊld 'rɒmnɪ, óld rómni; 'oʊld 'rʌmnɪ, óld rúmni
Old Steine, The, *Brighton*, 'oʊld 'stin, óld stéen
Old Swinford, *also spelt* Oldswinford, *W. Midlands*, 'oʊld 'swɪnfərd, óld swinfŏrd
Oldys, William, *17th-c. antiquarian & bibliographer*, oʊldz, ōldz
O'Leary, *f.n.*, oʊ'lɪərɪ, ōléeri
Olender, *f.n.*, ə'lendər, ŏléndĕr
Olerenshaw, *f.n.*, ˌɒlə'renʃɔ, ollĕrénshaw
Olivere, *f.n.*, ˌɒlɪ'vɪər, ollivéer
Olivier, *f.n.*, ə'lɪvɪeɪ, ŏlívvi-ay; ɒ'lɪvɪər, ollívvi-ĕr. *The first is appropriate for Baron ~, otherwise Sir Laurence ~, actor.*
Ollerenshaw, *f.n.*, ˌɒlə'renʃɔ, ollĕrénshaw; 'ɒlərənʃɔ, óllĕrĕn-shaw
Olliffe, *f.n.*, 'ɒlɪf, ólliff
Ollivant, *f.n.*, 'ɒlɪvənt, óllivănt
Olliver Duchet watch tower *Richmond (N. Yorks.)*, 'ɒlɪvər 'dʌkɪt, óllivĕr dúckĕt
O'Loghlen, *f.n.*, oʊ'lɒxlən, ōlóchlĕn
O'Loughlin, *f.n.*, oʊ'lɒxlɪn, ōlóchlin
Olrig *H'land*, 'ɒlrɪg, ólrig
Olsen, *f.n.*, 'oʊlsən, ólssĕn
Olsson, *f.n.*, 'oʊlsən, ólssŏn
Olton *W. Midlands*, 'oʊltən, óltŏn
Olumide, *C.n.*, ɒ'lumɪdeɪ, olóomidday
Olver, *f.n.*, 'ɒlvər, ólvĕr
Olveston *Avon*, 'oʊlvɪstən, ólvĕsstŏn; 'oʊlstən, ólsstŏn
Omagh *Co. Tyrone*, 'oʊmə, ómă
O'Malley, *f.n.*, oʊ'mælɪ, ōmáli; oʊ'meɪlɪ, ōmáyli
Oman, *f.n.*, 'oʊmən, ómăn
Omand, *f.n.*, 'oʊmənd, ómănd
O'Mara, *f.n.*, oʊ'mɑrə, ōmaară
Ombersley *H. & W.*, 'ɒmbərzlɪ, ómbĕrzli
O'Meara, *f.n.*, oʊ'mɑrə, ōmaară; oʊ'meərə, ōmáiră
Ommanney, *f.n.*, 'ɒmənɪ, ómmăni
Omoa *S'clyde*, oʊ'moʊə, ōmó-ă
Onchan *I. of Man*, 'ɒŋkən, ónkăn
Onecote *Staffs.*, 'ɒnkət, ón-kŏt
O'Neill, *f.n.*, oʊ'nil, ōnéel
Ongar *Essex*, 'ɒŋgər, óng-găr
Onibury *Salop*, 'ɒnɪbərɪ, ónnibŭri
Onich *H'land*, 'oʊnɪx, ónich
Onions, *f.n.*, 'ʌnjənz, ún-yŏnz; oʊ'naɪənz, ōní-ŏnz; ə'naɪənz, ŏní-ŏnz. *The first is appropriate for C. T. ~, philologist, grammarian and an editor of the Oxford English Dictionary; also for Oliver ~, author.*

［図14a］『イギリス人名発音辞典』（第二版、1989年）〈Oの部〉冒頭より

のだろうか。不思議なことに『イギリス人名発音辞典』をよく見ると、《de ―》、《De ―》という姓はたくさん見られる［図14b］。これらは何なのだろうか。イギリスでは「de＋城砦名」の形がそのまま残ったのだろうか。

この「謎」を解く鍵は、実は、姓の誕生期のイギリスの歴史そのものの中にある。十一世紀後半以降の時代がイギリスにとってどのような時代であったのか、あらためてたずねることにしよう。

十一世紀後半のイギリス

十一世紀後半のイギリス（イングランド）といえば、一〇六

de Bettoyne 71 **Delafons**

de Bettoyne, *f.n.*, də bə'tɔɪn, dĕ bĕtóyn
De Blank, The Rt. Revd **Joost,** 'joʊst də 'blæŋk, yṓst dĕ blánk
De Blaquiere, Barony of, də 'blækjər, dĕ bláck-yĕr
De Blieck, *f.n.*, də 'blik, dĕ bleék
De Bono, *f.n.*, də 'boʊnoʊ, dĕ bṓnō
De Bounevialle, *f.n.*, də 'bunvɪæl, dĕ bóonvi-al
Debrett, *f.n.*, də'bret, dĕbrétt
De Broke, *f.n.*, də 'brʊk, dĕ brŏŏk
De Bruyne, *f.n.*, də 'bruneɪ, dĕ bróonay
De Buf, *f.n.*, də 'bʌf, dĕ búff
De Bunsen, *f.n.*, də 'bʌnsən, dĕ búnssĕn
De Burgh, *f.n.*, də 'bɜrg, dĕ búrg
De Buriatte, *f.n.*, də 'bjʊərɪæt, dĕ byŏŏri-at
Deby, *f.n.*, 'dibɪ, deébi
De Candole, *f.n.*, də 'kændoʊl, dĕ kándōl
De Carteret, *f.n.*, də 'kɑrtrət, dĕ kaártrĕt
De Casembroot, *f.n.*, də 'kæsəm-brut, dĕ kássĕmbroot
De Chair, *f.n.*, də'tʃɛər, dĕ cháir; də 'ʃɛər, dĕ sháir
Decies, Baron, 'diʃiz, deésheez
Decimus, *f.n.*, 'desɪməs, déssi-mŭss
De Comarmond, *f.n.*, də kə-'mɑrmənd, dĕ kŏmaármŏnd
De Coucey, *f.n.*, də 'kusɪ, dĕ koóssi
De Courcey, *f.n.*, də 'kɔrsɪ, dĕ kórssi
De Courcy, *f.n.*, də 'kɔrsɪ, dĕ kórssi; də 'kʊərsɪ, dĕ kŏŏrssi; də 'kɜrsɪ, dĕ kúrssi. *The first is appropriate for Baron Kingsdale's family name.*
De Crespigny, *f.n.*, də 'krepɪnɪ, dĕ kréppini
de Csillèry, *f.n.*, də 'tʃɪlɛərɪ, dĕ chill-airi
De Cusance, *f.n.*, də 'kuzɑns, dĕ koózaanss
Dederich, *f.n.*, 'dedərɪtʃ, déddĕr-itch
Dedow, *f.n.*, 'didoʊ, deédō
De Eresby, *f.n.*, 'dɪərzbɪ, deérzbi
De Felice, *f.n.*, ˌdi fɪ'lis, dee fĕleéss
De Ferranti, *f.n.*, də fə'ræntɪ, dĕ fĕránti
Deffee, *f.n.*, də'fi, dĕfeé
Defferary, *f.n.*, ˌdefə'rɛərɪ, deffĕráiri
Defoe, Daniel, *18th-c. author*, dɪ'foʊ, dĕfṓ
De Francia, *f.n.*, də 'frɑnsɪə, dĕ fraánsiă
De Francquen, *f.n.*, də 'fræŋkwɪn, dĕ fránkwĕn
Defrates, *f.n.*, dɪ'freɪts, dĕfráyts
De Frece, *f.n.*, də 'fris, dĕ freéss
De Freitas, *f.n.*, də 'freɪtəs, dĕ fráytăss
Defries, *f.n.*, də'fris, dĕfreéss
Deganwy *Gwynedd*, dɪ'gænʊɪ, dĕgánŏŏ-i
De Garis, *f.n.*, də 'gærɪs, dĕ gárriss
De Gaury, *f.n.*, də 'gɔrɪ, dĕ gáwri
De Gernier, *f.n.*, də 'dʒɜrnɪər, dĕ jérniĕr
De Glehn, *f.n.*, də 'glen, dĕ glén
de Grunwald, Anatole, *film producer*, 'ænətɒl də 'grunvæld, ánnătol dĕ groónvald
De Guingand, *f.n.*, də 'gæ̃gɑ̃, dĕ gáng-gaang
D'Egville, *f.n.*, 'degvɪl, dégvil
De Haes, *f.n.*, də 'heɪz, dĕ háyz
Dehaney, *f.n.*, də'heɪnɪ, dĕ-háyni
Deheubarth, *ancient Welsh kingdom*, de'haɪbɑrθ, de-hībaarth
Dehn, *f.n.*, deɪn, dayn
de Hoghton, *f.n.*, də 'hɔtən, dĕ háwtŏn
Deighton, *f.n.*, 'daɪtən, dītŏn; 'deɪtən, dáytŏn. *The second is appropriate for Len ~, author.*
Deighton *W. Yorks.*, 'ditən, deétŏn
Deildre Isaf *Gwynedd*, 'daɪldrɪ 'ɪsæv, dīldri íssav
Deiniolen *Gwynedd*, daɪn'jɒlən, dīn-yóllĕn
Deirdre, *C.n.*, 'dɪərdrɪ, deérdri
De Jonge, *f.n.*, də 'jʌŋ, dĕ yúng
De Jongh, *f.n.*, də 'jɒŋ, dĕ yóng
de Keyser, *f.n.*, də 'kaɪzər, dĕ kīzĕr
Dekker, *f.n.*, 'dekər, déckĕr
De Krassel, *f.n.*, də 'kræsl, dĕ krássl
de la Bedoyère, *f.n.*, də lɑ ˌbedwə'jɛər, dĕ laa bedwă-yáir
De la Bère, *f.n.*, ˌdelə'bɪər, dellăbeér
De Labilliere, *f.n.*, də lɑ'bɪljər, dĕ laabil-yĕr
Delabole *Cornwall*, 'deləboʊl, déllăbōl; ˌdelə'boʊl, dellăbṓl
Delacombe, *f.n.*, 'deləkum, déllăkoom
Delacour, *f.n.*, 'deləkʊər, déllă-kŏŏr
Delacourt-Smith, Baron, 'deləkɔrt 'smɪθ, déllăkort smith
de la Ferté, *f.n.*, də lɑ 'fɛərteɪ, dĕ laa fáirtay
Delafons, *f.n.*, 'deləfɒnz, déllăfonz

de la Fuente 72 **Demuth**

de la Fuente, *f.n.*, də lə fʊ'entɪ, dĕ lă fŏŏ-énti
Delahaye, *f.n.*, 'deləheɪ, déllă-hay
De la Haye, *f.n.*, də lɑ 'heɪ, dĕ laa háy
de la Mahotiere, *f.n.*, də lɑ ˌmɑoʊ'tjɛər, dĕ laa maa-ō-tyáir
Delamain, *f.n.*, 'deləmeɪn, déllămayn
de la Mare, *f.n.*, ˌdelə'mɛər, dellă-máir; 'deləmɛər, déllămair. *The first is appropriate for the poet, Walter ~.*
De la Marr, *f.n.*, də lə 'mɑr, dĕ lă maár
Delamere, Baron, ˌdelə'mɪər, dellămeér
Delamere *Ches.*, 'deləmɪər, déllă-meer
De la Motte, *f.n.*, də lɑ 'mɒt, dĕ laa mótt
Delane, *f.n.*, də'leɪn, dĕláyn
Delaney, *f.n.*, dɪ'leɪnɪ, dĕláyni
De Lange, *f.n.*, də 'lɑ̃ʒ, dĕ laángzh
De-la-Noy, *f.n.*, 'delənɔɪ, déllănoy
Delap, *f.n.*, də'læp, dĕláp
De la Pasture, *f.n.*, də 'læpətʃər, dĕ láppătchĕr
de la Poer Beresford, *f.n.*, də lɑ 'pʊər 'berɪsfərd, dĕ laa pŏŏr bérrĕsfŏrd. *Family name of the Marquess of Waterford and of Baron* **Decies.**
de la Pole, *f.n.*, də lɑ 'pul, dĕ laa poól
Delapré Abbey *Northants.*, 'deləpreɪ, déllăpray
Delargy, *f.n.*, də'lɑrgɪ, dĕlaárgi
De Larrinaga, *f.n.*, də ˌlærɪ'nɑgə, dĕ larrinaágă
De La Rue, *f.n.*, ˌdelə'ru, dellăroó
De La Salle, *f.n.*, də lɑ 'sɑl, dĕ laa saál
De la Torre, *f.n.*, də lɑ 'tɔr, dĕ laa tór
De Laubenque, *f.n.*, də 'loʊbeŋk, dĕ lṓbenk
De La Warr, Earl, 'deləwɛər, déllăwair
Delbanco, *f.n.*, del'bæŋkoʊ, delbánkō
Delderfield, *f.n.*, 'deldərfild, déldĕrfeeld
Delephine, *f.n.*, 'deləpin, déllĕpeen
De Lestang, *f.n.*, də 'leɪtɑ̃, dĕ láytaang
Delevingne, *f.n.*, 'deləvin, déllĕ-veen
Delfont, *f.n.*, 'delfɒnt, délfont. *Appropriate also for Baron ~.*
Delgaty Castle, *also spelt* **Delgatie,** *Grampian*, 'delgətɪ, délgăti
De Lingen, *f.n.*, də 'lɪŋən, dĕ líng-ĕn
De Lisle, *f.n.*, də 'laɪl, dĕ líl
De L'Isle, Viscount, də 'laɪl, dĕ líl
Delith, *C.n.*, 'delɪθ, déllith
Delius, Frederick, *composer*, 'dilɪəs, deéliŭss
Deller, *f.n.*, 'delər, déllĕr
Dellow, *f.n.*, 'deloʊ, déllō
Del Mar, *f.n.*, del 'mɑr, del maár
Deloitte, *f.n.*, də'lɔɪt, dĕlóyt
Delomosne, *f.n.*, 'deləmoʊn, déllōmōn
De Lotbinière, *f.n.*, də 'loʊbɪnjɛər, dĕ lṓbin-yair
Del Renzio, *f.n.*, del 'renzɪoʊ, del rénziō
Delrez, *f.n.*, 'delreɪ, déllray
Del Riego, Teresa, *composer*, tə'reɪzə del rɪ'eɪgoʊ, tĕráyză del ri-áygō
Del Strother, *f.n.*, del 'strʌðər, del strúthĕr
del Tufo, *f.n.*, del 'tufoʊ, del toófō
de Lukacz-Leisner, *f.n.*, də 'lukætʃ 'leznər, dĕ loókatch lézznĕr
Delury, *f.n.*, də'lʊərɪ, dĕlŏŏri
Delval, *f.n.*, del'væl, delvál
Delves *W. Midlands*, delvz, delvz
Demaid, *f.n.*, də'meɪd, dĕmáyd
de Manio, *f.n.*, də 'mænɪoʊ, dĕ mánniō
Demant, *f.n.*, dɪ'mænt, dĕmánt
Demarco, *f.n.*, də'mɑrkoʊ, dĕmaárkō
De Mauley, Baron, də 'mɔlɪ, dĕ máwli
Demel, *f.n.*, 'deml, démml
De Minvielle, *f.n.*, də 'menvəl, dĕ ménvĕl
De Moleyns, *f.n.*, də 'mʌlɪnz, dĕ múllĕnz; 'deməlinz, démmŏ-leenz. *The first is also appropriate for Baron ~. See* **Eveleigh-de-Moleyns.**
De Montalt, Baron, ˌdemənt'ælt, demmŏntált
De Montmorency, *f.n.*, də ˌmɒntmə'rensɪ, dĕ montmŏr-énssi; də ˌmɔ̃mə'rɑ̃sɪ, dĕ mōngmŏraángssi. *The second was the pronunciation of the late Viscount of Mountmorres.*
Demoulpied, *f.n.*, də'moʊlpɪed, dĕmṓlpi-edd
Dempster, *f.n.*, 'dempstər, démp-stĕr
De Muralt, *f.n.*, də 'mjʊərælt, dĕ myŏŏralt
Demuth, *f.n.*, də'mjuθ, dĕméwth; 'deməθ, démmŭt; də'mʊθ, dĕ-mŏŏth; də'muθ, dĕmoóth

［図14b］同右、〈Dの部〉より

六年の「ノルマンの征服」という出来事がすぐに思い浮かぼう。この年の初めエドワード懺悔王（一〇〇四年頃～一〇六六年。あだ名«the Confessor»は近年では「証聖王」と訳されることが多い）が死去し、アングロサクソン系の王統が絶える。後継を名乗り出たのは三名。王妃の兄弟でアングロサクソン貴族のハロルド、ノルウェーのハーラル苛烈王、そしてフランスのノルマンディー公ギョーム。ハロルドがいち早く戴冠式をあげたものの（国王ハロルド二世）、九月、ハーラルが水軍（ヴァイキング！）を率いて到来し、イングランド北部のヨークを占領。ハロルドはこれを討つべく北上し、スタムフォードブリッジの戦いで勝利する。しかしその同じ頃ギョーム率いるノルマン軍がイギリス海峡を渡って上陸し、イングランド南東岸のヘイスティングズに陣を構える。知らせを聞いたハロルドは急遽ヨークからとってかえして敵陣近くに進み、ここに両軍は今日その名もバトル（戦闘！）と名づけられる丘で対峙。十月十四日未明、決戦の火蓋が切って落とされる。丸一日の激戦の末、ハロルドは戦死し、ギョームが勝利する。ギョームはこの年のクリスマスの日、ウェストミンスターで晴れてイングランド（イギリス）王へと戴冠。ここにいわゆるノルマン王朝が成立し、ギョームは英語式にウィリアム（一世）、そして征服王と呼ばれることになる。

以上のような経過をたどったこの「ノルマンの征服」であるが、実はイギリスの歴史にとってこの出来事のもつ意味は事件史的なそれにとどまらない。イギリスに非常に大きな変革をもたらすことになった。どのような事態が生じたのか一二あげると、まず支配者層の大幅な交代があげられる。従来のアングロサクソン貴族たちに代わって、ウィリアムに付き従って到来したフランス系貴族たちが新たな支配者層を形成することになる。そして第二に、イギリスと、ノルマンディーなどフランスの一部とが政治的にも、経済的にも、そして社会的にも一体化するという事態が生じる。

どういうことかというと、ウィリアムはイギリス王になったわけであるが、ノルマンディーの地を捨てたわけでも、ノルマンディー公の地位を捨てたわけでもない。ノルマンディー公のまま、ノルマンディーの領主のまま、イギリス王になったのだ。彼からすると、ノルマンディー公である上に、新たにイギリス王の地位が獲得され、自分の領地が増えたわけであって、増えた領地がたまたま他国にあった（今の場合は、増えた領地が他国そのものであった、というべきであろうか）までのこと。ただし、ノルマンディー地域がイギリス王になった彼の領地のままであるからといって、ノルマンディーがイギリス領になった、ということではない。ノルマンディーはあくまでもフランス王国の枠組みの中にあって、フランス王の臣下たるノルマンディー公が、主君たるフランス王から受領している封（封土）、つまり知行（知行地）なのである。そう、ウィリアムはイギリス王としてはフランス王と何の関係もないのだが、ノルマンディー公としては法的には（形式的にはといったほうがよいであろうが）なおフランス王の臣下なのであった。ヨーロッパの封建制のもつ複雑な側面であるが、イギリス王とフランス王のこの複雑で不可思議な関係が以後の両国関係を規定していくことになる。そして先のことを見通していえば、ジャンヌ・ダルクの活躍で知られる百年戦争が、イギリス王からフランスにおける領地を失わせ、両国の複雑な関係を清算することになる。

イギリスとフランスの地にまたがって領地をもつというのは、何もウィリアムに限ったことではない。彼に付き従ってやってきた貴族たちもまた同じである。フランスに領地をもち、さらにイギリスにおいても領地を得たのであり、フランスの地を捨ててイギリスに移住したわけではないのである。王もその臣下たる貴族たちも、フランスの諸侯・貴族としてフランスに領地をもったままイギリスに乗り込み、イギリスに新たな地位と領地を獲得したわけである。そして彼らは海をはさんで英仏両国にまたがる自分の領地をつねに往来する。彼らの動きに会わせて、当然多くのひとや物が行き来する。こうしてイギリスの新たな支配者となったフランス系貴族たちのもと、いや、「フランス系」などという必要はない、フランス貴族たちのもと、イギリスとフランスの一部とが政治的・経済的・社会的に一体化するようになったわけである。こうした状況はつぎのプランタジネット朝のもとでも強まることはあれ、変わることはない。プランタジネット朝は一一五四年にウィリアム征服王のひ孫、フランスのアンジュー伯アンリがイギリスに乗り込んで王(ヘンリ二世)となったことに始まる王朝である。またもフランスの貴族がイギリス王になったわけであるが、彼はこのアンジューに加えて、婚姻によってフランス南西部のアキテーヌ公領をも得ていたため、ノルマン朝の遺産を合わせると、フランスの西半分を支配する大諸侯、フランス王国においてフランス王をも凌ぐフランス最大の勢力となった。王である主君よりも強大な臣下というわけである。彼にはこれにイギリスという王国、そしてイギリス王という地位がプラスされる。ウィリアム征服王の場合と同じで、ヘンリ二世も、そして彼の臣下たる貴族たちも、フランスの地を捨てたわけではない。フランスの諸侯・貴族たちがフランスに広大な領地をもったまま、イギリスの支配者層になっているのだ。ここにイギリスとフランス西半とは政治的・経済的・社会的に一体化し、この一体化された領域を研究者たちは「アンジュー帝国」と呼んでいる。

姓の誕生期の特殊な言語状況

十一世紀後半から、イギリスではフランス系貴族、いや、フランス貴族が支配者層を形成していた。こうした状況のもと、イギリスの言葉はどうなっていたのだろう。端的にいうなら、フランス語の優位という事態が生じていた。支配者層である貴族たちはフランス語を話す。彼らはフランスから乗り込んできたのだが、再三述べたようにフランスの地を捨ててきたわけではなく、フランスにも領地をもち（フランス貴族そのもの！）、さらにイギリスにも領地をもつ。イギリスでは支配者層として、大袈裟に言えば「君臨」している。わざわざ支配される側の人びとの言葉、英語を使うわけではなく、そのままフランス語を使いつづけるのだ。これに対して英語は、支配される側にまわったアングロサクソン系の人びとの言葉、その多くが農民層であるから、農民の言葉として蔑《さげす》まれることになる。こうしてイギリスでは階層によって使う言葉が異なるという状況、支配者層はフランス語を、被支配者層は英語を使う二言語併用という状況が生じ、それは百年戦争期の十四世紀半ばまで、約三〇〇年もつづくことになる。当然この間、人もそうだが、言葉も交ざり合う。十四世紀に英語が復権するとはいえ、英語にフランス語の影響が強く残ることになる。例えば、英語の語彙はフランス語のそれに比べて非常に多い。辞書なども概して英語の辞書のほうがフランス語の辞書よりも分厚い。それもそのはずで、かの三〇〇年の間に英語にフランス語が入ってきて、一つのものが二つの言葉で表され、極端にいえば、語彙が二倍になったわけである。もちろん二つの言葉がそのまま残ったわけでなく、淘汰や使い分けが生じる。例えば「椅子《いす》」。今日英語で普通《chair》（チェア）という。そして背もたれのない丸椅子、化粧台の前に置かれる丸い椅子やピアノ用の丸い椅子は、《stool》（ストゥール）と呼ばれる。ところでドイツ語では椅子のことを《Stuhl》（シュトゥール）という。《stool》と《Stuhl》。似ていると思わないだろうか。実はこの二つの言葉は同根の言葉、同じゲルマン系（チュートン系）の言葉なのだ。一方《chair》はラテン系のフランス語で椅子一般を表す言葉《chaise》（シェーズ）と同根の言葉。つまりアングロサクソン人の使っていた《stool》という言葉があるところに、フランス語の《chaise》と同根の言葉（《chair》）が入ってきた。そして《chair》が椅子一般を指す言葉として《stool》に取って代わり、《stool》は丸椅子を指す言葉へと追いやられてしまった、というわけである。

もう一つ、面白い例を示そう。英語では一つの動物がとても複雑に言い表される。例えば「牛」の場合、《ox》と《cow》があるのはよく知られることと思われるが、これだけではない。牛を総称して言うときは《ox》や《cattle》、雄牛は、未去勢ならば《bull》、去勢済みであれば《ox》、若い去勢牛なら《bullock》という。雌牛は《cow》で、未産なら《heifer》、子牛は《calf》、といった具合。「豚」も同様。総称は《pig》、古い言葉では《swine》（スワイン）。ことわざの「豚に真珠」（pearls before swine）のブタはこれ。ちなみにドイツ語の《Schwein》（シュヴァイン）と同根の語。未去勢の雄豚は《boar》、去勢豚は《hog》、雌豚は《sow》、子豚は《piglet》《hoglet》《piggy》と呼ばれる（ディズニーの「クマのプーさん」シリーズのキャラクターに「ピグレット」がいた）。「羊」も、総称は《sheep》、未去勢の雄は《ram》、去勢羊は《wether》、雌羊は《ewe》、子羊は《lamb》と呼ばれる。

こうした細かな分け方は何も英語に限らない。フランス語でもそうである。「牛」の場合、総称は《boeuf》（ブフ）、未去勢牛は《taureau》、去勢牛は《boeuf》、雌牛は《vache》、子牛は《veau》と呼ばれる。豚（総称《porc》［ポル］）、羊（総称《mouton》［ムトン］）も同様に呼び分けがなされる。

われわれ日本人には理解しがたいことであるが、肉を食してきたヨーロッパの人びとにとって、生活に密着している牛や豚や羊をこのように細分して呼ぶことは当たりまえのことだったと思われる。その代わりといっては何だが、日本人は「魚」を成長するにつれて呼び分けている。出世魚だ。「セイゴ→フッコ→スズキ」、「ツバス（ワカシ）→ハマチ（イナダ）→ワラサ（メジロ）→ブリ」、「オボコ（スバシリ）→イナ→ボラ→トド」。日本人が魚をよく食してきたことから、このように細分して呼ぶわけで、それがヨーロッパ人の場合は牛や豚や羊だったといえよう。アラだき、かぶと煮と、魚を余すところなく食する日本、豚を腸も血も無駄にせずソーセージにして保存するヨーロッパ、「トドのつまり」、食文化の違いが対象の名前にも表れている。

ところで牛などの名称で、英語とフランス語とでは大きな違いがある。英語には右にあげたさまざまな名称の他に、肉＝食肉の場合、さらに別の名称がある。もう日本でも普通に使われているのだが、牛は«beef»（ビーフ）、豚は«pork»（ポーク）、羊は«mutton»（マトン）と呼ぶ。しかしフランス語では特に肉だけの名称はない。どうして英語には肉だけの特別な呼び名があるのだろうか。

ここで先のフランス語での牛などの総称を思い出していただきたい。牛は«boeuf»（ブフ）、豚は«porc»（ポル）、羊は«mouton»（ムトン）であった。英語の«beef»（ビーフ）、«pork»（ポーク）、«mutton»（マトン）と似ていると思わないだろうか。実は英語のこれらの言葉はフランス語から来ているのだ。フランス貴族たちがイギリスの支配者であったあの時代を思い出していただきたい。同じ「豚」でも、これを飼育するアングロサクソン農民は«pig»（ピッグ）と呼び、貴族たちはこれを、いや、彼らは飼育などせず食するだけであるから、料理されて皿にのった豚、つまり豚肉を«porc»（ポル）——おそらくまだ当時は「ポルク」と発音していたと思われる——と呼んだのだ。日本語に直せばどちらも「ブタ」と呼んでいて、飼育されている時の豚として呼んでいたのでも、また肉になってからの豚として呼んでいたのでもないのだが、結果的にそのように使い分けられるようになったのである。「牛」や「羊」の場合も同じ。フランス語が食されるさいの、つまり肉の呼び名となり、英語が飼育されている時の呼び名となる。この「棲み分け」は、当時イギリスの支配者層がフランス出身の貴族であり、被支配者層が在住アングロサクソン人であるという状況をよく反映しているのである。

イギリスにおける誕生期の姓の名残

姓の誕生期である十一世紀後半以降のイギリスの政治・社会状況、そして言語状況は以上のようなものであった。あらためて考えてみよう。国王をはじめとする支配者層の貴族たちは自分の名をどう呼んだのだろうか。彼らはフランス語を話していたのだから、当然自分の名もフランス語で呼んでいたはずである。当時の発音を正確に再現するのは簡単ではないが、少なくとも英語式に、例えばウィリアムとか呼んでいたのではなく、フランス語式にギョームと呼ぶのに近かったであろう。貴族たちが個人名に「de ＋城砦名」を付して名乗り出したところから始まる姓も、イギリスにおいては、口語では当然フランス語で呼ばれていたはずである。「ド・～」というのが彼ら貴族が自称した姓なのだ。長く「家名」として使われたこの呼び方は、十四世紀後半に英語が復権をむかえたのちにおいても、発音は長いうちに例えば「デ・～」に変わることはあっても、わざわざ「オブ・～」（of ―）に直して称される、ということはなかったのだ。誕生期の姓の名残は、イギリスにおいては、まさに姓の誕生期のイギリスの歴史を反映して、フランス語からきた「ド・〜」「デ・〜」(de—)という形で見られるのである。

この時代のイギリスの歴史上の人物は、右に述べたようにフランス語で自称していたのだが、今日普通、英語名で呼ばれている。それはイギリスの歴史、「イギリス人」のことだからというわけで、英語名に置き換えられているにすぎない。ギョームをウィリアムに、エティエンヌをスティーヴンに、といった具合に。それでもさすがに「ド・〜」という姓を伴った場合は、英語式に「オブ・〜」に直して呼ぶことはあまりない。なにしろ今日でも「ド・〜」「デ・〜」という姓が生きつづけていて、「オブ・〜」という姓は皆無なのだから。十三世紀半ば、国王に対し反乱を起こして権力を握り、イギリス各地から州の代表としての騎士や都市市民の代表を召集して議会を開き、それがイギリス議会の起源であるとして、歴史にその名をとどめる「シモン・ド・モンフォール」(Simon de Montfort、一二〇八〜一二六五年)などは、教科書などでもフランス語読みそのままで呼ばれている。そもそも英語なら「シモン」ではなくて「サイモン」というべきだが、個人名だけ英語読みするわけにはいかないというところ。

デフォーの「改姓」の遠い背景

先に、フランス語圏で「ド・〜」、ドイツ語圏で「フォン・〜」という姓を聞くと、その人物が貴族出身とわかる、ということを述べた。英語圏でも同じで、「ド・〜」「デ・〜」という名を聞くと、英語圏の人はこれが貴族出身だと了解してしまう。イギリスにおける誕生期の姓に関連して、最後に、これにかかわる話をしよう。

ダニエル・デフォー（Daniel Defoe、一六六六〜一七三一年）。『ロビンソン・クルーソー』の作者として知られる十七〜十八世紀イギリスの作家。人名辞典などでも意外にもあまり載せられていないことなのだが、これは彼の本名ではない。ダニエル・フォー（Daniel Foe）というのが本当の名前である。彼は初め繊維関係の商人として働いていて、その後文筆活動に入るのだが、このとき「改姓」してしまうのだ。「改姓」といっても戸籍があるわけではないので、自分で勝手に変えてしまうだけの話で、よくいえばペンネームなのだが、個人名と姓の間に《de》を入れたのである。「ダニエル・デ・フォー」（Daniel de Foe）と。その意図するところはこうである。文筆家として、ただの「フォー」ではどこのどういう者とも分からず、なかなか信用してもらえない、しかし「デ・フォー」ともなると貴族出身と見なされ、おのずと相応の教養をもつ人物と見なされ、初めから一目置かれる、と。「ド・〜」「デ・〜」という名を聞くと、貴族出身だ、と思うイギリス人の「常識」を利用した「改姓」というわけである。

デフォーの「改姓」の遠い背景にあるのは、まさに姓誕生期におけるイギリスの歴史であり、姓自身の誕生の歴史でもあった。

第Ⅴ章

中世の命名方法とその背後にあるもの

▼「あだ名文化」の背景を探る（一）

第一章～第三章で確認したように、中世ヨーロッパに特異な現象としての「あだ名文化」は九世紀末～十世紀初の人びとが同時代の人びとを、そしてメロヴィング朝末期～カロリング朝前期、すなわち八世紀～九世紀半ばの人びとをもあだ名で呼ぶところから始まった。それではなぜ、そもそも個人の名前に他の要素を付して呼んだのか、なぜ、その要素があだ名なのか、そしてなぜ、九世紀末～十世紀初の人びとがそうした行為をおこない始め、なぜ、彼らは自分たちの同時代の人びとをのみならず、八世紀～九世紀半ばの人びとまでをも、そのようにして呼び始めたのであろうか。

名前の構造

中世ヨーロッパにおいてはなぜ多くの王侯貴族があだ名で呼ばれたのか。実は研究者たちは「経験的に」その背景を、中世ヨーロッパの人びとのもとでの名前のありよう、特異な命名方法、そしてそこから来る個々人を区別・識別することの困難さ、という事態に求めている。例えばすでに第三章で紹介したように、ルドルフ・シーファーは、様々な形容語・名詞のあだ名への昇華・転換の時期として九世紀末を注視するが、その理由として、この時期に同名の人びとが増加し、彼ら個々人を区別するべく、あだ名を用いようとする欲求がますます高まったであろうから、と考えている。どういう事態なのか、あらためて見ていこう。

中世ヨーロッパの人びと、とりわけゲルマン系の人びとにいえることだが、すでに第四章で見てきたように、彼らのもとには久しく個人名しかなかった。それだけでも個々人を他者と区別・識別することには困難がともなったはずであるが、これに加えて彼らのもとでは独特な命名方法が見られた。それが事態をより困難にしたと思われるのだが、その命名方法を取り上げる前に、彼らの名前の「構造」についてふれておきたい。

ゲルマン系の人びとには久しく個人名しかなかったと繰り返し述べてきたが、その個人名自体は基本的には幹音節と終音節の二つ、簡単にいえば前後二つの要素から構成された。

中世の英雄叙事詩『ニーベルンゲンの歌』の主人公「ジークフリート」の名でいえば、「ジーク」(Sieg-)と「フリート」(-fried)。前半は「勝利」(今日のドイツ語で《Sieg》)、後半は「平和」(同《Friede》)を意味する。他にもいくつかあげよう。カロリング家の始祖の一人「アルヌルフ」という名前は「アルン」(Arn-、鷲)と「ウルフ」(-Ulf、狼)から成る。「バーナード」(Bernard[英語読み]、フランス語はベルナール Bernard、ドイツ語でベルンハルト Bernhard)は「ベルン」(Bern-、熊。今日の英語で《bear》)と「ハルト」(-hard、たくましい。同《hard》)で、「たくましい熊」。女性名で「フレデグンデ」は「フレデ」(Frede-、平和)と「グンデ」(-Gunde、戦い)。マティルデは「マット」(Mat-、力。現在のドイツ語で《Macht》)と「ヒルデ」(-Hilde、戦闘)。もとより一つの要素だけで構成される名前もある。例えばカロリング家の女性たちに見られる「ギーゼラ/ジゼル」(Gisela/Giselle)は、異説もあるが、「高貴な子」で、さしずめ「貴子」さんといったところである。

命名方法

さて、中世の初期においては、貴族であれ農民であれ一般に、生まれた子に対し、両親を含む親族のうちの誰か二名の名前から、前半部あるいは後半部を一つずつとって、それを組合せて命名された。

例えば九世紀初頭、パリのサン・ジェルマン・デ・プレ修道院のとある所領の農民テウトリクス(Teud-ricus)とその妻エルメンベルタ(Ermen-berta)には息子が三人、娘一人がいた。テウトハルドゥス(Teut-hardus)、エルメンタリウス(Ermen-tarius)、テウトベルトゥス(Teut-bertus)、そしてエルメンティルディス(Ermen-tildis)である。典型的なのは三男と思われるテウトベルトゥスで、この名前は幹音節と終音節のいずれもが両親の名前からとられている(ベルトゥス-bertus は女性名詞ベルタ-berta を男性名詞の形にしたもの)。他の三名の名前の終音節の由来については、残念ながら、史料から辿ることはできないが、幹音節はみな、両親の名前からとられているのが分かっていただけるであろう。

五世紀～八世紀半ばに登場するメロヴィング家の人びとには、似ているが、よく見ると違う、という紛らわしい名前が続出する(【表3】〈メロヴィング家略系図と人びとの名前の構成例〉を参照)。それは彼らの活動していた時代においては、右に述べた命名方法がよくおこなわれていたからである。

ところが八・九世紀以降になると、貴族層のもとでは別の命名方法が主流となっていく(念のため言い添えれば、農民層のもとでは右のテウトリクス一家のように先の命名方法がその後も引きつづきなされていく)。それは、生まれた子に、両親を含む親族のうちの誰か一人の名前をそのまま、つける、と

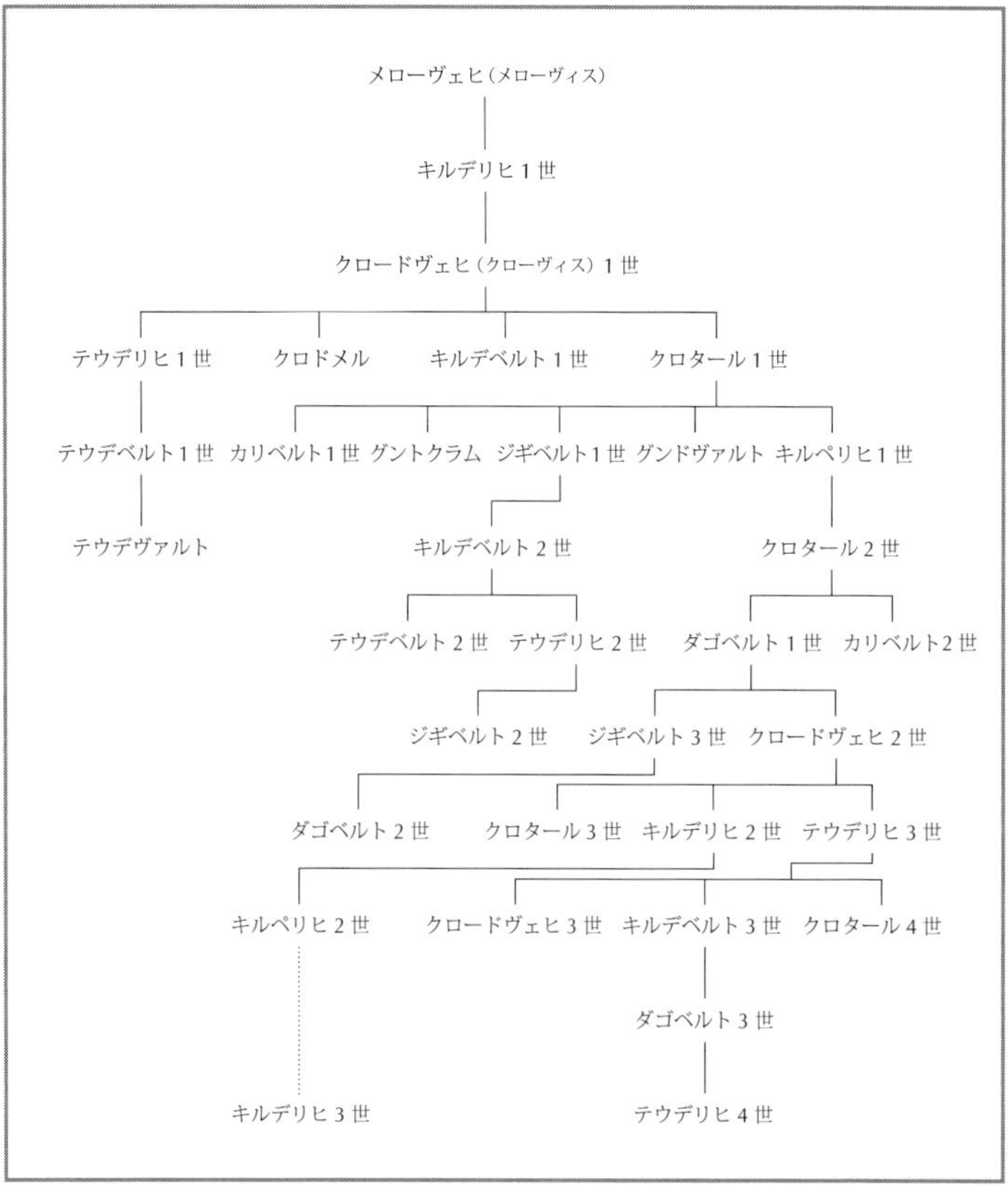

メローヴェヒ（メローヴィス）	テウデ ベルト
クロード ヴェヒ（クローヴィス）	キルデ ベルト
クロドメル	キルデ リヒ
テウデ リヒ	グンド ヴァルト
テウデ ヴァルト	グント クラム ……

［表 3］メロヴィング家略系図と人びとの名前の構成例

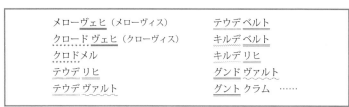

いうもの、つまり親族の誰かある人物にちなんでその人物の名前をつける、というものである。例えば、西フランク王シャルル三世（単純王、八七九年生まれ）はその祖父シャルル禿頭王（八七七年没）にちなんでこの名前をつけられたが、そのいきさつを先にもあげた『レギノー年代記』（九〇八年頃）はつぎのように語る。

この王（ルイ二世、吃音王、シャルル禿頭王の長子、八七九年没）は身重の彼女（王妃アーデルハイト）を残して死去した。月が満ちて男子が生まれ、彼女は祖父（シャルル禿頭王）の名をつけてシャルルと呼ばせた。

もう一例、ドイツ王・皇帝オットー一世（大帝、九七六年没）の周辺で見てみよう。彼の父はドイツ王ハインリヒ一世（捕鳥王、九三六年没）、母はマティルデ。オットー自身はおそらくは祖父オットー（ハインリヒ一世の父、九一二年没）にちなんで命名された。すぐ下の弟ハインリヒは父、つまりハインリヒ一世の名前をつけられた。長子に祖父の名前を、二男に父の名前をつけるというのは、よく見られることである。妹のひとり、ユーグ・カペーの母となるハトヴィヒは祖母（ハインリヒ一世の母）の名前をもらっている。他の弟妹、ブルンとゲルベルガ、異母兄のタンクマールは直接的に誰にちなむ名前であるかは不明であるが、これらの名前はいずれもオットー一世の一族に見られるものである。オットー一世の子供たちでは、男子ではリウドルフ、オットー（のちのドイツ王・皇帝オットー二世）、女子ではリウトガルト、マティルデなど、やはりオットー一世の一族に見られる名前が連なる。

「主導名」

ところで八・九世紀以降、貴族のもとでこの命名方法が主流となって、数世代もこれがつづけられると、つぎのような事態が生じる。すなわち、ある親族集団において、一群の同じ名前が繰り返し登場することになるのである。カロリング家でいえば、カール、カールマン、ピピン、アルヌルフ、ルードヴィヒ、ギーゼラといった名前の人物が、先のオットー一世の一族（便宜上、「オットー家」と呼んでいる）でいえば、ハインリヒ、オットー、リウドルフ、ブルン、ハトヴィヒ、リウトガルト、マティルデといった名前の人物が繰り返し登場する。この、ある親族集団に繰り返し現れる一群の名前、見方を変えると、ある親族集団に特徴的な、ともいいうる一群の名前を、研究者は「主導名」（〔ドイツ語〕Leitname）と呼んでいる。カール、カールマンなどの名前はカロリング家に繰り返し登場し、それ故にカロリング家に特徴的な名前、つまりカロリング家の主導名であり、ハインリヒ、オットーなどの名前はオットー家の主導名である。

主導名についてもう少し見ていこう。カペー家では、ロベール、ウード、ユーグ、エマなどが主導名と捉えられる。ところで中世初期に主流であった命名方法、すなわち生まれてきた子に、親族のうちの誰か二名の名前から、前半部あるいは後半部を一つずつとって、それを組合せて名づける、という命名方法にあっても、世代を重ねるうちに、同じ組合せが現れる割合は当然大きくなっていく。つまり長い世代スパンで見るならば、この命名方法でも、同じ名前（前半部と後半部が同じ組合せの名前）が捉えられることになる。例えばメロヴィング家の場合のように、二七〇年余の長い期間にわたって存続してきた（われわれが追跡できる）一族ともなると、短い世代スパンでは、似ているが、よく見ると違う、という名前の人物がつづくが、長い世代スパンでは、クロードヴェヒ（クローヴィス）、キルデベルト、クロタール、ダゴベルトといった同じ名前の人物が登場する。そこで研究者はこれらをも主導名、メロヴィング家の主導名として捉えている。

こうした命名方法、とりわけ親族の誰かから同じ名前をそのまますつけるという命名方法がなぜとられたのか、この背景にはどのような親族意識があったのか、そもそもその親族集団はどのような構造のものであったのか、などの問題については、章を変えてとりあげよう。ここではこうした命名方法がもたらす事態に関心を向けよう。

繰り返しになるが、中世の初期に見られた、二名の名前から一部ずつとって、それを組合せる命名方法においては、似た名前、というより一部を同じくする名前が、ある親族集団においてよく見られることになる。だが、まったくの同名の出現する頻度は短い世代スパンではそれほど大きくはない。ところが八・九世紀以降貴族層において主流となる、親族のうちの誰かの名前をそのまますつける命名方法の場合、同名の出現する頻度は親子間、近接する世代間で格段に大きくなる。

問題はそれにとどまらない。例えば九世紀後半のカロリング家の人びとを見てみよう（［系図3］〈九世紀後半カロリング家略系図〉を参照されたい）。東フランク王ルードヴィヒ（ドイツ人王、八七六年没）の子にはヒルデガルト・カールマン・ギーゼラ・ルードヴィヒ・カール（三世、肥満王、八八八年没）

らがおり、ドイツ人王の弟である西フランク王シャルル（＝カール、禿頭王、八七七年没）の子にはルイ（＝ルードヴィヒ、吃音王、八七九年没）・シャルル（＝カール）・カルロマン（＝カールマン）・エルメントゥルード・ヒルデガルト・ギーゼラらがおり、ルイ（＝ルードヴィヒ）吃音王の子にはルイ（＝ルードヴィヒ）・カルロマン（＝カールマン）・ヒルデガルト・ギーゼラ・エルメントゥルード・シャルル（＝カール、単純王、九二九年没）がいた。親子間で同じ名前が見られるだけでなく、さらには別の親子・兄弟姉妹との間でコピーしたように同じ名前の組合せが見られるのである！

区別・識別の必要の切迫化

一つの親族集団の中に同時代を生きる幾人かの同名の人びとがおり、同名の組合せのうちにいる人びともよく見られたのである。親族のうちの誰かにちなんでその名前をそのままつける命名方法が主流となって数世代をへた九世紀後半の状況がこれである。

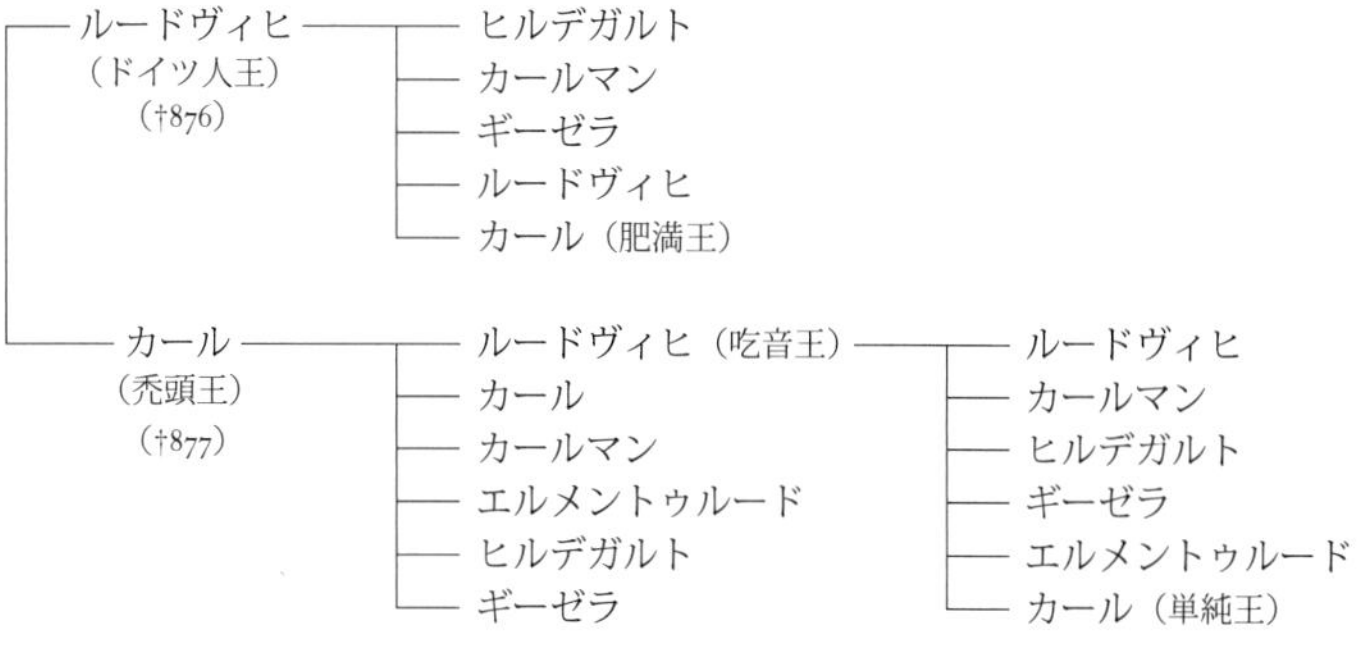

［系図３］９世紀後半カロリング家略系図

九世紀末の著述家たちがこうした状況に直面して、同名の人物を区別・識別するために何らかの工夫に、従来以上に、迫られたことは想像に難《かた》くない。例えば八七五年、イタリアを舞台としてシャルル禿頭王の西フランク軍と、ドイツ人王が派遣したその息子カールマン、カール（のちの国王カール三世、肥満王）の東フランク軍との戦いがおこなわれる。シャルル（＝カール）禿頭王とその甥にあたるカール（肥満王）は、当時の書き言葉であるラテン語では、ともに《Karolus/Carolus》と記される。同時代のイタリアの著述家たちは両軍の戦いの記述で、シャルルを《Karolus《カロルス》》、カールを《Karoleto《カロレトー》/Karlito《カルリトー》》（小カールと訳されることが多いが、元来はカールの愛称形）と呼んで両者の区別をしている。従来であればおそらくは、前者を《Karolus maior》（年長のほうのシャルル、大シャルル）とするか、あるいは後者を《Karolus minor》（年少のほうのカール、小カール）と記すところであろうが、ここでは後者を愛称形で記して区別しているのである。

このような記述から、あだ名を使って区別・識別を容易にしようとする記述への飛躍は、あと少しの後押しでよかったであろう。カール・マルテルがあだ名で呼ばれ始め、カール大帝もあだ名を定着させたのが九世紀末頃であることも決して偶然ではあるまい。死者たちも同名の生者たちから、生者たちも同名の死者たちから、区別・識別されねばならなかったであろう。むしろ九世紀末～十世紀初の人びとが、自分たちの同時代の人びとのみならず、メロヴィング朝末期～カロリング朝前期の人びと、つまり八世紀以降の人びと、をもあだ名で呼び始めたことは、かの、同じ名前をそのままつける命名方法の浸透との関連を強く示唆する。

ただし、あだ名を用いることが九世紀末～十世紀初の段階で直ちに飛躍的に進展したというわけではない。区別・識別のための工夫はそれぞれの著述家ごとに個別におこなわれた。先にも記したように、以前よりよく使われてきた長幼の順を示す«maior/senior»(「年長のほうの」、よく「大～」と訳される)、«medianus»(「年中のほうの」、「中～」)、«minor/iunior»(「年少のほうの」、「小～」)などの形容語・名詞もなお使われつづけた。父あるいは息子の名を付しての特定(「～の息子/～の父」)、そしてあだ名。こうしたさまざまな表現が、その時々の文脈において特に決まりもなく――同一人物が、あるところでは「～の息子」、別のところでは「あだ名」で呼ばれるなど――使われて記述された。また序数を用いての呼称(「～世」)も九世紀末以降しばしば使われるようになる。こうした状況の中では、「敬虔なる者」「禿頭」の例が示しているように、すぐに個人に一つの特定のあだ名が定着したわけでも、すぐに特定のあだ名が一個人だけに定着したわけでも、またそもそも誰にでもあだ名が用いられたわけでも、なかった。

しかし、そうした中にあって、あだ名が他の方法・工夫に抜きんでて、頻繁に使用されていくことになる。いくつかある区別・識別のための工夫のうち、どうしてあだ名が他に抜きんでて隆盛を見たのだろうか。

「大」「中」「小」

長幼の順を示す«maior/senior»(「大～」)などの形容語・名詞の場合、区別・識別のためには、比較対照する人物が明確な場合でしか有効ではなく、文脈をはずれると客観性は保証されない。

加えて、それぞれの著述家ごとに、個別におこなわれるため、比較対照の基準は一定していなかった。例えば今日われわれは、カロリング家の中で宮宰職を担った三名のピピンを、年代順に「大ピピン」「中ピピン」「小ピピン（＝ピピン短軀王）」と固定的に呼びならわしているが、実際には中ピピンが、大ピピンとの関係で《Pippinus iunior》（小ピピン）と呼ばれたり、小ピピンとの関係で《Pippinus senior》（大ピピン）と呼ばれたりしている。実例で示そう。第二章で取り上げた箇所であるが、七二七年頃に書かれた作者不詳の『フランク史書』第四六章にはつぎのような表現が見られる。

> マルティヌスと故アンゼギゼル（大ピピンの娘婿）の息子、年少のほうのピピン（Pippinus iunior filius Anseghiselo quondam）

これは、中ピピンをその祖父である大ピピン（年長のほうのピピン）と区別するために、「年少のほうのピピン＝小ピピン」と呼んでいるのであり、「年少のほうのピピン」をそのまま今日われわれがいうところの「小ピピン」と読むと間違いになる。逆に、第三章で取り上げた十二世紀中葉の『ブーローニュ伯の系譜』にはつぎのような一節があった。

> 大公アンゼギゼルは宮宰ピピンの娘ベッガから年長のほうのピピン（Pippinus senior）をもうけた。大公である年長のほうのピピンはカール・マルテルをもうけた。

ここでの「年長のほうのピピン＝大ピピン」とは今日われわれがいうところの「中ピピン」のことであり、直前に宮宰ピピン（＝大ピピン）の名があるにもかかわらず、後出のピピン短軀王（＝小ピピン）との関係で、こう呼ばれているのである。

長幼の順を示す形容語・名詞は、今日でこそ固定的に呼びならわしているが、そこに至るまでの間においては、文脈をはずれると客観性は保証されず、ある人物を直ちに特定する決定打とはならないのである。

「〜の息子」

つぎに、父あるいは息子の名を付しての特定（「〜の息子／〜の父」）を考えよう。第四章で見た「パトロニミック」（patronymic、父称）の一種であるが、それは、父子間で名前が異なる場合や、父子の名前の組合せが他の父子の名前の組合せと異なる場合には、他者との区別・識別に確かに有効であろう。しかし父子間で名前が同じであるのみならず、先に見たような、親族集団の中で父子の名前の組合せもまた同じである人びともよく見受けられた状況の中では、それだけではやはり区別・識別のための決定打とはならなかったようである。例えば、地位・称号などをつけずに「ルードヴィヒの息子カール（ルイの息子シャルル）」といっただけでは、敬虔帝の息子（＝禿頭王）なのか、ドイツ人王の息子（＝肥満王）なのか、はたまた吃音王の息子（＝単純王）なのか、区別がつかないのである。

「〜世」

また、序数を用いての呼称「〜世」（原義は「〜人目の／第〜番」）も、区別・識別のためには、その地位が明示されなければ必ずしも有効とはならない。九世紀末〜十世紀初における使用状況にふれる前に、話が複雑になるが、問題点を指摘しておきたい。

「アンリ二世」も「ハインリヒ二世」も英語で表現すればともに「ヘンリ二世」となる。「フランス王」「ドイツ王」、あるいは「イギリス王」とつけ加えなければ、文脈を離れると特定しがたいことは容易に理解されよう。また「フリードリヒ二世」といっても、ドイツ王・皇帝フリードリヒ二世（在位一二一一〜一二五〇年）とプロイセン王フリードリヒ二世（大王、在位一七四〇〜一七八六年）とが別人であることはいうまでもないことであろう。しかし、ことはそれだけではない。

例えば今日われわれが「ハインリヒ三世」と固定的に呼んでいるドイツ王・皇帝は、実際には当初は「国王ハインリヒ三世」（Heinricus tercius rex、一〇四六年十一月二十五日付け国王文書など）と自称しているが、皇帝戴冠（一〇四六年十二月二十五日）後は「皇帝ハインリヒ二世」（Heinricus secundus Romanorum imperator augustus、一〇四七年一月一日付け国王文書など）と自称している。「ドイツ王＝皇帝」という図式が成り立つのは、九六二年に時のドイツ王オットー一（一世、大帝）が皇帝に戴冠されて以降のこと。オットーの父であるドイツ王ハインリヒ（一世）は皇帝になってはいない。このドイツ王ハインリヒ（一世）から数えて三人目のハインリヒという名前のドイツ王、ということで「ハインリヒ三世」は「ドイツ王ハインリヒ三世」と名乗り、皇帝としては——われわれがハインリヒ二世と呼ぶ人物がハインリヒという名前の人物では初めての皇帝ゆえ——二人目のハインリヒという名前、ということで「皇帝ハインリヒ二世」と名乗っていたわけである。

ある人物がいくつかの地位を兼ねることになれば、その地位に応じた「〜世」という呼び方が加わる。地位を離れて、例えば単に「ハインリヒ四世」といってカノッサの屈辱（一〇七七年）の当事者を指す、というのは、「今日の約束事」でしかないのであり、当人が活躍した時代においては「〜世」という呼称は、これもある人物を特定する切り札とはならなかったのである。

問題はこれにとどまらない。右で「今日の約束事」と述べたが、その基準でさえも実は名前ごとにばらばらであり、「約束事」があるのかと疑われる事例も存在するのである。

今日ドイツ王・皇帝で「ハインリヒ〜世」と呼ぶ場合、右に見たように「〜人目」とする基準は国王位であり、皇帝位ではなかった。ところが同じくドイツ王・皇帝で「カール〜世」と呼ぶ場合、「〜人目」とする基準は国王位ではなく、皇帝位である。ドイツ王「カール四世」といえば、金印勅書（一三五六年）を発布した人物として知られるが、それではドイツ王「カール三世」は誰なのか。ドイツ史の書物をいくらひも解いても、「ドイツ王カール三世」なる人物は登場しない。「カール三世」とされるのは、ドイツの前身である東フランクの国王で皇帝となった人物、今日あだ名を用いて「カール肥満王」（八八八年没）と呼ばれる人物である。あくまでも皇帝位が基準である。したがって「カール一世」とされるのはフランク王・皇帝「カール大帝」（八一四年没）である。面白いことにドイツ史で「カール二世」とされるのは、八七五年に皇帝となった「シャルル（ドイツ語でカール）禿頭王」（八七七年没）、つまりドイツ王でないどころか東フランク王でもなく、フランスの前身である西フランクの国王である。

話をさらに複雑にしたくはないのだが、今日ドイツ史でドイツ王「ルードヴィヒ～世」と呼ぶ場合、どうやら基準は「今日のドイツ地域の国王であったこと」のようなのだ。「ルードヴィヒ一世」とされるのはフランク王・皇帝「ルードヴィヒ敬虔帝」（八四〇年没）であり、皇帝位は敬虔帝からその長子ロタール（一世）、さらにその長子ルードヴィヒ（八七五年没）に受け継がれ、彼は「皇帝ルードヴィヒ二世」と呼ばれる。しかし、ドイツ史で「ルードヴィヒ二世」とされるのはヴェルダン条約（八四三年）の当事者の一人である東フランク王「ルードヴィヒ・ドイツ人王」なのである。「ルードヴィヒ三世」はその子で東フランクのザクセン・フランケン分国王（八八二年没。今日、父であるドイツ人王との関係で「年少のほうの」ルードヴィヒ Ludwig der Jüngere と呼ばれ、日本語では少年王、青年王、若王などと訳されることがあるが、いずれも適訳とはいい難い）。「ルードヴィヒ四世」は東フランク王で、その死をもって東フランクのカロリング家が断絶する「ルードヴィヒ幼童王」（九一一年没）。ところが中世後期、いわゆる跳躍選挙時代のドイツ王・皇帝で、バイエルンのヴィッテルスバハ家出身ということで「ルードヴィヒ・バイエルン人」（Ludwig der Bayer）と呼ばれる「ルードヴィヒ四世」（在位一三一四～四七年）がいる。実は、この場合は「皇帝位」が基準のようである。十世紀初めにプロヴァンス王ルードヴィヒ（フランス語でルイ、盲目王）が皇帝位につき（九〇一年）、この人物が皇帝位についた三人目のルードヴィヒということで、「皇帝ルードヴィヒ三世」と呼ばれる。ルードヴィヒ・バイエルン人はドイツ王として五人目のルードヴィヒということで「ルードヴィヒ五世」と呼ばれるべきところではあるが、皇帝位を優先して、皇帝として四人目のルードヴィヒということで「皇帝ルードヴィヒ四世」とされるのである。「ハインリヒ」

の場合とは逆である。

事情はフランス史でも変わらない。今日フランス王「ルイ〜世」、および「シャルル〜世」という場合、ドイツ史の場合と同様、フランスの前身であるフランク、そして西フランクの国王であった人物から起算している。「ルイ一世」はフランク王・皇帝「ルイ（ドイツ語でルードヴィヒ）敬虔帝」、ドイツ王としてのルードヴィヒ一世と同一人物である。「ルイ二世」は西フランク「ルイ吃音王」（八七九年没）、「ルイ三世」は八八二年に早世した吃音王の長子、「ルイ四世」は「ルイ渡海王」（九五四年没）、「ルイ五世」は「ルイ無為王」（九八七年没）。いずれもカロリング家の西フランク王である。フランス王として登場するのはカペー家の「ルイ六世」（在位一一〇八〜三七年）からである。

フランス王シャルルも同様に、といいたいところであるが、こちらはさらに錯綜している。フランスの前身であるフランク・西フランクの国王であった人物から起算するという点ではルイの場合と同じであるが、なぜかどこかで数え間違いが生じているようなのである。西フランク王「シャルル単純王」（九二九年没）を、「シャルル三世」とする点では今日、みな、一致している。しかし、彼より前に「シャルル」という名前のフランク・西フランク王が三名いるのである。「カール大帝（フランス語でシャルルマーニュ、シャルル大帝）」（八一四年没）、「シャルル禿頭王」（八七七年没）、そして三人目が「シャルル肥満王」、つまり東フランク王・皇帝「カール三世（肥満王）」である。カール肥満王は、西フランク王カルロマンの死後（八八四年没）、八八五年に西フランク王位を継承して西フランク王となり、同時にこれをもってフランク王国は彼のもとで、一時的にではあるが、再統合されたのである。シャルル単純王の「シャルル三世」への同定が動かないとなると、他の三名はいったい何世とよばれるのか。

日本語の書物で見てみよう。『新版 世界各国史12 フランス史』（山川出版社、二〇〇一年）の巻末付録にあるカロリング家の系図では、禿頭王を「シャルル一世」とし、シャルル二世にはふれず、単純王を「シャルル三世」とする。カール大帝は「シャルルマーニュ」と記される。右の書物の旧版にあたる『世界各国史2 フランス史（新版）』（山川出版社、一九六八年）の巻末付録にあるカロリング家の系図では、禿頭王と肥満王をともに「シャルル二世」とし、単純王を「シャルル三世」とする。ここでもカール大帝は「シャルルマーニュ」である。かなり古くなってしまうが『世界の歴史8 ヨーロッパ封建社会』（筑摩書房、一九六一年）の巻末の各国元首対照表および系図では、禿頭王を「シャルル一世」、肥満王を「シャルル二世」、そして単純王を「シャルル三世」とする。カール大帝はここでも「シャルルマーニュ」である。しかして『世界歴史体系 フランス史1 先史～15世紀』（山川出版社、一九九五年）の巻末付録の年表における歴代統治者欄では、カール大帝を「シャルル一世」、禿頭王を「シャルル二世」、単純王を「シャルル三世」とし、肥満王は「カール三世」と記されている。要は「フランス王シャルル」に関しては「今日の約束事」すらないのである。

話が現代での使用例にまで及んでしまったが、九世紀末～十世紀初には実際どのように使われていたのだろうか、話題を戻そう。

先にもふれたが、序数を用いての呼称（「～世」）がよく使われるようになるのは九世紀末以降であり、メロヴィング朝の国王たちはもとより、カロリング朝の国王たちも自ら「〜世」と称してはいない。多くの場合、後代の人びとがつけ加えたものである。しかも「今日の約束事」が初めから出来上がっていたわけではない。「〜世」の早期の使用例を二三示そう。

すでに何回か取り上げた、ザンクト・ガレン修道院の修道士ノトカーが八八〇年代に著した『カール大帝業績録』の第二巻・第二〇章の冒頭。

さらに私は最初の、ルードヴィヒ（Hludowicus *prior*）の仁徳について述べて、そのあとでカール（大帝）へ戻らねばならない。

«prior» はもともと «primus»（第一の）の比較級で、「より前のほうの」という意味であり、«maior/senior»（年長のほうの）と同じような意味合いである。«Hludowicus prior» は「最初のルードヴィヒ」、訳しきって「ルードヴィヒ一世」となろう。いうまでもなく、ルードヴィヒ敬虔帝のことである。ただ、ここではどうやらカロリング家の中でルードヴィヒという名の最初の人ということで、皇帝とか国王とかいった基準が考えられているわけではないようである。

より直截な例を九〇八年頃の『レギノー年代記』八八八年の条項から示そう。カール三世肥満王の死を告げる箇所である。

主の化肉から八八八年、カール、この名前と栄位の三人目の皇帝（Carolus imperator, *tertius* huius nominis et dignitatis）が一月十二日に死去した。

「カールという名の三人目の（tertius）皇帝」、まさに「皇帝カール三世」である。ノトカー、レギノーに見られる事例においては問題は生じていないが、つぎの、十世紀初め、パリのサン・ジェルマン・デ・プレ修道院で書かれた『サン・ジェルマン小年代記』の八七八年の条項においては、右に縷々述べてきた問題点の一つが見て取れる。シャルル禿頭王の死（八七七年没）がつぎのように報告される（なお、文の真ん中の「禿頭の」（calvus）の部分は後代――十世紀のうちの――の挿入である）。

皇帝ルイ（ルードヴィヒ）の息子、禿頭の、三番目のシャルル（カール）（Karolus *tertius* calvus Ludovici imperatoris filius）が死去した。

これを記した逸名の修道士はシャルル禿頭王を「三番目のシャルル（カール）」（Karolus tertius）＝「シャルル三世」と呼んでいるが、どうやらそれは禿頭王をカール・マルテル、カール大帝につづく三人目のカールと見ているのであり、ここでの基準はフランク王・皇帝などの称号を有したことではなく（カール・マルテルは国王でも皇帝でもなかった）、フランク・西フランク王国を実際に支配していたことのようである。あるいは単純にカロリング家で三人目のカール（シャルル）である――カール大帝の早世した同名の息子を無視することになるが――と見ていたのかもしれない。

いずれにせよ独自の基準、数え方であり、禿頭王であることを識別させる意図あってのこととしても、むしろ、これを付加したことで読む者を困惑させる。

区別・識別でのあだ名の有効性

「〜世」という呼称も、残念ながらある人物を区別・識別する決定打にはなっていなかったのである。ちなみに先の日本の書物で見た「シャルル一世・二世」の同定の問題は、欧文文献ではどうなっているかというと、ほとんどのものが「〜世」と記してはいない。「カール大帝（シャルルマーニュ）」「シャルル禿頭王」「シャルル（カール）肥満王」「シャルル単純王」と、あだ名で済ませてしまっている。「今日の約束事」すら決まっていない中、このほうが合理的・合目的的ということであろう。この意味で先の『サン・ジェルマン小年代記』の記述に後代の人が「禿頭の」（calvus）を付け加えたことは示唆的である。その人物にとって、そして今日のわれわれにとっても、あだ名は――同じあだ名の人物がいる可能性があるとしても――ある人物を識別するのに、他の方法に比べ、格段に有効であったのである。

第三章でわれわれは、ヨーロッパ中世における「あだ名文化」の始まりが九世紀末〜十世紀初の時期に置かれることを確かめるべく、三つ時期の文章を比較した。九世紀初のアインハルトの『カール大帝伝』、九世紀末のノトカーの『カール大帝業績録』、十二世紀中葉の作者不詳の『ブーローニュ伯の系譜』である。そこでもふれたことを、本章でのわれわれの関心にしたがって、再度指摘しておこう。アインハルトにおいては、あだ名が呼称にまだほとんど用いられておらず、そのため誰が誰であるか一読では非常に分かりにくかった。ノトカーにおいては、長幼の順を示す《maior》（「大〜」）、《iunior》（「小〜」）などの形容語・名詞とともに、あだ名が用いられていた。冗長な称揚語の中にあって読みづらいものの、こと、誰が誰であるかという点では明確に読み取れた。『ブーローニュ伯の系譜』は、文章の単調さ、内容のなさを措くとして、あだ名の直截な使用とそれによる人物の同定・比定に関しては、格段に明確であった。

まとめよう。九世紀後半以降、貴族たちのもとで親から子、子から孫へと同じ名前が受け継がれる特異な命名方法が浸透して数世代がたち、名前を取り巻く状況が区別・識別の問題の上で深刻化する中、問題への対処・解決のためにさまざまな方法・工夫が、時に単独でではなく組合せて、用いられた。あだ名もそうした方法の一つであったが、他の方法・工夫に比べると、比較的容易に、そして確実に個人を特定・識別できた。おそらくはあだ名のこの利点が、あだ名使用の急増した理由であろう。ただし、すぐに個人に特定のあだ名が定着したわけでも、すぐに特定のあだ名が一個人だけに定着したわけでも、またそもそも誰にでもあだ名が用いられたわけでもなかったが。

「私的な空間」の中のあだ名の活性化

ところで、九世紀末〜十世紀初の人びとが、直面した課題にあだ名の使用をもって当たり、それを契機にあだ名を付して呼ぶことが増加していくという事態、あだ名の側から見るなら、あだ名が個人を特定し、他者と区別・識別するべく多用されるようになるという事態、それは、必然的に「私的な空間」の中にあったあだ名を「公然性」の中へ解き放とう。元来さまざまなニュアンスを含んでいたあだ名が、極端な場合、ニュアンスを排した使われ方へ進むことにもなろう。対象者を識別するための単なる「記号」ともなろう。

しかしひとたび「公然性」の中へ解き放たれたあだ名は、ニュアンスを排した、ある人物を区別・識別する「記号」として機能する一方、それにとどまらず、人びとの関心をもともとの、ニュアンスをともなう「私的な空間」の中のあだ名へとも誘《いざな》おう。例えば何度も取り上げた十一世紀初に『歴史』(『年代記』)を著したシャバンヌのアデマールを見てみよう。彼はこの歴史叙述を、登場人物たちに「記号」たるあだ名を付してものする一方で、そうしたあだ名について、自身に近い時代の人物、例えばギョーム・タイユフェル(九四五年頃没)らのあだ名については、おそらくは身近に流布していたと思われる伝承を書き記し、遠い過去の人物であるカール・マルテル(七四一年没)のあだ名については、われわれの推測が正しいとするなら、おそらくはその由来に思いを馳せ、独自の理解・解釈を開陳していた。ピピンのあだ名——アデマールにおいて初めて見られた——の登場もこの文脈の中で生じたのであろう。「公然性」の中のあだ名がニュアンスをともなう「私的な空間」の中のあだ名を教え伝えるきっかけとなったり、真偽の定かでない新たな伝承を生じさせたりもするのである。そうした例として、第七章において「ユーグ・カペー」のあだ名を取り上げよう。ここでは「公然性」の中のあだ名が登場することにより、本来「私的な空間」の中にとどまっていたあだ名が活性化・表面化——記憶の再構築や記録化、さらには創作——を促された側面もあることを指摘しておきたい。「私的な空間」の中のあだ名と「公然性」の中のあだ名とが相俟《ま》って、「あだ名文化」とも表現した、大挙してあだ名が登場する状況を、ヨーロッパ中世にもたらしたといえよう。

命名に投影されている親族意識・帰属意識

さて、右においてわれわれは「あだ名文化」が生まれた背景として、ゲルマン系のヨーロッパの人びとの名前のありよう——一つには個人名しかなかったこと、今一つには親から子、子から孫へ同じ名前をつけるという特異な命名方法がおこなわれてきたこと——から、九世紀末〜十世紀初の人びとが区別・識別の問題に、従来にも増して、直面し、その解決のための工夫の一つとして、あだ名の使用がなされたとみられることを確認してきた。

しかし考えてみれば、個人名しかないことだけでも区別・識別の問題にとっては、ことは簡単ではないはずである。われわれは第四章において、ゲルマン系の人びとと同様に個人名しかもたなかった古代ギリシア人が、父の名を付して呼称としていたことを見た。個人名しかないことは、それだけでも、個々人を区別・識別することを困難にしていたのだ。ヨーロッパ中世の人びとの場合、問題はこの先にある。個人名しかない、それだけでも区別・識別の点で容易ではないはずであるのに、それなのに、なぜ、ヨーロッパ中世の人びと、とくに支配者層の人びとのもとでは、事態をより困難にすると思われる、かの、同じ名前をつけるという特異な命名方法がつづけられたのであろうか。引きつづき、この問題を考えていこう。

子どもに両親を含む親族の誰かにちなんでその人の名前をつけるという命名方法の場合、子にとってその親族とはどのような人たちであったのであろうか。その親族とは、ごくありふれた区分でいうと、父方の親族であったのか、母方の親族であったのか、それとも父母の両方の親族であったのか、どうなのだろう。

ここで十世紀のドイツの王家であるオットー家と、十一世紀ドイツの王家であるザーリアー家の人びとの名前を見てみよう（もとより「オットー家」「ザーリアー家」という家名は後世につけられたものである）。【系図4】〈オットー家・ザーリアー家略系図〉を参照されたい。

両家の系譜関係は、オットー朝第二代国王オットー一世（大帝、在位九三六～九七三年）の娘リウトガルトとロートリンゲン大公コンラート（赤公）とが結婚し、両者のひ孫であるコンラートが、オットー朝最後の国王ハインリヒ二世（在位一〇〇二～一〇二四年）の死後、ドイツ王位を継いでザーリアー朝初代国王コンラート二世（在位一〇二四～一〇三九年）として登場する、というつながりである。ちなみにザーリアー朝はコンラート二世から、ハインリヒ三世（在位一〇三九～一〇五六年）、カノッサの屈辱で知られるハインリヒ四世（在位一〇五六～一一〇六年）、そしてハインリヒ五世（在位一一〇六～一一二五年）と、四代つづくことになる。

注目してもらいたい第一点は、今日「ザーリアー家」と呼んでいる一族に、コンラート、ハインリヒ、ブルンといった名前が複数連なっていることである（略系図の中でさえコンラートは赤公以

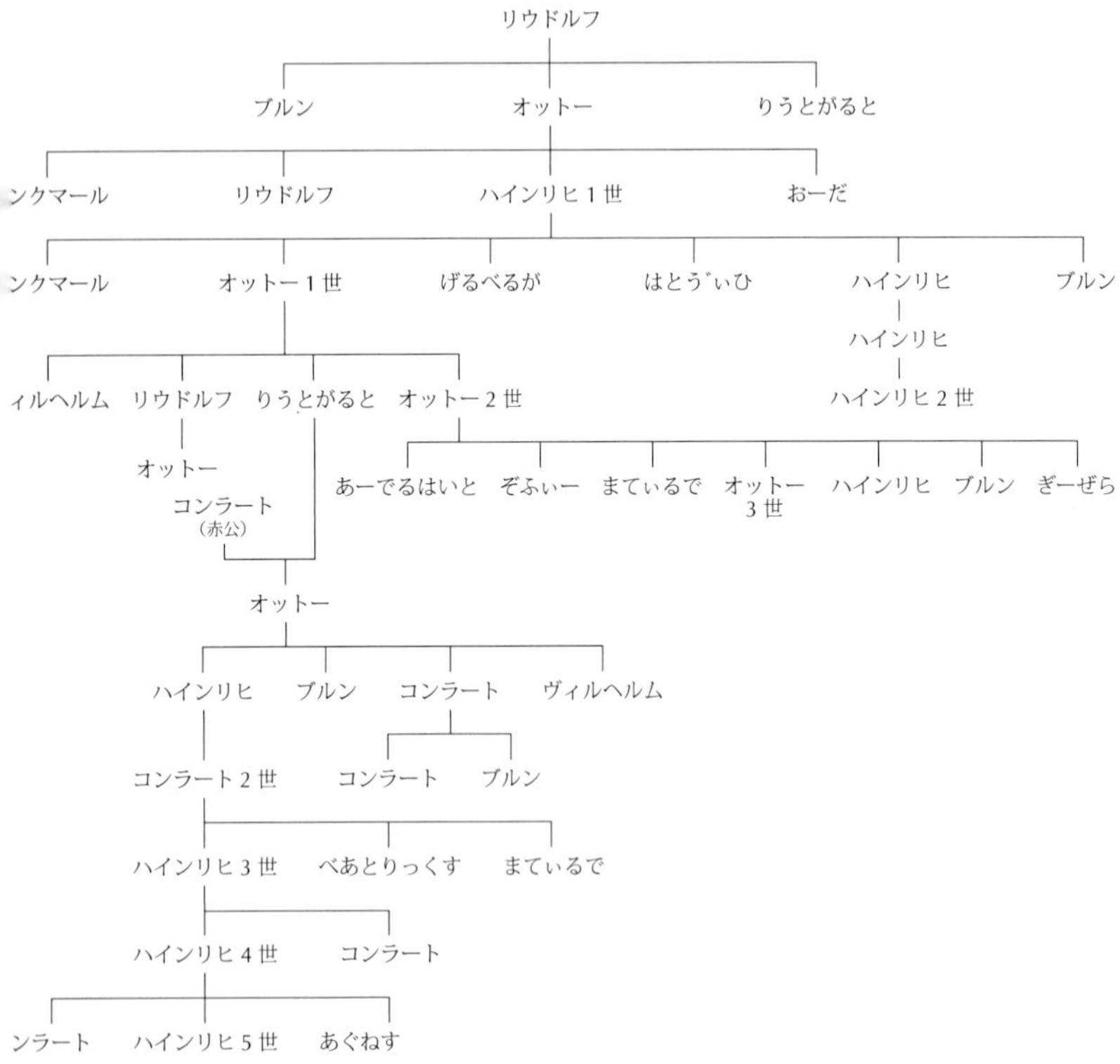

[系図4] オットー家・ザーリアー家略系図

＊カタカナは男性、ひらがなは女性を示す

外に五人、ハインリヒは四人登場している)。本章前半で取り上げた「主導名」を考えよう。「ザーリアー家」の「主導名」は何か、と問うならば、当然コンラート、ハインリヒ、ブルンという名前があげられよう。しかしわれわれの視点を国王オットー一世の娘リウトガルトと、その夫コンラート赤公という夫妻において、この系図全体を見直してみよう。主導名の一つコンラートという名前は、この夫妻のうち、明らかに夫である赤公コンラートからとられ、伝えられていっている。一方、ハインリヒとブルンという主導名は、この夫妻のうち、妻リウトガルトの一族であるオットー家からとられ、伝えられてきている。ハインリヒとブルンという名前はオットー家の主導名に他ならない。つまりコンラート赤公・リウトガルト夫妻の両方の一族の名前、すなわち両一族の主導名が、「ザーリアー家」に受け継がれ、同家の主導名となっているのである。

注目してもらいたい第二点は、コンラート赤公・リウトガルト夫妻の息子の名前、オットー(九四八年生まれ)である。この名前は誰にちなんでつけられたものであろうか。誰からもらったものであろうか。先にもふれたように最初に生まれた男子に祖父の名をつけることはよくおこなわれた。おそらくは祖父、母リウトガルトの父であるオットー(国王・皇帝オットー一世)にちなんで名づけられたのであろう。しかしなぜ、母の父、なのであろうか。祖父はもう一人いる。父コンラートの父である。略系図では記されていないが、彼の名前はヴェルナーであった。なぜ、ヴェルナーではなくオットーだったのか。

母方の祖父オットーはドイツ王であった。対するに父方の祖父ヴェルナーはフランケン地方の「伯」、おそらくはナーエガウ、シュパイアーガウ、ヴォルムスガウにおける伯であり、決して伯を勝手に名乗ったような小領主層に属する貴族ではないと考えられる。しかしそれでもこの人物については、今日、ドイツ王の女婿《じょせい》となりロートリンゲン大公となったコンラート赤公の父、としてしか知られない。名前が知られるのも、コンラート赤公の父だからでしかない。祖父といっても、母方の祖父のほうが格段に高い地位にあった。生まれた子が誰の孫であるか、と考えた場合、どうしても国王の孫という位置づけのほうが優先されたのであろう。

このことを念頭において、今度はこのオットーと名づけられた人物の子供たちの名前を見てみよう。ハインリヒ、ブルン（のちの教皇グレゴリウス五世）、コンラート、ヴィルヘルム。ハインリヒ、ブルンはオットー家伝来の主導名であり、ヴィルヘルムはオットーの母リウトガルトの異母兄、マインツ大司教ヴィルヘルムの名前である。コンラートはオットーの父、コンラート赤公からとられていよう。すなわちオットーは四人の息子のうち、三人に自分の母方の名前を、一人に自分の父方の名前をつけている。どうやらオットーにとって、父方の親族集団よりも、母方の親族集団、すなわちこの場合王家であるそれのほうが近しかったようである。

右では「王家」たるオットー家とつながるザーリアー家の人びとの命名を見てきたが、王家という極端な例をあげるまでもなく、命名に関しては一般的に、つぎのようにいうことができる。一つには、名前は基本的には、父系（男系）・母系

◀作成時である13世紀前半までの皇帝・国王たちが、みな、ドイツ王ハインリヒ1世・王妃マティルデ（上部二重円）夫妻を祖とする親族集団に属することを示した系譜図。ドイツ王家であるオットー家、ザーリアー家、シュタウファー家、そしてフランスの王家カペー家の主だった人びとが描かれる。例えばオットー1世は4段目中央、ハインリヒ4世は下から3段目右から二人目、フリードリヒ1世（赤髭王）は最下段右から2人目、ユーグ・カペーは5段目左端に描かれている。

［図15］オットー家一門系譜図
ケルン、ザンクト・パンタレオン修道院『年代記』挿画、13 世紀
ヴォルフェンビュッテル、アウグスト大公図書館蔵

（女系）双方の親族からとられる（伝わる）。しかし第二に、通例、父系か母系かを問わず、政治的・社会的に上位の親族集団の名前が優先的に選ばれるのである。最高位の親族集団である王家の名前は、それゆえ優先して選ばれ、その結果、王家の名前は何世代にもわたってつづくことになる。

このことを別の観点からいうならば、つぎのようになろう。ある人物にとっての親族集団とは、第一に、基本的には男女両系の親族集団から成る。しかし第二に、その人物においては、男系か女系かを問わず、政治的・社会的に上位の親族集団への帰属意識が強いのである。

名前のもつ意味、主導名のもつ意味

ここであらためて、なぜ、かの、区別・識別の問題をより困難にするはずの、同名＝父祖伝来の名前をつけるという命名方法がつづけられたのか、考えてみよう。同名＝父祖伝来の名前をつけることがもつ効用に目を向けよう。親や親族の誰かと同じ名前をもつということ、それは、名前によってその子がどのような親族集団に属するかが分かる、ということである。前期中世の人びとには姓（家名）はなかった。姓（家名）がなく、個人名しかない世界であったからこそ、子にその親族にあたる誰かの名前にちなんで命名することで、つまりは個人名を通して、子がどのような親族集団の一員であるかが明確になるのである。カールと名づけることでカールという名前を代々受継いでいる親族集団（つまりはカロリング家とわれわれが呼ぶ親族集団）に属していること、オットーと名づけることでオットーという名前を代々受け継いでいる親族集団（つまりはオットー家とわれわれが呼ぶ親族集団）に属していることが示し、示されるのである。

命名にあたって重視されたものは、何であったのか。それは、おそらくは区別・識別の問題ではなかった。たとえ区別・識別の点で第三者にとっては困難が伴われようと、子にとってはその名前から、極端な例でいえば「王家」の一員であることが分かるほうが、有利なのである。「アイデンティティー」という言葉を用いるなら、今日のわれわれはそこに、個々人が他の人たちの中に埋没せずに、自己の存在を主張・確認できるということを重視しよう。だから子への命名にも凝ることになろう。しかしかの中世の人びとにとって「アイデンティティー」とは、そうしたことよりも、どのような親族集団に属しているか、という意味において問題にされたのであり、そのことのほうがはるかに重要であったのである。

主導名たる名前（個人名）は、個人の名前をあらわすだけではなく、その名前の人物がどのような親族集団に属するかを示す役割をも、換言すれば、姓（家名）の役割をも合わせもっていたのである。

余話――オットー家は断絶したのか

ザーリアー家は通例、オットー家とは別の一門・親族集団と見なされ、オットー家の断絶にともなって、女系でつながるこの一門がドイツ王位を相続した、とされる。しかし本当にそうなのであろうか。

コンラート赤公・リウトガルト夫妻の息子オットーの場合、右に見てきたように、彼自身は自分が今日われわれがいうところのザーリアー家の一員であると思っていたというより、明らかに今日われわれがいうところの「オットー家」への帰属意識のほうが強い。彼、および彼の子孫（われわれが「ザーリアー家」とよぶ十一世紀の親族集団）にとってオットー家とは自分たちが帰属する親族集団そのものであり、この限りにおいて、オットー家は断絶してはいない、といわねばならない。

姓（家名）がない時代のこうした親族集団について、これをもっぱら「男系」中心で捉えてしまう、後世の見方、否、今日までつづく見方は、短絡的であり、誤りである。次章であらためてこの問題を含め、中世の、特に貴族の、親族集団の構造を取り上げよう。

第Ⅵ章

中世貴族の家門意識はいかにして形成されたか

▼「あだ名文化」の背景を探る(二)

ある人物にとって自己の親族集団は、基本的には男女両系（父方・母方両方）の親族集団から成るが、しかしその人物においては、男系（父系）か女系（母系）かを問わず、政治的・社会的に上位の親族集団に帰属している、という意識が強くもたれる傾向にある。前章では中世の人びとの親族意識、帰属意識について、右の点を確認した。それでは逆に、このような意識のもとでの親族集団とは、どのようなもの——少し大袈裟だが構造という言葉を用いていうと、どのような構造のもの——であったのであろうか。本章ではこの問題を、自己の親族集団をことに意識していたと考えられる貴族の場合で考えていこう。

貴族の同属意識

貴族が自己の親族集団をことに意識していたと考えられる、といったのは、貴族と呼ばれる人びとの存立基盤がまさにそこにあったからである。

貴族とは何か、どのような人びとであったのか。中世ヨーロッパに登場する貴族についてはこれまでに何度もふれてきたが、あらためて貴族とは何かと問いかけるとなると、これに一義的に答えるのは容易ではない。ただ、中世前期に関していうなら、貴族とは何らかの特権をもった法的な身分というものではなく、社会的に認知された身分でしかない。どういうことかというと、貴族というのは、第一に、「高貴な出自」への誇りという自己認識に支えられた人であり、大袈裟にいえばそれ以上のものでもそれ以下のものでもない。

例えば英語で貴族を表す«nobility《ノビリティ》»という語は«noble《ノウブル》»、つまり「高貴な」という形容詞から来ており、「高貴な人」以外の何ものでもない。フランス語の«noblesse《ノブレス》－noble《ノーブル》»しかり、ドイツ語の«Adel《アーデル》－edel《エーデル》»しかり。もちろん実際には「豊かな所領」という物的・経済的基盤に裏づけされてこそ、誇れるものではあったが。

いずれにせよ中世前期の貴族は何よりも「高貴な出自」を誇り、自他ともにそう認識し、認識されていた人びとであった。例えばカール・マルテルは、ルクセンブルクに所在するエヒテルナハ修道院に宛てた所領寄進状でつぎのように名乗っている。

わたくし、神のみ名において高貴なる者カール、宮宰、故ピピンの息子は……

さて、自分の「出自」に関しては、誰しもが自分の力ではどうにもならない。ある人物が貴族と名乗る、つまりその人物が自分の「出自」の「高貴さ」を誇って自らを「高貴なる者」と呼ぶ。そこには、当然背後に、その人物が依拠し立脚する、「高貴な出自」意識を共有する親族集団が存在していなければならない。否、存在していたはずである。そしてその人物においては、かような親族集団への強い帰属意識、皆が一つの同じ親族集団に属しているのだという同属意識が存在していたはずである。

右のカール・マルテルの例でいえば、何よりも「カロリング家の者」であるということ、この一族、この親族集団の一員であるということが、彼の「高貴さ」の拠って立つところであった。

同属意識の表現と主導名の役割

それでは貴族が貴族たることを依拠したところの、「高貴な出自」意識を共有する親族集団への帰属意識・同属意識は、具体的には一体どのように表されていたのであろうか。

右のカール・マルテルの例では「カロリング家の者」という表現を使ってしまったが、これまでの章でふれたように、この呼称は後世になってから用いられたものであり、この時代には姓（家名）はまだなかった。姓があれば、右の帰属意識・同属意識はおのずとこれによって表されようが、姓が誕生する以前の中世前期においては、ある親族集団を「〜家」とは表しえず、それに属することを「〜家の者」と表すこともできなかった。ではどのように表したのか。

ここで前章での、命名に投影されている親族意識・帰属意識の問題を想起しよう。なぜ、生まれてきた子どもに両親を含む親族の誰かにちなんで同じ名前を、区別・識別の観点からいえば事態をより困難にするはずの同じ名前を、つけたのであろうか。それは、同じ名前をつけることのもつ効用、生まれてきた子どもがどのような親族集団に属するのかが、その個人名を通して示されるからであった。個人名はそこでは「姓（家名）」の役割をも併せもっていた。貴族が有したはずの、「高貴な出自」意識を共有する親族集団への帰属意識・同属意識は、先祖伝来・父祖伝来の名前、つまり主導名で表されたのである。（以下、**［模式図1］**を参照されたい。）

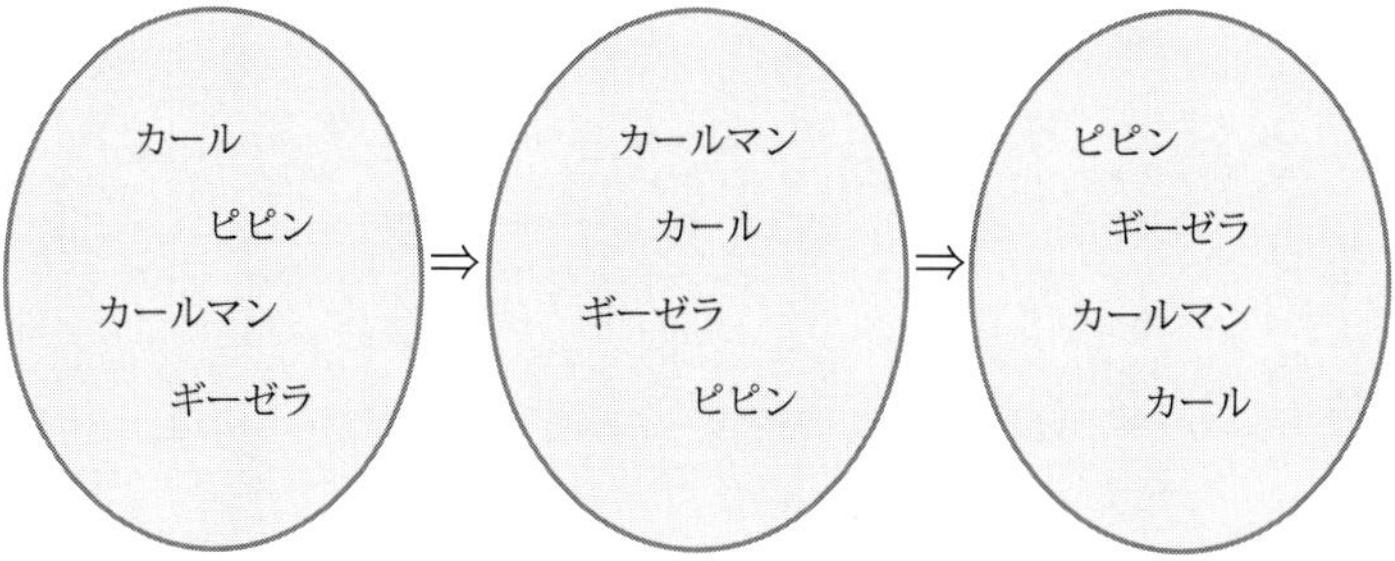

・主導名による命名 → 主導名の組合せによって表される親族集団（今日カロリング家と呼ぶ親族集団）への帰属を示す
・逆に、主導名の継受 → 主導名の組合せによって表される親族集団の同属意識（カロリング家という意識）を継続させる

［模式図１］貴族の同属意識と主導名の役割

例えば、生まれてきた子がカール、ピピン、カールマン、ギーゼラといった名前を主導名としてもつ親族集団（今日「カロリング家」と呼ぶ親族集団）に属することは、カールやピピンやカールマンといった主導名をつけることで表すことができた。同様にオットー、ハインリヒ、ブルン、リウドルフといった名前を主導名としてもつ親族集団（今日「オットー家」と呼ぶ親族集団）に属することは、オットーやハインリヒやブルンといった名前をつけることで表された。主導名を命名することで、その主導名によって示される親族集団に属することが表された。すなわち貴族の親族集団の帰属意識・同属意識は、主導名によって表されたのである。

ところで、子に主導名を命名することで、子がその主導名をもつ親族集団へ帰属することを示す、という構図には、もう一つの側面がある。

例えば今日「カロリング家」と呼ぶ親族集団それ自体は、姓（家名）もないのに、どのように保持され、受け継がれていったのであろうか。その親族集団意識はどのように保持され、次世代、次々世代へ受け継がれたのであろうか。

カール、ピピン、カールマン、ギーゼラといった名前をもつ一つの親族集団、言い方を変えるなら、これらの主導名によって帰属意識・同属意識が表される一つの親族集団では、つぎの世代にもこれらの名前が受け継がれる。この新たな世代においても、自分たちはカール、ピピン、カールマン、ギーゼラといった主導名によって表される親族集団である、との認識がもたれる。そしてこの世代も子らに自己の親族集団の主導名を命名することで、子らがその親族集団に属することを示す。それにより、その子らの世代もまた、自分たちをカール、ピピン、カールマン、ギーゼラといった主導名によって表される親族集団である、と認識する。こうして親族集団への帰属意識・同属意識、延《ひ》いては親族集団意識は、主導名を受け継いでいくことによって堅持され、継承されていく。個人名＝主導名はこの意味においても、姓（家名）の役割をも合わせもっていた。

貴族の、「高貴な出自」意識を共有する親族集団への帰属意識・同属意識は、父祖伝来の個人名＝主導名によって表されるのと同時に、逆に、主導名が受け継がれることによって、親族集団の同属意識、つまりは「〜家」に相当する意識、延いては親族集団自体が、保持され、継承されていった。主導名はこのように二重の機能をもっており、貴族の帰属意識・同属意識にとって、延いては貴族の親族集団の存続にとって、重要な鍵となっていた。

姓なき時代の貴族の親族集団意識

ところで右のような親族集団の帰属意識・同属意識のありようのもと、親は、子供に命名する

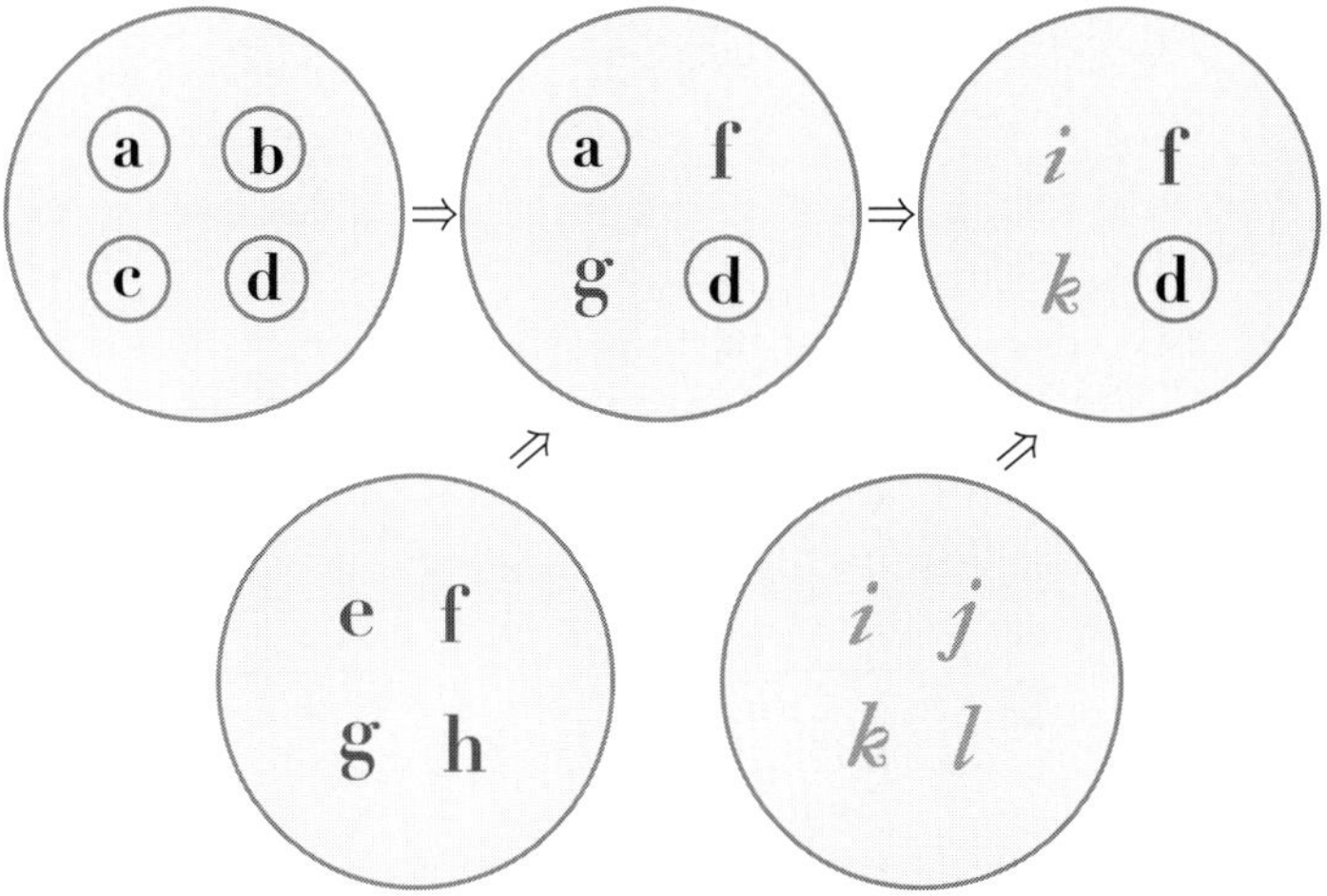

［模式図２］主導名　継受の概念図

さい、当然、自己の親族集団が未来永劫につづくことを願って命名するのであろうが、その親族集団は実際に永久・不変的なものであったのか。姓こそないが、「〜家」意識に相当する意識は、実際に連綿と受け継がれていったのであろうか。

名前は父系・母系の両系からとられ、ある人物にとっての親族集団とは基本的には父系・母系の両系の親族集団から成る、ということから出発しよう。原理的にはつぎのような構図となる。（以下、**［模式図2］**を参照されたい。）

子に命名するさい選ばれる名は、父系・母系の両系から採られる。原理的には、子の世代に、一方の親（例えば父）の世代の主導名が伝わる可能性（確率）は五〇％であり、残る五〇％は今一人の親（例えば母）の家の主導名が占める。世代を経るごとに人の数がネズミ算式に倍増していくということはまずありえず、どの世代もだいたい同じ人数であるということになると、親から見ると子の世代においては主導名の半分が入れ替わっていることになる。つぎの、孫の世代においても同じことが繰り返される。孫のほうから見てみよう。孫にとって祖父母は四人おり、四つの親族集団が背後にいて、それぞれの主導名を受け継いでいる。となると、一つの親族集団あたりではその主導名は、孫の世代の主導名の四分の一、二五％しか占めないことになる。

つまりある親族集団の主導名は、そのまま子の世代、孫の世代へと受け継がれるのではなく、子の世代には五〇％、孫の世代にはその半分の二五％しか受け継がれておらず、さらにつづく世代においては一二・五％、六・二五％……と、世代を経るごとに半減していく。婚姻を通して個人名は他の親族集団からも導入されるからである（もちろんその一方で、他の親族集団へ伝わるという側面もある）。当然のことながら、受け継がれない名前も出てくる。

こうして主導名の構成＝組合せは、親族意識が受け継がれていく過程で、世代毎に変わっていくのである。

問題はこの先にある。先に指摘したように、「〜家」意識に相当する親族集団の同属意識は、個人名＝主導名によって、より正確にいうと主導名の構成＝組合せによって、保持され、堅持されていった。そうであるならば、その主導名の構成＝組合せ自体が実際には変化していくとなると、親族集団の同属意識も、世代毎に変化を余儀なくされたのではないか。数世代も隔てると、全く変わってしまうのではないか。つまり「〜家」意識に相当する親族集団の同属意識は長期的に見るならば維持できないのではないか。

初期カペー家の親族集団意識

実際どうであったのか、実例で見てみよう。取り上げるのは初期のカペー家の人びとの名前と、そこから浮かび上がる親族集団の同属意識である。以下、［表4］〈初期カペー家人名表〉を参照されたい。この表に基づき、初期カペー家の各世代のひとが、子にどのような名前をつけているか、摘記していこう。

①カペー家の祖とされる「強者（勇猛なる者）」ロベール（ロベール・ル・フォール、八六六年没）。その出自についてはよく分かっていない。彼の妻アデレード（アデール、アーデルハイト）は、七・八世紀にアルザスの大公家として登場するエティコーネン家の後裔とされる、トゥール伯ユーグ（ユーグ・ド・トゥール、フゴー・フォン・トゥール、八三七年没）の娘といわれる。両者の間にはのちにいずれも西フランク王となるウード、ロベールがいる。

②第二世代のウードとロベール。ウード（八九八年没）の子については、ギ（ヴィドー）という名前の息子の存在しか知られない。その母は不詳である。

ロベール（国王ロベール一世、九二三年没）には、カロリング家の末裔であるヴェルマンドア伯エルベール（一世、九〇〇／九〇七年没）の娘ベアトリクスとの間に息子が一人いる。大ユーグである。ロベールには大ユーグの他に二人の娘、アデレードとエマがいる。この両名の母については、それぞれ別人と思われるが、不詳である。

③第三世代。大ユーグ（九五六年没）には、ドイツ王・皇帝オットー一世の妹ハトヴィヒとの間に五人の子、ベアトリクス、エマ、ユーグ（ユーグ・カペー）、オトン、ウード（のちにアンリと改名）が

V	ⓔ	ティエリ（ディートリヒ）	1026–27	りちるど	メッス伯フォルマールの娘か？	**あでれーど、フリードリヒ、アダルベロン**
	ⓕ	あどうぃじゅ（はとヴぃひ）		レギナール4世	エノー伯	レギナール、**べあとりくす**
		ぎーぜら		ユーグ	ポントィユの領主	アンゲラン、ギ
		ロベール（2世）	1031	こんすたんす	プロヴァンス伯ギョーム1世の娘	**あどうぃじゅ**（はとヴぃひ）、**ユーグ**、**アンリ**（1世）、**あでれーど**、**ロベール**、**ウード**、こんすたんす
	ⓖ	ボードワン（3世）	962	まてぃるで	ザクセン大公ヘルマン・フォン・ビルングの娘	**アルヌール**（2世）
		りうとがると		ヴィヒマン	ハマラント伯	**りうとがると**、**あでれーど**、ヴィヒマン
	ⓗ	エルベール	995	不詳		エティエンヌ
		あでれーど	974	ジョフロア1世	アンジュー伯	えるめんがるど、フルク（3世、ネルラ）、ジョフロア、げるべるが
	ⓘ	エルベール（3世）	993–1002	えるめんがるど		**アルベール**、**オトン**
		オトン（オットー）	983/987	不詳		ルイ（ルードヴィヒ）
	ⓙ	ウード	995/996	べるた	ブルグント王コンラート3世の娘	**ティボー**、**ウード**、ロジェ、あぐねす（あにぇす）、べるた
		えま		ギョーム4世	アキテーヌ公	ギョーム（5世）、エブル

［表4］初期カペー家人名表

・カタカナは男性、ひらがなは女性を示す
・第Ⅲ世代以降の「子」欄では、「名前」欄の人物の側の親族集団の名前から命名された人物を**太字**で示す

世代		名前	没年	妻／夫	妻／夫の出自、その他		子
I		ロベール（強者、ル・フォール）	866	あでれーど（あーでるはいと）	トゥール伯ユーグ（フゴー・フォン・トゥール、エティコーネン家）の娘	ⓐ	ウード、ロベール（1世）
II	ⓐ	ウード	898	不詳			ギ（ヴィドー）
		ロベール（1世）	923	べあとりくす	ヴェルマンドア伯エルベール1世の娘	ⓑ	ユーグ（大ユーグ）
				不詳			あでれーど、えま
III	ⓑ	ユーグ（大ユーグ）	956	はとうぃひ	ドイツ王ハインリヒ1世の娘、ドイツ王・皇帝オットー1世の妹	ⓒ	**べあとりくす**、**えま**、**ユーグ**（ユーグ・カペー）、オトン、**ウード**（のちにアンリと改名）
				れーんがるど			**エルベール**
		あでれーど		エルベール（2世）	ヴェルマンドア伯	ⓓ	**ウード**、**あでれーど**、エルベール、**ロベール**、アルベール（アダルベルト）、りうとがると、**ユーグ**
		えま		ラウール	西フランク王		ルイ（ルードヴィヒ）、ゆーでぃっと
IV	ⓒ	べあとりくす		フリードリヒ	上ロートリンゲン大公	ⓔ	**アンリ**（ハインリヒ）、アダルベロン（アダルベルト）、ティエリ（ディートリヒ）
		ユーグ（ユーグ・カペー）	996	あでれーど	アキテーヌ公ギョーム3世の娘	ⓕ	**あどうぃじゅ**（はとうぃひ）、ぎーぜら、**ロベール**（2世）、あでれーど
		アンリ		不詳			**ウード**、あらんぶるぐ
	ⓓ	あでれーど		アルヌール1世	フランドル伯	ⓖ	ボードワン（3世）、**りうとがると**、エグベール、えるふとぅるーど、ひるでがるど
		ロベール	967	あでれーど	シャロン伯ギルベールの娘	ⓗ	**エルベール**、あでれーど
		アルベール	987	げるべるが	ロートリンゲン大公ギーゼルベルトとゲルベルガ（ドイツ王ハインリヒ1世の娘）の娘	ⓘ	**エルベール**（3世）、オトン（オットー）、リウドルフ
		りうとがると		ギョーム	ノルマンディ公		
				ティボー	ブロア伯	ⓙ	ティボー、**ユーグ**、**ウード**、**えま**

いる。大ユーグにはもう一人、出自不詳のレーンガルトなる女性との間に男子エルベールがいる。

アデレードには、ヴェルマンドア伯エルベール（二世、九四三年没）との間に七人の子がいる。ウード、アデレード、エルベール、ロベール、アダルベルト（アルベール）、リウトガルト、ユーグである。

エマには、ブルゴーニュ大公でロベール一世の死後西フランク王となったラウールとの間に夭逝した息子ルイ（ルードヴィヒ）と娘ユーディットがいた。
④第四世代。ことが煩雑になるため、ここでは大ユーグの六人の子たちについてのみ取り上げ、彼らのいとこたちについては省略する。ベアトリクスには上ロートリンゲン大公フリードリヒ（九七八年没）との間に三人の男子、アンリ（ハインリヒ）、アダルベロン（アルベール、アダルベルト）、ティエリ（ディートリヒ、テオデリヒ）がいる。
ユーグ・カペー（九九六年没）には、アキテーヌ大公ギョーム（三世）の娘であるアデレードとの間に一男三女、アドヴィジュ（ハトヴィヒ）、ギーゼラ、ロベール（国王ロベール二世）、アデレードがいる。

アンリの子としては、ウードとアランブルグという一男一女が推測されているが、詳しいことはよく分からない。なお、エマとオトン、およびエルベールには子はなかったと考えられている。
⑤第五世代。ここでは第四世代以上に煩雑になるため、国王ロベール二世の場合を代表事例にして見ていく。彼には、即位後に結婚したプロヴァンス伯ギョーム（一世）の娘コンスタンスとの間に、アドヴィジュ（ハトヴィヒ）、ユーグ、アンリ（国王アンリ一世）、アデレード、ロベール、

ウード、コンスタンスがいる。

ある人物がどのような親族集団に属していると認識していたかは、その人物自身の名前よりも、むしろその人物が子らにどのような名前をつけているかということから、より正確にいえば、子らに自身の側の（夫であれば夫の側の、妻であれば妻の側の）親族集団からどのような名前を採ってつけているかということから、窺われよう。この観点からカペー家の場合、それぞれの世代にとって親族集団がどのように捉えられていたのかを、まず、ある程度まとまった数の命名事例が捉えられる第三世代で見てみよう。

大ユーグとその姉妹にとって親族集団とは、ロベール、ベアトリクス、アデレード、エマ、ユーグ、さらに父と同様に西フランク王であった伯父の名前ウード、といった名前から成る親族集団として意識されていたであろう（仮にこれを「ロベール家」と呼んでおこう）。大ユーグが子らに自身の親族集団の側の名前からベアトリクス、エマ、ユーグ、ウードと名づけていること、およびアデレードもまた自身の子に、自身の親族集団側からの名前としては、ウード、アデレード、ロベール、ユーグと名づけていることがこれを物語る。

ただし大ユーグとその姉妹のこの「ロベール家」自体が、ユーグ、アデレード、ベアトリクスという名前が示すように（ユーグはウードとロベール一世の母方の祖父トゥール伯ユーグ、アデレードはウードとロベール一世の母、ベアトリクスは大ユーグの母の名前である）、母系（女系）の親族集団を内包して成立していた。

つぎに、第四世代のうち、大ユーグ・ハトヴィヒ夫妻の子どもたちについて見てみよう（表中のⓒ）。ユーグ・カペーは自身の四人の子のうちの二人を、自身の親族集団側からの名前であるロベール（のちの国王ロベール二世）とアドヴィジュ（ハトヴィヒ）と名づけている。またユーグ・カペーの弟アンリの場合は自身の二人の子のうち一人を、自身の親族集団の側からの名前であるウードと命名しており、姉ベアトリクスは自身の三人の子のうち一人を、自身の親族集団の側からの名前であるハインリヒ（アンリ）と命名している。

つまり大ユーグの子どもたちは自身の子らに、自分たちにとっては父方である「ロベール家」の名前（ロベール、ウード）と母方であるオットー家の名前（ハトヴィヒ、アンリ）とを、同程度の割合で、自身の親族集団側からの名前として、名づけている。

父＝大ユーグ（第三世代）の認識する親族集団の主導名と、子ら（第四世代）の認識する親族集団の主導名とは、その構成が異なっているのであり、ここに、親族意識が受け継がれていく過程で主導名の構成＝組合せが世代毎に変わっていく事態の一端が、見て取れる。ここからさらに読み取られうると思われることは、大ユーグの子らが認識する親族集団は、父系のみで捉えられる「ロベール家」ではなく、母系のオットー家をも自己の親族集団のうちに取り込んだ、拡大された親族集団であったであろうということである。おそらくはウード、ロベール一世、と二代にわたって西フランク王を出した「ロベール家」ではあるが、この世代の子たちにとってはオットー家という母系もまた王家であることが、父系母系の両系ともに自己の親族集団であること、自身が両系の出自であることを強く認識させたのであろう。

しかして彼らは自分たちの子ら（第五世代）に、配偶者の側の親族集団の名前をも、自身の側の親族集団からの名前と同程度の割合で、名づけている。すなわち大ユーグの孫たちのもとでは「ロベール家」の名前は四分の一を占めるにすぎない（例えばユーグ・カペーの子では四人のうち一人、ロベールのみである。表中ⓕ参照）。主導名の構成＝組合せは世代を経るごとに半減するという、先に指摘した原理的な構図の典型例である。それでは彼らの子らはどのように自己の親族集団を認識していたのか、第五世代のうちの、国王ロベール二世について見てみよう。

ロベール二世は七人の子のうち六人に自身の親族集団側からの名前（アドヴィジュ＝ハトヴィヒ、ユーグ、アンリ、アデレード、ロベール、ウード）を、一人に妻の名前（コンスタンス）をつけている。アデレードという名前は彼の父系の親族集団にも見られたが、この場合は彼自身の母アデレードから、つまりは彼自身の母系から、採られたと考えられよう。そう捉えた場合でも、ロベール二世の認識する自身の親族集団の名前は圧倒的に父系の親族集団の名前（アドヴィジュ＝ハトヴィヒ、ユーグ、アンリ、ロベール、ウード）が占めている。また妻の側の親族集団の名前は妻自身の名前コンスタンスしか採っていない。

つまりロベール二世は自身の父系母系の両系に対して、同程度に近しいと思っているのではなく、父系の親族集団に帰属しているという意識が強いのであり、また自身の子たちもまた彼の父系の親族集団に帰属していると意識しての、子らへの命名であるように思われる。このことは、結論を一部先取りして言えば、原理的には主導名の構成＝組合せは世代を経るごとに半減するとしても、それ故、子にとって一方の親の親族集団の重みは二分の一しか占めず（残る二分の一の重みはもう一方の親の親族集団が占める）、孫にとってひとりの祖父の親族集団の重みは四分の一しか占めない（残る四分の三の重みは他の祖父母たちの親族集団が占める）としても、現実には、どの親族集団をより近しいと思うかは、別の言い方をすると、自身がどの親族集団に属していると思うかは、個々人が選択できたということである。おそらくロベール二世にあっては、父ユーグ・カペーが王となり、それを継いで自身も王となったことが、自身の父系の親族集団への帰属を強く意識させ、また自身の子らもこの親族集団に属するものと、意識させたのであろう。

まとめよう。カペー家といえば通例ロベール・ル・フォールから始まって、西フランク王となったウードとロベール（一世）、フランク＝フランス大公大ユーグをへて、西フランク＝フランス王となるユーグ・カペーへとつづく、一貫して父系（男系）の親族集団として捉えられるが、しかし、その時々の当事者たちはおそらくはそのような親族集団に属しているとは認識していなかった。言い方を変えるなら、おそらくはそのような親族集団があるとは考えていなかった。大ユーグとその姉妹にあっては父系・母系の両系から成る親族集団に属していると認識していたであろう。右ではこれを仮に「ロベール家」と呼んだ。しかして親族集団のこのような捉え方――構造――はユーグ・カペーら、大ユーグの子どもたちの場合も同様であり、自分たちが自身の父系（「ロベール家」）と母系（「オットー家」）の両系から成る親族集団に属していると認識していた。これを単純に大ユーグの「ロベール家」と同一のものと捉えることはできまい。子らが自身が属すると認識する親族集団は、親がそう認識する親族集団と必ずしも同一のものではないのである。

われわれは仮に、ユーグ・カペーら兄弟姉妹の認識する親族集団をカッコつきの「カペー家」と呼んでおこう。

さてユーグ・カペーは自身の子らに名づけるにあたり、「カペー家」側の名前と、妻の側の名前、つまり子らにとっては母系の名前を、同程度の割合で採った。このままいけば彼の子どもたちは、父であるユーグ・カペーの場合と同様に、自分たちが自身の父系の親族集団「カペー家」と母系の親族集団から成る親族集団に属するものと認識する可能性もあったろう。しかしユーグ・カペーの子の一人、国王となったロベール二世はそのように認識しはしなかった。もっぱら自身の父系の親族集団「カペー家」に属するものと認識し、自身の子らもまたこれに属するものと認識していた。おそらくは父ユーグ・カペーが王位にのぼったことと自身もその王位を受け継ぐことになったことが、この認識を強めたのであろう。この裏返しに、ユーグ・カペーの妻の親族集団やロベール二世の妻の親族集団の名前＝主導名が受け継がれる割合は低く、おそらくこの二つの親族集団への帰属意識は希薄なものとなっていったと思われる。

親族集団意識の可変性

親族集団の同属意識に関する先の疑問について、あらためて考えてみよう。姓＝家名なき時代にあって「～家」に相当する親族集団の同属意識が個人名＝主導名によって、より正確にいうと主導名の構成＝組合せによって、保持され、堅持される限り、その同属意識は、原理的には世代ごとに半分ずつ入れ替わるという主導名の構成＝組合せの変化にともない、やはり、変化を余儀なくされたのである。親の意識する親族集団と子の意識するそれは異なった。極端にいえばある人物の意識する親族集団はその人だけのものであった。

ただし現実には、命名にあたって通例父系（男系）か母系（女系）かを問わず政治的・社会的に上位の親族集団の主導名が採られやすいため、換言すれば政治的・社会的に上位の親族集団への帰属意識が強くなるため、上位の親族集団の名前がつぎの世代に受け継がれる割合ははじめから五〇%以上を占め、主導名の構成＝組合せの変化はゆるやかであり、したがってその場合、親族集団の同属意識は直ちにつぎの世代に変化をこうむるのではなく、数世代にわたって受け継がれる。その極端な例が、政治的・社会的に最上位の親族集団である王家の場合であり、王家の名前＝主導名は優先的に採られ、何世代にもわたって受け継がれることになる（**[模式図1]**は実はこの事例）。その一方で、右の場合とは逆に、政治的・社会的に下位の親族集団の名前＝主導名が次世代に受け継がれる割合ははじめから五〇%を割ってしまい、その同属意識は上位の親族集団のそれよりも早くに変化をこうむろう。

つまり貴族は男女両系から成る親族集団に立脚し、その同属意識は、政治的・社会的な勢威の差異により遅速さまざまであるが、世代をへるごとに変化をこうむる。王家のような特別な位置づけの親族集団の事例は別として、普通の貴族たちのもとでは、「〜家」意識に相当する同属意識が共有されるのは主導名の構成＝組合せがそれほど変化をこうむっていない数世代の間であり、それでも世代が離れれば離れるほど主導名の構成＝組合せは異なることになり、同属意識はやがては異なるそれに取って代わられるのである。

どういうことなのか、少々わかりにくいかもしれないので、今日のわれわれのもとでの親族集団で考えてみよう。われわれはどの範囲までの人を、何人までを、自身の親族として認識しているのであろうか。名前だけでも知っている親族は、どの範囲までの人で、どれくらいいるのだろうか。自身を中心として両親・兄弟姉妹、父方・母方それぞれの祖父母・おじ・おば・いとこ、等々。生者であるか死者であるかは問わないで、仮に、総勢二〇人ほどを自身の親族と認識していると仮定しよう。しかしてわれわれの両親の場合を考えてみよう。父も同様に、自身の両親・兄弟姉妹、自身の父方・母方それぞれの祖父母・おじ・おば・いとこ、等々やはり総勢二〇人ほどを自身の親族と認識していよう。母も同様である。であれば、われわれにとって父と母の双方の親族が自身の親族であるのだから、われわれは総勢四〇人ほどを親族として認識していいはずである。われわれの子どもの場合を考えてみよう。親たる私が二〇人を親族として認識し（本来四〇人を認識してよいはずであるのだが）、もう一方の親である配偶者が二〇人を親族として認識する（やはり本来四〇人を認識してよいはずであるのだが）のであれば、子は四〇人を親族として認識して（否、八〇人を親族として認識して）よさそうなものである。要は、親族の数は、生者であるか死者であるかを問わない場合、原理的には世代を重ねるごとにネズミ算式に倍増していく。しかしわれわれが認識できる容量《キャパシティ》には限度があり、実際には、通例、近い世代、近い血縁の親族を自身の親族として認識し、遠い世代、遠い血縁の親族は認識の外におかれ、その結果どの世代の人も同じ程度の人数の親族をそれとして認識する。遠く離れた世代・血縁の人びとは親族であることを、あるいは忘れられ、あるいは知られないままとなる。

いや、そんなことはない、遠い先祖を知っている、と反論されるかもしれない。では問おう。誰にでも祖父母は父方・母方に二人ずつ、計四人いる。この四人すべての名前を知っているだろうか。知っているという人にさらに問おう。誰にでも曾祖父母は八人いる。八人すべての名前を知っているだろうか。さらに曾祖父母の両親である高祖父母は誰にでも一六人いる。一六人すべての名前を知っているだろうか。そんな人はおそらくいないであろう。自身の親族・先祖とはいえ、時間的に遠い存在となると、誰であれ、認識の内に置くことはむずかしくなってしまう。われわれの日常的な認識能力の容量《キャパシティ》を超えてしまうのだ。

ただ、そんな中で今日のわれわれは通例、祖父母・曾祖父母・高祖父母といった先祖のうち世代ごとにそれぞれ特定の一人を自分の直接的な先祖として捉え、認識する。すなわち自分と同じ姓（苗字）の人たちを、である。つまり今日のわれわれは姓（苗字）をもとに一つの親族集団（「〜家」）を考えているのであり、同姓の遠い世代の親族を選択的に自身の親族・先祖として捉え、場合によっては何世代もさかのぼって、それと認識している。姓（苗字）が親族集団の同属意識を具現化しているのである。反面、姓（苗字）が異なる親族・先祖は世代が離れれば離れるほど、親族・先祖であることを忘れられたり、知られないままとなる。

中世前期における「可変的」親族集団

もっぱら近い世代、近い血縁の親族を自身の親族として認識するということ、それは中世ヨーロッパの人びとでも同じであった。しかし中世前期においては姓＝家名はまだ登場していなかった。貴族たちは「高貴な出自」意識を共有する、男女両系から成る親族集団に立脚していたが、その親族集団の同属意識は、今日のわれわれのように姓に依拠するわけにはいかず、親族集団に特有の個人名＝主導名によって保持され、堅持されていた。

しかしすでにいく度もふれたように、固定的な姓とは異なり、主導名の構成＝組合せは世代をへるごとに変化をこうむる。政治的・社会的に上位に位置する親族集団においてはゆるやかに、下位に位置するそれにおいては比較的速くに。いずれにしても数世代も離れてしまうと、主導名の構成＝組合せはがらりと変わり、自身の親族・先祖であったことも忘れられ、あるいは知られないままとなる。ある人物の親族集団はその人物を中心として、前後数世代の間でしか捉えられない。この間であれば主導名の構成＝組合せはそれほど変わってはおらず、同属意識が共有されるからである。しかしこの間にも主導名の構成＝組合せは徐々に変わっていき、やがて同属意識は共有されなくなっていく。

あるいは、ドラスティックにことが展開する場合もある。例えばザーリアー家の場合を想起しよう。王家であるオットー家との婚姻関係が、この一族の同属意識を大きく転換させた。一般的に、政治的・社会的に上位に位置する別の親族集団との婚姻関係があらたに生じると、そちらの親族集団への帰属意識がまさり、従来の帰属意識は薄れていくことになる。先に、親の意識する親族集団と子の意識するそれは異なる、極端にいえばある人物の意識する親族集団はその人だけのものであった、と述べたが、どの親族集団に属するかは、これも先に述べたように、個々人の選択でもあったのだ。
中世前期、姓なき時代、貴族の親族集団は固定的な存在ではなく「可変的」なものなのであった。学者が系図にして示すような男系のみで連綿とつらなる親族集団は、生物学的には正しいとしても、本人たちの意識する親族集団とは必ずしも等しくはないのである。

中世においては貴族と称し・称せられる多くの人びとが登場する。しかし歴史研究者が「高貴な出自」を誇る彼らの系譜——先祖、そして子孫——を辿ろうとすると、前後二、三世代ほどは何とか辿ることができるものの、さらにそれ以前の先祖やその先の子孫ともなると、多くの場合不明となる。それは、当の本人ですら自身の親族集団を数世代の間でしか捉えることができない状況では、当然ともいえる。

例えば、先に取り上げたカペー家の始祖とされるロベール・ル・フォール（八六六年没）。彼の出自は今日全く不明である。ランスのサン・レミ修道院の修道士リシェは、十世紀末、九九一年から九九八年の間に書いた『歴史四書』において、ウードの国王選挙（八八八年）にふれたおりに彼の父ロベールの名前をあげ、さらにロベールの父の名前をあげてそれを「ゲルマニア出身のウィティキヌス（Uuitichinus）」とする（第一書・第五章）。フランスの歴史家ロベール・ラトュシュはこの名前をヴィドゥキント（Witikind＝Widukind）の変形と見なす。ヴィドゥキントといえば、カール大帝期の北部ドイツ、ザクセン部族の指導的人物がこの名前であり、ドイツ王オットー一世（在位九三六〜九七三年）期の歴史叙述家に、ザクセンのコルファイ修道院の修道士ヴィドゥキントがいる。またオットー一世の親族集団の中にこの名前の人物が存在する。それ故、九世紀半ばのドイツ北部にウィティキヌスという人物がいたとしても、おかしくはないのだが、しかしいずれにせよ、ロベールの父が本当にこの名前であったかどうかは、それを伝えるのがリシェのみであるので、何とも言えない。ただ、こうした史料状況からいえることは、ロベールの死の約百年後、つまり三世代・四世代後の時代、彼の先祖はすでに忘れられ、知られてはいなかったのである。

少し時代をさかのぼると、カロリング家の始祖として通例、メロヴィング朝フランク王国のアウストラシア分国の宮宰ピピン（大ピピン、六四〇年没）と、メッツ司教アルヌルフ（六四〇年頃没）の二人があげられる。前者の娘ベッガと後者の息子アンゼギゼルが結婚し、その間の子がピピン（中ピピン）であり、彼以降、カール・マルテル、ピピン短軀王（小ピピン）、カール大帝、とつづく。しかし大ピピンであれ、アルヌルフであれ、その出自は不明である。わずかに大ピピンに関して、彼のほぼ同時代の作品『フレデガリウス年代記』が彼の父の名前をカールマンと記すのみで、これすら正しいかどうか不明である。結果的に、今日、メロヴィング朝中期に、突然、ピピンとアルヌルフがアウストラシアの有力貴族として政治の表舞台に登場する格好になっている。要するにここでも両者の出自した親族集団は忘れられ、知られなくなっていたのである。

オットー家の場合もまた、そうである。同家で最初にドイツ王となったハインリヒ一世（九一九～九三六年）の祖父リウドルフ以前となると、全く不明である。このリウドルフが同家の始祖とされ、同家が彼にちなんでリウドルフィンガー家とも呼ばれるのも、彼以前の人びとのことが全く伝えられてこなかった、すなわち、忘れられ、知られなくなっていたことの裏返しなのである。

同属意識の固定化の試み

もとより中世前期の貴族にあっては、王家が王位―王権という圧倒的な存在を拠り所としたように、何らかの拠り所をもって同属意識を固定化しようとする試みがなされなかったわけではない。特定の先祖への崇敬・思慕、そして伝承、等々。要は同属意識が永続的につづく何らかの基盤である。そうしたものの一つに、私有修道院がある。それは、貴族家の所領の中に建設され、所領を充《あ》てられ、貴族家の成員のうちから修道院長が送り出されるとともに、その貴族家の「祖先」を記念し、貴族家の成員たちを慰霊する施設として、貴族の親族集団の同属意識を可視化した、客観的な中心物であった。しかして私有修道院のそうした機能は、その後もその修道院が存続し、その貴族家が修道院長を送り出しつづけない限り、保持されえない。ところが多くの場合、修道院そのものに対する支配権や、修道院の所領をめぐって、貴族家成員たちの間で争論が生じて、修道院そのものの荒廃を招き、建設当初に期待された機能を果たしつづけることは困難であった。そうした事態を招いた最大の要因は、当時の相続形態にあった。

そもそも貴族たちは「高貴な出自」意識に支えられるとともに、物的基盤としての「所領」に支えられていた。それは経済的基盤であるとともに権力の基盤でもあった。しかし中世前期の時代、相続に関しては分割相続が主流であった。この時期、地域差・時代差はあるものの、基本的には、男女ともに相続権をもち、しかも兄弟姉妹間で相続権は同等であった。したがってある貴族がもつ土地・財産は、原理的には、父からの相続分と母からの相続分を兄弟姉妹間で分割相続したものと、自分の代に獲得したものとから成り、それがまた自分の子供たちの間で分割相続さ

［図16］エヒテルナハ修道院を捧げる聖イルミナと中ピピン
エヒテルナハ修道院『黄金の書』、12世紀、ゴータ、州立図書館蔵

聖ヴィリブロールト（739年没）がエヒテルナハ修道院を創建するさいに、これを支援したフランク貴族イルミナ（左）と、同じく同修道院を支援した彼女の娘プレクトゥルートの夫である中ピピン（右）を描く。

れていくことになる。子はもう一人の親が同様な経緯で受け継いだ土地・財産をも、兄弟姉妹間で分割相続する。それ故、中世前期の貴族の所領は一ヵ所に集中しているのではなく、その伝来に呼応する形で、各地に散在しているのが普通である（散在所領）。つまり貴族家の所領というのは、継受の時点では確かに先祖から受け継いでいるのだが、客観的に見るなら、同じ所領がそのまま子々孫々に受け継がれているのではなく、長期的には（極端にいえば世代毎に）、所領の在《あ》り処《か》（構成）も変化しているのである。名前＝主導名の継受の構造と全く同様である！

分割相続の対象である所領、先祖代々受け継いできたはずの所領は、主導名と同様、貴族の親族集団の同属意識のための、核となるべき永続的基盤たりえなかった。先の私有修道院の場合も、貴族家の同属意識の目に見える客観的な中心でありつづけることは、即物的な側面から、困難であったのである。

姓の誕生と中世後期における家門の成立

こうした状況の中、十一世紀後半以降、城主層を中心とする中クラスの貴族たちのもとで、家名（姓）が誕生する。その過程をあらためて振り返ろう。

いわゆる封建的無秩序状態（アナーキー）のもと、かつてないほど多数の中クラスの貴族たちの自立化・独立化の現象が見られた。彼らは先祖伝来の自家所領を中心にコンパクトな支配領域を形成していき、その中心には堅固で防備にすぐれた石造の城砦を築いて居城とし、新たに城主層として自立性・独立性を確保していった。こうした事態が彼ら城主層にかつてないほどの自信・

誇りを生ぜしめ、そうした自意識の高まりを示すものの一つが、自己の権力の象徴たる城砦＝居城を以ってする名乗りであった。これがゲルマン系のヨーロッパの人びとのもとでの、姓（家名）の誕生であった。

姓（家名）を名乗るようになった中世後期の貴族のもとで、帰属意識・同属意識に関して大きな変化が生じる。それまで「主導名」に頼っていた彼らの帰属意識・同属意識は、今や、姓（家名）によって表されるようになった。家名とされた城砦＝居城は、彼らの権力の象徴であると同時に、彼らの親族集団の結合の中心であった。こうした変化と並行して、相続形態にも変化があらわれる。権力の象徴であり、親族集団の結合の中心である居城は、そこを中心とする所領＝支配圏ともども、分割相続の対象からはずされ、男系親による一子相続がなされるようになり、成員の帰属意識・同属意識の基盤の役割を担いつづけた。同時に家名は基本的には男系親に継承され、同属意識を連続させることになるのである。

こうして中世後期の貴族は、総体として、家名によって帰属意識・同属意識を表す「家門」として、つまりは初めて「〜家」として存在した。「家門」の象徴たる居城とそこを中心とする所領＝支配圏は通例、分割相続の対象となることなく、男子相続者に受け継がれた。それは、中世前期の所領とは異なり、すなわち散在し、分割相続の対象となり、世代毎に在り処＝構成が変化をこうむり、それ故に貴族の親族集団の同属意識のための核となるべき永続的基盤たりえなかった所領とは異なり、今や、「家門」の永続的基盤として機能した。

かくして姓（家名）の誕生にともなって、中世前期＝姓なき時代の「可変的」な貴族の親族集団に代わり、中世後期には、男系親族にのみ受け継がれる「固定的」な存在としての家門が現れるのである。

序章において、「ヨーロッパの名門」と呼ばれるハプスブルク家でさえ、この家名の先祖をたどろうとすると中世の半ば、十一世紀にまでしかさかのぼれず、それ以前は全く分からないことにふれた。ハプスブルク家に限らず、貴族が家名を名乗り出すのは中世後半以降であり、これ以後は男系親族に受け継がれる「固定的」な家門として系譜を追うことができる。しかしそれ以前においては親族集団の「可変性」ゆえに、おそらく本人たちでさえそれと意識しない先祖を追い求めることは不可能である。仮に、生物学的に何世代にもわたって先祖たちを探しえたとしても、姓をもたぬ時期のその人びとを「〜家」の人といえるのであろうか。例えば誰にでも八人いる曾祖父母のうちどの人物、どの人物の家族を、誰にでも一六人いる高祖父母のうちのどの人物、どの人物の家族を、例えば「ハプスブルク家」の人といえるのであろうか。あるいはそれらすべての人を「ハプスブルク家」の人というのであろうか。いずれにせよそうしたことは、「ハプスブルク家」という親族集団の同属意識も存在しない中、無意味である。

中世前期の貴族は——ここでも「アイデンティティー」という言葉を用いるなら

◀一門の歴史を樹木の成長になぞらえ、根元に伝承上の始祖ヴェルフを据え、子孫が幹や枝を成していく形で、10 世代の人びとが描かれる。9 世代目で北ドイツ系と南ドイツ系とに幹が分かれ、それぞれの最後にハインリヒ獅子公、ヴェルフ 7 世が描かれる。最上部の円空には母ユーディット（右上）を通じてヴェルフ家に連なる、シュタウファー家のドイツ王・皇帝フリードリヒ赤髭王が描かれる予定であった。

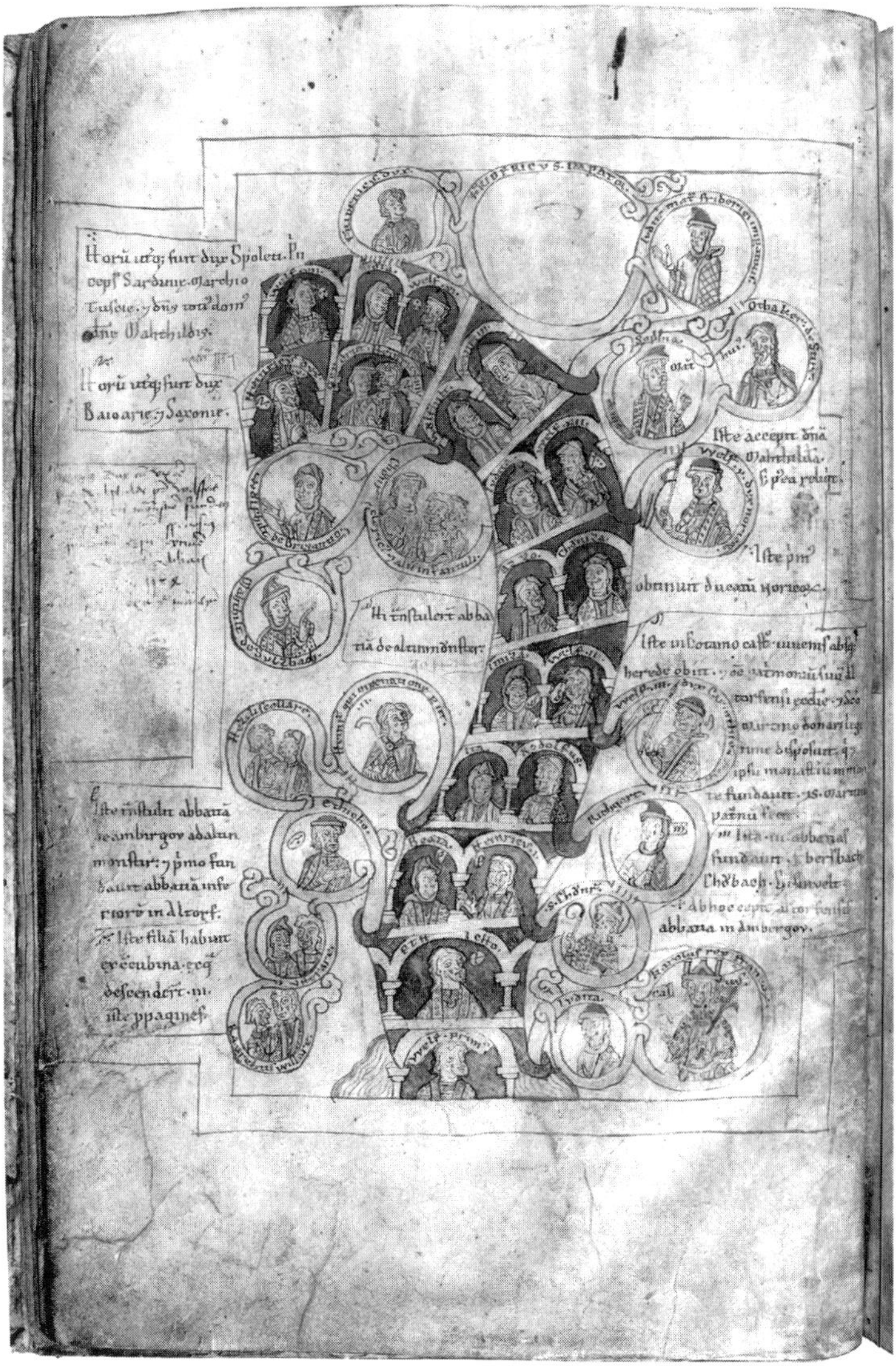

［図17］ヴェルフ家 系統樹
ヴァインガルテン修道院『ネクロロギウム』（死者記念簿）挿画、12世紀末、フルダ、州立図書館蔵

――自らの「アイデンティティー」を父系・母系の両系から成る親族集団のうちにおいており、その帰属意識・同属意識を両系から受け継がれてきた名前＝主導名によって表した。しかしその同属意識は、親族集団が両系から成るという、そのあり方自体によって、変化していくことを妨げることはできず、延いてはかかる同属意識に依拠する親族集団それ自体が「可変的」なものたらざるをえなかった。これに対して家名（姓）をもつようになった中世後期の貴族は、男系を中心とする「家門」として存在し、彼らの帰属意識・同属意識はまさにその家名（姓）によって表された。男系親を中心に受け継がれるこの家門は「固定的」であり、断絶しない限りは存続していくことになる。

ヨーロッパ中世における貴族の系譜が十一世紀頃にまでしかさかのぼれないのは、このような貴族の親族集団の「構造」のもとでは、当然のことなのである。

■補説2　系図の作り方■

本文でも述べたように、中世前期の貴族の系譜（系図）は、王家などのように史料が比較的豊富で、また『系譜』作品も書かれるような特別な存在は別として、通例、前後二・三世代くらいまでしか辿りえない。貴族が意識する親族集団は固定的な存在ではなく、可変的な存在であり、永続的に捉えられる「～家」として受け継がれてはいないからである。前後二・三世代くらいは、というのは、ある人物を中心とした場合、その人物の前後二・三世代ほどの間は主導名によって堅持される同属意識があまり変化を受けておらず、本人たちの意識する親族集団を検出できるからである。

それでも歴史家はあきらめずに系譜（系図）を辿ろうとする。手掛りは二つ。**名前と所領**。命名方法のところで述べたように、名前は親から子へ、子から孫へと受け継がれる。とりあえず、ある世代の親族集団と、別の世代の親族集団との間で、複数の同じ名前が見られれば、何らかの（親世代―子世代―孫世代、等の）系譜的つながりが考えられる。

所領。これも受け継がれるもの。しかし中世前期の相続は、地域差・時代差はあるものの、基本的には、男女ともに相続権をもち、しかも兄弟姉妹間で相続権は同等である（分割相続）。従って、ある貴族がもつ所領は、原理的には、父からの相続分と母からの相続分を分割相続したものと、自分の代に獲得したものとから成り、それがまた自分の子供たちの間で分割相続されていくことになる。それ故、中世前期の貴族の所領は一ヵ所に集中しているのではなく、各地に散在しているのが普通である（散在所領）。つまり名前（主導名）と同様に、継受の時点では確かに先祖から受け継いでいるのだが、客観的に見るなら、同じ所領がそのまま子々孫々に受け継がれているのではなく、長期的には（極端にいえば世代毎に）、所領の在り処《あか》（構成）も変化しているのである。これも本文で述べた。それでも、やはり名前と同様、ある世代の親族集団と、別の世代の親族集団との間で、複数の同じ所領が確認されれば、何らかの（親世代—子世代—孫世代、等の）系譜的つながりがあると考えられる。

名前と所領、この二つの要素を組合わせて考えるなら、系譜的つながりの検出結果は、より蓋然性の高いものとなる。

こうして、名前と所領を手掛りに近接する世代間で親族関係を推定し、その検出・推定作業をさらに前後の世代へと拡げていくことで、長い世代スパンの系譜（系図）を作成することになる。例えばハプスブルク家の場合、十一世紀以前に関しては、伝説上の始祖「金持ちグントラム」（Guntramus vides）を九・十世紀西南ドイツのブライスガウからアルザスにかけての地域に実在したエーベルハルデ家の「グントラム」と重ね、また同時代のリウトフリーデン家をも始祖集団と捉え、そこから七・八世紀アルザスのエティコーネン家にまで遡及させる。

ただしわれわれは、本文でも強調したように、歴史家がこうして作成した系譜（系図）は、仮に生物学的には正しいとしても、本人たちの意識する親族集団とは必ずしも等しくはないことに、あらためて留意しておきたい。

第Ⅶ章

混迷の「ユーグ・カペー」

▼「あだ名文化」の諸相（三）

本書の冒頭でつぎのように述べた。ヨーロッパ中世にかかわる書物においては実に多くの人びとが、ことに王侯貴族たちが、あだ名とともに登場する。あだ名だけで誰だか分かってしまう人もいる。例えば「獅子心王」といえば、イギリス王リチャード一世のことだと了解される。だが、そもそもなぜ、それほど多くの人びとがあだ名で呼ばれるのであろうか、と。

この問いに対してわれわれが到達した解答を述べるならば、つぎのようであった。

ヨーロッパ中世においてあだ名をともなう人物が多数登場する現象は、中世とはいえ九世紀末以降のことであり、そのような事態が生じたのは、特異な命名方法の広がりのもと、対象とする人物を特定する必要、他者と区別・識別する必要に迫られてのことであった。しかしてあだ名のそうした使用は、元来「私的な空間」の中にあったあだ名を、「公然性」の中へ解き放ち、ニュアンスを排した、ある人物を区別・識別する「記号」として機能させる。だがその一方で、「公然性」の中のあだ名は人びとの関心を、もともとの、ニュアンスをともなう「私的な空間」の中のあだ名へとも誘《いざな》い、「私的な空間」の中のあだ名の活性化・表面化を促し、あだ名にかかわる記憶の再構築や記録化、さらにはあだ名の創作を活発化させた。かくして「公然性」の中のあだ名と「私的な空間」の中のあだ名とが相俟《ま》って、ヨーロッパ中世における「あだ名文化」とも呼ぶべき状況を現出させた。

記録の中のあだ名

ところでそうしたあだ名――「私的な空間」の中のあだ名であれ、「公然性」の中のあだ名であれ――を聞くさい、読むさいには、少なくともつぎの二点に留意しておかねばならないであろう。第一に、そうしたあだ名が、典型的にはその人物の身体的特徴や性格を表しているあだ名の場合、そこにあだ名をつけた人や人びとの心性が反映されている可能性はあるとしても、必ずしも真実のことを示しているわけではないこと。第二に、ある意味を込めたあだ名を付して呼ぶという行為は匿名性が高いゆえに、そのあだ名が登場した時点ですでに、その意味するところが必ずしも正確に伝わっているとは限らないこと。ましてや口承世界で生きているともなると、対象者であれ、あだ名であれ、正確に記憶され伝えられる望みは薄く、とりわけ右に述べた、あだ名にかかわる記憶の再構築や記録化の中で、そのあだ名自体がまさに自律的な――聞き、読み、記録する人たちによる勝手な、というべきか――展開を見せる。今日知られる、ヨーロッパ中世の人びとに付されたあだ名は、すでにそうなってしまった状況下で文字に記されたものであることが少なくなく、対象者とあだ名に整合性を欠くこともまた少なくないのである。

こうした事態に対し、あだ名とはそうしたものだとして、われわれがこれを、整合性を求めることなく、対象者を識別するべく単に「記号」として使用することには一理あろう。あるいは想像力を掻き立てられ、背後の人間模様などに思いを馳せることも自由であろう。ただ、それとは別に、ある人物へのあだ名がそれ自体どのような「歴史」を経ているのかを確認しておくことは、必要不可欠とはいわないまでも、意味のないことではないであろう。何故なら、一つには、今日のわれわれも時おり中世の「聞き、読み、記録する人たち」と同様にあだ名を勝手に解釈し、さらにはそれを真実として伝えてしまうことがあり、できればそうした事態は避けたいからである。また今一つには、あだ名が時に歴史認識をも作り出すという、あだ名が有した歴史的役割を相応に評価するためでもある。

本書ではあだ名をきっかけとして、ヨーロッパ中世の人びとの名前、親族集団の帰属意識・同属意識、そして貴族の親族集団の構造など、さまざまな問題を見てきたが、最後に話題の対象をあだ名に戻し、右にふれた観点、「歴史性」という観点からあだ名を考えていきたい。具体的には、フランスのカペー朝の祖とされるユーグ・カペーの「カペー」というあだ名を取り上げ、このあだ名を取り巻く「歴史」を考察していくこととしよう。

「カペー」とあだ名されたユーグたち

九八七年、西フランク＝フランス王国ではカロリング朝の国王ルイ五世が死去し、パリ伯ユーグ・カペー（九四〇年頃〜九九六年）が諸侯たちによって国王に選出され、ここにカペー朝が始まる。高校の「世界史」でも取り上げられる右の事蹟であるが、このユーグ・カペーという人物の「カペー」もまた、実はあだ名である。

「ユーグ・カペー」といわれるからには、ましてやフランス王家たる「カペー家」「カペー朝」などといわれる中にあって「ユーグ・カペー」といわれるからには、「カペー」は姓・家名だ、と思われるかもしれない。しかし、少なくともユーグ・カペーという人物名においては、「カペー」はあだ名であった。このことは、意外に思われるかもしれないが、様々な書物の中ですでにしばしば指摘されており、「カペー家」という姓・家名がこのあだ名に由来することも、合わせてよく語られている。例えば、『新版 世界各国史12 フランス史』（二〇〇一年）の中で佐藤彰一氏は、つぎのように述べている。

そしてその名もユーグにつけられた渾名《あだな》カペー（俗人修道院長が羽織った短い外套を意味する）を名乗る王朝が、傍系王朝のヴァロアおよびブルボンを介して、フランス革命まで続いた。革命後の一七九二年、王制廃止にあたって、革命政府側からルイ十六世は揶揄《やゆ》的に「ルイ・カペー」と称されたのである。

またヨーロッパ中世を舞台とする歴史小説を次々に発表している佐藤賢一氏も、中世史の概説書として著した一書『カペー朝——フランス王朝史1』（二〇〇九年）において、このあだ名を取りあげて、カペー朝の始祖の冴《さ》えない様の前置きにしている。

ユーグ・カペーという名前は、これが実は綽名《あだな》である。後世の革命時代に断頭台の露と消えたフランス王、ルイ十六世は王位から引きずりおろされるや、民衆に「ルイ・カペー」という名で蔑《さげす》まれている。「カペー」が姓として使われているわけだが、そもそもこの「カペー」

は「合羽《かっぱ》」の意にすぎなかった。日本語の「合羽」の語源であるポルトガル語と、同根の語というわけだ。ユーグ・カペーがキリスト教の聖職者がまとうような長衣を愛用していたので、そう呼ばれるようになったのだ。

要するに「合羽のユーグ」で、この一事をとっても、冴えない人物であるかの印象は否めない。

さらにフランス文学者の篠沢秀夫氏の軽妙洒脱な、それでいていたって真面目な文明批評の著作『フランス三昧』(二〇〇二年)でも、取りあげられている。

ユーグ・カペーは(中略)、チャンバラ好きなのか、いつも頭巾《ずきん》つき外套《がいとう》(カペー)を着ていて、あだ名が家名になった。

面白いのは、「カペー」の意味が三者の間で微妙に異なっていることである。外套であるとすることでは一致しているが、それぞれ、「俗人修道院長が羽織った短い外套」「聖職者がまとうような長衣」、そして「頭巾つき外套」とする。いずれが正しいのか。また佐藤彰一氏は抑制的に「カペー」の意味にふれるだけにとどめているが、佐藤賢一氏と篠沢秀夫氏はユーグ・カペーがそれを、愛用していた、いつも着ていたと、見てきたように語る。身につけるものがあだ名になっているとなると、誰しもがどうしても着用した姿を思い浮かべてしまうということだろうか。

しかし「カペー」が何を意味していたのかは、実のところ、よく分かっていない。それどころか、このあだ名はユーグ・カペーだけにつけられたわけでも、ユーグ・カペーに初めてつけられていたわけでもない。十世紀の西フランク＝フランス王国の人物で、「ユーグ・カペー」と呼ばれた人物は、何と、三人いたのである。以下、まず「ユーグ・カペー」と呼ばれた人たちを、ついで「カペー」の意味について取り上げよう。なお、ユーグ・カペーのあだ名に関しては、今日なおフランスの中世史家フェルディナン・ロトの研究（一九〇三年）が基本文献であり、本章も多くを彼の研究に依拠している。

九世紀末〜十世紀末　西フランク＝フランス情勢

名前もあだ名も同じ「ユーグ・カペー」たち、ということで、話が少々混乱するかもしれない。前もってこの三名の人物が登場する時代状況を、少し長くなるが、述べておこう。

カロリング朝フランク王国は、九世紀中葉以来分裂を繰り返したが、九世紀末、八八五年に東フランク系のカール三世（肥満王）のもとで、一時的に再統一される。しかし八八七年、彼の失脚とともに再び分裂し、しかも各地でカロリング家以外の貴族らが国王として立つにいたる。西フランク王国では八八八年にカペー家のパリ伯ウード（八九八年没）が国王に選出される。これに対しカロリング家側もシャルル（三世、単純王）を擁立し、西フランク王国では以後約半世紀の間、カロリング家、カペー家の両派の間で王位をめぐって対立が断続的につづくことになる。

ウードの没後、シャルル三世が単独の国王となったが、その寵臣を登用する政治手法に対し貴族らが叛旗を翻し、九二二年、ウードの弟ロベール(ロベール一世)を国王に擁立する。両派は翌九二三年、ソワソンの近傍でぶつかり、ロベール自身はこの戦いで戦死するも、ロベール側が勝利し、ロベールの娘婿であったブルゴーニュ大公ラウールが国王に擁立される。敗走したシャルル三世はまもなく北フランスのヴェルマンドアの伯エルベールに捕えられ、以後その死(九二九年)にいたるまで、野心家エルベールのための持ち駒として利用される。シャルルが捕えられたとき、十歳に満たない息子ルイはイングランド王家出身の母とともにイングランドへ逃れることになる。

国王ラウールのもと、先王ロベールの息子ユーグ(大ユーグ)はパリを中心とする北フランス、旧ネウストリア一帯の父の遺領を継ぎ、ラウールの有したブルゴーニュ大公位は彼ラウールの弟ユーグ(ユーグ黒公)が引き継ぐ。

その後九三六年、ラウールが死去すると、有力諸侯・貴族内の対立もあって、大ユーグの主導のもと、イングランドよりシャルル三世の遺児ルイが招聘され、国王に即位する(ルイ四世、渡海王)。大ユーグはおそらくこの見返りに、国王ルイ四世から「フランク人たちの大公」という称号をえる。「フランク王」のことを「フランク人たちの王」と呼ぶこの時代、「フランク人たちの大公」とは「フランク大公」を、つまりはまた「フランス大公」を意味した。国王に次ぐ王国第二の位置づけである。だが、国王ルイ四世と大ユーグの蜜月関係は長くつづかず、他の貴族らも加わった権力抗争が、ドイツ王権の干渉を受けつつ、さらに半世紀の間、断続的につづくことになる。

先を急ごう。九五四年ルイ四世が死去し、その息子ロテールが王位を継ぎ、さらにそのロテールが九八六年死去して息子ルイ(五世)があとを継ぐ。一方、カペー家では九五六年に大ユーグが死去し、その息子ユーグ・カペーがあとを継ぐ。国王ルイ五世が即位の翌年、九八七年に嗣子なきまま死去すると、パリ北方サンリスに集《つど》った諸侯たちは、ランス大司教アダルベロンの主導のもと、先王ロテールの弟で、皇帝たるドイツ王に臣従して下ロートリンゲン（下ロレーヌ）大公になっていたカロリング家の人、シャルルの王位継承要求を退け、ユーグ・カペーを国王に選出する。ここにカロリング家からカペー家への王朝の交代が完結する。

三人の「ユーグ・カペー」（その1）

右に登場した人びとの中で、ユーグという名の人物が三名いた。大ユーグ、ブルゴーニュ大公ユーグ黒公、ユーグ・カペー。実はこの三名が、いずれもその死後、十一世紀以後のことであるのだが、みな、「ユーグ・カペー」と呼ばれたのである。

この三名の中で「カペー」とあだ名された最初の人物はユーグ・カペーではなく、その父、大ユーグ（八九五年頃〜九五六年）であった。

大ユーグへの「カペー」というあだ名の史料上の初出は、シャバンヌのアデマールの一〇二五／三〇年頃の作品『歴史』（『年代記』）で、九二三年、西フランク王ロベールとカロリング家の西フランク王シャルル三世（単純王）とのソワソンの戦い（既述のようにロベールはこの戦いで戦死する）の終わり近くを叙述する件《くだり》である。

戦いの終わりに、ロベールの息子、カペーとあだ名されるユーグ（Ugo filius Roberti cognomine

Capetius）が騎馬戦士を伴って到来し、シャルルを疲弊した軍隊ともども敗走させた。その後、彼（ユーグ）はへりくだって彼（シャルル）のところへ来て、王（シャルル）の要求に同意した。すなわち、シャルルは王国を取り戻し、ユーグ・カペー（Ugo Capetius）自身には、彼の父ロベールが支配するのが常であった、大公領を任せた。

アデマールは九八七年のユーグ・カペーのサンリスにおける国王への選出の件《くだり》でも、つぎのように述べる。

> 多数の者の賛同により、ユーグ・カペーの息子、大公ユーグ（Ugo dux filius Ugonis Capetii）が国王へ選出された。

「ユーグ・カペー」が大ユーグを指していること、その息子ユーグ・カペーはここでは「カペー」と呼ばれていないことは、明らかである。大ユーグは、アデマールの作品以後、十二世紀、十三世紀の諸作品においても「カペー」と呼ばれつづける。

一方、大ユーグの息子、国王ユーグが「ユーグ・カペー」と呼ばれるのは、早くとも十一世紀後半からである。

パリのサン・ジェルマン・デ・プレ修道院で書かれた『サン・ジェルマン年代記』と、北フランスのノール県に所在するサン・タマン修道院で書かれた『エルノーヌ（＝サン・タマン）小年代記』は、いずれも一〇六一年の条項でその記述を終えており、この年以降の近時点、一〇六四年頃に成立したと推察されているが、ともに九八七年の条項で、ユーグ・カペーの国王への選出を伝えるさいに、彼を「ユーグ・カペー」と呼ぶ。これらが、ユーグ・カペーを「ユーグ・カペー」と呼ぶ最初期の事例である。サン・タマン修道院の小年代記の場合で見てみよう。

　国王ルイ（＝ルイ五世）が死去した。カール大帝の血筋からの先にあげた王たちのこの系統は、統《す》べることを止《や》めた。彼の大公、ユーグ・カペー（Hugo Capest）が王国を自己のものとした。

なお、フランスの研究者クリスティアン・セティパニは、右の二作品とほぼ同じ時期に成立したジュミエージュのジローム（ジュミエージュ修道院の修道士、一〇二七年頃〜一〇七〇年頃）の作品『ノルマンディー大公たちの事蹟』における、やはりユーグ・カペーの国王選出に関する報告記事を、ユーグ・カペーに対する「カペー」というあだ名の初出事例と明言する（一九九三年）。それは、セティパニの読み方によれば、つぎのように述べられている箇所である。

　フランク王ロテール《（ママ）》が死去し、彼の地位にすべての者たちにより、大公ユーグ・マグヌス（＝大ユーグ）の息子ユーグ・カペー（Hugonis Magni ducis filius Hugo Capeti）が選ばれ、彼を（ノルマンディーの）大公リシャールが支えた。

しかしこの箇所を提示することには、若干問題があるように思われる。当該文中の《Capeti》は《Hugonis Magni ducis》と同じく属格（英語の所有格に相当）、その意は「カペーの」と考えるべきであり、《Hugonis Magni ducis filius Hugo Capeti》の部分は、語順が悩ましいが、不規則な語順はラテン語ではよくあることでもあり、「大公ユーグ・マグヌス・カペーの息子ユーグ」と読まれるべきであって、したがってここでの「カペー」は大ユーグのことを指していると考えられよう。

いずれにせよ右の三作品はみな、十二世紀に各修道院の修道士たちによって書き写され、そのさいに加筆、修正された可能性も少なくない。現在伝わっているのはそうした作品であって、例示したサン・タマン修道院の『小年代記』の場合、十二世紀初めに書写されたものと考えられている。それ故われわれは、ユーグ・カペーを「ユーグ・カペー」と呼ぶ史料の初出については、広くとって、十一世紀後半から十二世紀初め、と見ておこう。こののち国王ユーグは、「ユーグ・カペー」と呼ばれつづけていくが、同時に彼の父である大ユーグも「ユーグ・カペー」と呼ばれる事態が、十四世紀にいたるまで、つづいていくのである。

「カペー」というあだ名の登場は、大ユーグへのこのあだ名の付与が息子ユーグ・カペーへの付与に先行していた。どうやら息子ユーグ・カペーへのこのあだ名の付与は、同名の父である大ユーグとの混同がもたらしたようなのである。そこから生じる、両者ともに「カペー」とあだ名されるという混乱した事態は、右に記したように十四世紀にいたるまでつづくことになる。

「大ユーグ」

話を三人目の「ユーグ・カペー」に進める前に、われわれは「ユーグ・カペー」の父、大ユーグのもう一つのあだ名について見ていこう。大ユーグの「大」、ラテン語で「マグヌス」(magnus)である。

このあだ名の史料上の初出は、ランスのサン・レミ修道院の修道士リシェにより、十世紀末の九九一年から九九八年の間に書かれたといわれる、『歴史四書』の記述と見られている。したがって「カペー」というあだ名と同じく、本人の生存中には確認されず、また「カペー」というあだ名に先行して登場している。当該箇所は『歴史四書』の第二書・第三〇章、九四〇年アティニーの地、ないしは九四二年ヴィセの地において、西フランク王ルイ四世(渡海王)と西フランク王国の有力者たちとが邂逅し、それにドイツ王オットー一世も加わったことを報告する場面である。

そして申し合わされた日に、国王(ルイ四世)はそこに諸地域の君侯たちとともに現れた。すなわちマグヌスとあだ名されるユーグ(Hugo cognomentus Magunus)、フランドルのアルヌール、海賊たちの大公ギョーム(ノルマンディーの)、ならびに暴君エルベール(ヴェルマンドアの)とともに、である。ザクセン(=ドイツ)の国王オットーも現れた。

大ユーグに対するこの「マグヌス」というあだ名は、リシェにおいては一度しか用いられていないが、こののち歴史叙述家たちによって使いつづけられるようになり、やがて「カペー」というあだ名の使用を凌駕して、彼を示す形容語となる。

ところで通例「偉大なる」（名詞として「偉大なる者」）と解されるこの「マグヌス」の意味をめぐっては、少々厄介なところがある。

ドイツの中世史家ヴァルター・キーナストの研究によると、九世紀以降の諸史料においてある人物が「マグヌス」と称されて登場する場合、多くは元来、「年長のほうの」（名詞として「年長者」）の意味で使われていた。

第五章で述べたように、以前より歴史叙述家たちは、同じ名前の二名の人物が登場する場合、「年長のほうの」(maior/senior)「年少のほうの」(minor/iunior) という形容語を使用して、両者を区別・識別していた。英語でいえば、かたやメジャーないしシニア、かたやマイナーないしジュニアを付していたということになる。さらに同名の人物がもう一人いれば、間に「年中のほうの」(medianus) が差し挟まれる。例えば、カロリング家の中でピピンという名の三人の人物が登場する場合、「年長のほうのピピン」「年中のほうのピピン」「年少のほうのピピン」として区別したわけである。日本語訳するさいは、それぞれ簡便に「大」「中」「小」と記されることが多い。「大ピピン」「中ピピン」、そして「小ピピン」である。

キーナストが明らかにしたのは、あだ名として使われる「マグヌス」もまた多くは元来、同名の二名の人物を区別するさいに、年長者に対しつけられた形容語であったこと、つまり«maior»

や«senior»と同じく「年長のほうの」という意味で使用されたということであった。大ユーグの場合、もともとは、同名の息子ユーグ・カペーと区別するために、「年長のほうのユーグ」という意味で「マグヌス」という形容語が付加されたのであろう、ということである。

ただし「マグヌス」という語は往々にして今一つの、通例の意味、「偉大なる（偉大なる者）」と間違われることになる。今日のわれわれのみならず、中世の同時代の人びともまたそのように誤解して読み、さらにそこから「偉大なる（偉大なる者）」の意味で書き記す著述家も現れる。大ユーグの場合、その初出事例を提供する先のリシェも実はこの「偉大なる（偉大なる者）」の意味で使っている、とキーナストは見ている。「マグヌスとあだ名される」という記述から見ても、そのように考えるのが適切であろう。

キーナストの所説は、大ユーグの事例も含めて、研究者の間で受け入れられ、今日、定説となっている。ただし、大ユーグの場合、もとの意味や使われ方はともかく、今日、「偉大なる（偉大なる者）」という意味のあだ名として使用されているのが実状である（フランス語のユーグ・ル・グラン«Hugues le Grand»、英語のヒュー・ザ・グレイト«Hugh the Great»、ドイツ語のフゴー・デア・グローセ«Hugo der Große»など）。もっとも日本語の場合、大ユーグを「大ユーグ」と訳していて、その意味を「偉大なるユーグ（偉大なる者ユーグ）」と取ることも、先の「大ピピン」と同様に「年長のほうのユーグ（年長者ユーグ）」と取ることもできる。日本語の偶然の勝利というところか。

「マグヌス」というあだ名に関しては、もう一つ厄介な問題がある。先に「カペー」というあだ名について、おそらくはもともとは大ユーグにつけられていたこのあだ名が、同名の息子ユーグ・カペーとの混同から、後者にもつけられるようになる、という混乱した事態にいたったことを述べたが、「マグヌス」に関しても同様な事態が生じていた。十一世紀半ば以降、息子ユーグ・カペーもその名に「マグヌス」を付される事例が見られるようになるのである。これらの場合「マグヌス」は当然のことながら「偉大なる（偉大なる者）」の意味で使われていた。これが嵩《こう》じると、面白いことに、父ユーグも息子ユーグ・カペーも同時に「マグヌス」をつけて呼ぶものまで現れる。十二世紀前半に、同時代のノルマンディー・イングランドの歴史を叙述したオルデリック・ヴィタル（ヴィタルはあだ名。ラテン語 Vitalis。「活力ある者」などの意）の例をあげよう。大ユーグが死去し、そのあとをユーグ・カペーが継いだ件《くだり》では、

> ユーグ・マグヌスが死去して彼の息子ユーグ・マグヌス（Defuncto Hugone magno filius eius Hugo magnus）が大公権を継いだ。

息子ユーグ・カペーが西フランク＝フランス王へ選出された件では、

> ユーグ・マグヌスの息子ユーグ・マグヌス（Hugo magnus Hugonis magni filius）が国王に推挙された。

ユーグ父子への「カペー」「マグヌス」というあだ名の付与は、本人たちの死後の十一世紀以降、混乱の様相を呈しながら進行し、「マグヌス」が父ユーグに、「カペー」が息子ユーグに定着するようになるのは、十四世紀まで待たねばならなかった。

「ユーグ白公」「ユーグ黒公」

さて大ユーグについては、実はもう一つだけあだ名が、しかも「カペー」にも「マグヌス」にも先行するあだ名が、伝えられている。「白いユーグ（ユーグ白）」というのがそれで、大公であったことから「ユーグ白公」とも訳される。これは、ランス大司教座教会の聖職者（聖堂参事会員）フロドアール（九九六年没）が自身の生きた同時代（九一九〜九六六年）の歴史を、九六六年以降の近時点で叙述した『年代記』の中で、しかも九四一年の条項の中、二箇所だけで使っているものである。そのうちの一例を紹介しておこう。大ユーグが西フランク王ルイ四世（渡海王）と敵対していた状況下での、一場面である。

国王ルイ（四世）はブルゴーニュに駆けつけ、伯ロジェ（ロトガー）をユーグ黒（Hugo Niger）およびジルベールと和解させた。そしてそこからランへ戻り、アルヌールをその兄弟ランドリックとともに反逆のかどでこの都邑（＝ラン）から追放し、ロジェにランの伯権力をゆだねた。しかしてユーグ白（Hugo Albus）がランを占拠すべく急行しつつあるとの報を受け、司教（＝ランス大司教）アルトー（アルタール）と伯ロジェとともにブルゴーニュ地方へ帰還した。

見られるように、この箇所では「ユーグ白」に先立って「ユーグ黒」なる人物も現れている。「ユーグ黒」とは、時のブルゴーニュ大公ユーグである。父はブルゴーニュ大公リシャール、兄は九三六年に死去した西フランク王ラウールで、通例フロドアールにより伝えられるこのあだ名を用いて呼ばれる（日本語では「ユーグ黒公」と訳される）。

西フランク王国では、九二二年ロベール（一世）、九二三年ラウールと、相次いでカロリング家以外の国王が選出されたが、九三六年、ラウールが死去すると、ロベールの息子で当時最大の勢力を有していた大ユーグが中心となって、イングランドにあったカロリング家の先王シャルル三世（単純王）の遺児ルイを、国王として招聘した（ルイ四世、渡海王）。先に少しふれたように、ルイのこの推戴の背景には有力諸侯間の複雑な対立関係があった。大ユーグはブルゴーニュでの支配をめぐって故王ラウールの弟ブルゴーニュ大公ユーグ（黒公）と敵対しており、またランス大司教座の支配をめぐって、自分の息子ユーグを一時期ランス大司教の地位に据えていたヴェルマンドア伯エルベールとも敵対していた。その後、九四〇年代はじめにいたるまで、国王ルイ四世、大ユーグ、ユーグ黒公、エルベールらの敵対関係と同盟関係はめまぐるしく変転する。

このあたりの経緯を記すフロドアールは、まさにこの時期に登場する、エルベールの息子を含めた、三人の「ユーグ」を書き分けるのに非常に苦心している。例えば九三六年の条項の末尾部分では、ロベールの息子ユーグはリシャールの息子ユーグと（Hugo filius Rotberti cum Hugone filio Richardi）ブルゴーニュを彼らの間で分け合うことで和を結んだ。

と、それぞれ両者の父の名を付して記す。単に「ユーグ」と記すだけでは誤解されやすいと考えてのことであろう。他に、大ユーグへは父ロベールに国王の称号をつけて「国王ロベールの息子ユーグ」、ユーグ黒公へは国王であった兄の名を出して「国王ラウールの兄弟ユーグ」という呼び方も、随所で見られる。そしてランス大司教ユーグもときに「伯エルベールの息子ユーグ」と記して、読む者の理解を助ける。

こうした中で、「ユーグ白」（「ユーグ白公」）、「ユーグ黒」（「ユーグ黒公」）という呼び方、つまりあだ名も登場するのである。大ユーグの「ユーグ白」の場合、フロドアールの『年代記』において先述のように九四一年の条項の中で二度登場するのみで、このののちの他の歴史叙述家たちの作品においては見られない。したがって当然、このあだ名にまつわる逸話の類も伝わってはいない。「ユーグ黒」の場合は九四〇年の条項の中で二度、先の九四一年の条項で一度、さらに九四六年と九五〇年の条項でそれぞれ一度、計五度登場し、フロドアール以後では、すぐあとの時期、十世紀末に書かれた、既出のリシェの『歴史四書』の中で一度だけ登場する（第二書・第九七章「黒とあだ名されるユーグ」Hugo cognomento Niger）。ちなみにリシェは大ユーグに対しては、「マグヌス」というあだ名を一度だけ使用するのみで、「ユーグ白」というあだ名は記していない。「ユーグ白」と「ユーグ黒」という呼称はフロドアールが創出したものであろうか。それともすでに両名へのあだ名として知られていたものであろうか。この問いかけに対し断定的に答えることは困難であるが、フロドアールがこの「白」「黒」というあだ名を多用しているわけではないところを見ると、少なくとも彼が書きしたためた時期にこれらのあだ名が定着していたわけではないと考えられよう。

三人の「ユーグ・カペー」（その2）

われわれの関心を「カペー」というあだ名へもどそう。すでに幾度かふれたように、「ユーグ・カペー」と呼ばれた人物はユーグ・カペー、大ユーグの他にもいた。右にユーグ黒公として登場したブルゴーニュ大公ユーグ（九五二年没）である。

彼は、ディジョンのサン・ベニーニュ修道院において十一世紀中ごろに書かれた『年代記』ではつぎのようにいわれる。

> （ブルゴーニュ大公リシャールの）三人目の息子はユーグという名であった。カペー（Capito）とあだ名され、低地ブルゴーニュの大公であった。

ブルゴーニュ地方のオータン近傍のフラヴィニィ修道院の修道院長（一〇九六年～一一〇〇年頃）であったユーグ（フラヴィニィのユーグ）は、フラヴィニィに到来する前の一時期ディジョンのサン・ベニーニュ修道院にいたが、その彼が十二世紀初めに著した大著『年代記』でも、ユーグ黒公は

「ユーグ・カペー」と呼ばれる。先のフロドアールの記述を下敷きにして書かれたと思われる九三六年の条項の一節を紹介しよう。

ユーグ・マグヌス（＝大ユーグ）はリシャールの息子ユーグ・カペーと（Hugo Magnus cum Hugone Capito Richardi filio）ブルゴーニュを彼らの間で分け合うことで和を結んだ。

フラヴィニィのユーグは大ユーグを「大ユーグ」と、ユーグ黒公を「ユーグ・カペー」と呼び、ユーグ・カペーには特にあだ名を付して呼んではいない。しかし十三世紀、フランス北東部の現マルヌ県に所在したトロワ・フォンテーヌ修道院の修道士アルベリック（オーブリィ）の書き記した『年代記』では、大ユーグが「大ユーグ」かつ「カペー」と呼ばれるとともに、ユーグ黒公も「ユーグ・カペー」と呼ばれる始末である。例として九五八年の条項を紹介しよう。なお文中に記されるシジェベールとは、現ベルギーに所在したジャンブルー修道院の修道士で、十二世紀初に『年代記』を著し、一一一二年に没している。

フランク（フランス）人たちの大公ユーグ・マグヌス（＝大ユーグ）が死去する。彼はCapito（＝カペー）ないしCappatus（＝カペー）といわれ、シジェベールにおいてはパリ伯と称される。彼は皇帝（＝オットー一世）の妹ハトヴィヒから三人の息子をもうけた。［一人は］フランキア（フランス）における大公ユーグ。彼はのちに王国の任に就いた。そして他の二人はオトン（オット－）とアンリである。オトンはブルゴーニュ大公となり、ジルベールの娘を妻とした。ジルベールは先に、国王ラウールの兄弟であるユーグ・カペー（Hugo Capitus）のあとにブルゴーニュ大公権を得ていた。

小まとめ　混迷の「ユーグ・カペー」

これまでのところの要点をまとめよう。大ユーグ（九五六年没）、ユーグ黒公（九五二年没）、ユーグ・カペー（九九六年没）、この三人のユーグたちのあだ名について、これらを伝える歴史叙述家たちにもあらためて少しふれながら振り返ると、つぎのようになる。

彼ら三名が生前に、どんなものであれ、あだ名で呼ばれていたことを示す史料は、今日残されてはいない。大ユーグおよびユーグ黒公とほぼ同時代を生き、時代（九一九～九六六年）の動きを活写したランス大司教座教会の聖職者フロドアール（九九六年没）は、両名の混同や誤解を避けるべく慎重に書き記しているが、その中で大ユーグを「ユーグ白」、ユーグ黒公を「ユーグ黒」と呼んだ。ただしこれらのあだ名を多用したわけではなく、「～の息子」「～の兄弟」など、彼らをアイデンティファイするための伝統的な呼び方を使用する中で、数度使用しているにすぎない。

十世紀末、ランスのサン・レミ修道士リシェ（九九八年頃没）もその『歴史四書』において「～の息子」などの伝統的な呼び方を多用したが、大ユーグに対して「マグヌスとあだ名されるユーグ」、ユーグ黒公に対しても「黒とあだ名されるユーグ」と、それぞれ一度だけ、あだ名をあげて呼んだ。「大ユーグ」というあだ名の今日確認される初出事例であった。リシェは、フロドアールの叙述などを資料として、主として八八八年から九九五年にいたるまでの西フランク王国の歴史を描いた。フロドアールが九六六年までを叙述の対象としたのに対し、リシェはさらに約三〇年先までを叙述の対象としたわけである。この三〇年の間、大ユーグに代わってその息子ユーグ・カペーが西フランク王国の政治史の表舞台に現れる。この時期については、歴史叙述家にとって、大ユーグとユーグ黒公との間の混同や誤解に代わって、大ユーグとユーグ・カペーとの間のそれが回避されるべき問題として立ち現れていたことであろう。ヴァルター・キーナストの所説が正しいとするなら、息子ユーグ・カペーとの区別・識別のために大ユーグに対し「年長のほうのユーグ」という呼び方が、リシェの作品に先立って、既になされていたはずである。リシェがこれをあだ名として、すなわち「大（＝偉大なる者）ユーグ」の意味で記していることは、この間の「マグヌス」のあだ名としての使用の進展具合を垣間見させてくれている。

十一世紀にはいり、大ユーグに対し「カペー」というあだ名が登場する。シャバンヌのアデマールの一〇二五／三〇年頃に書かれた作品が、今日確認される初出事例であった。これ以後、大ユーグに対して「大（＝偉大なる者）」というあだ名と「カペー」というあだ名がともに使われるようになる。例えばジュミエージュのジロームの十一世紀後半に書かれた作品にいたっては、われわれの読み方が正しいならば、大ユーグにこの二つのあだ名が同時に記されている。

大ユーグに対し二つのあだ名が並行して使用される事態から、誤解が生じたのであろうか、彼への二つのあだ名のうちの一つ、「カペー」については、十一世紀中ごろからユーグ黒公、すなわち九三〇～四〇年代に彼のライバルとして立ち現れたブルゴーニュ大公ユーグに対しても使用されるようになる。フラヴィニィのユーグはその十二世紀初めの作品において、「大(=偉大なる者)」「カペー」というあだ名を、前者を大ユーグに、後者をユーグ黒公に、と分け合うことで折り合いをつけた。しかして十三世紀のトロワ・フォンテーヌのアルベリックにいたっては、大ユーグに「大(=偉大なる者)」の他に「カペー」というあだ名があることを紹介しつつ、ユーグ黒公を「ユーグ・カペー」と呼び、読む者を困惑させる。

この間の十一世紀後半から十二世紀初め、大ユーグの息子、ユーグ・カペーに対しても「カペー」というあだ名が使用されるようになる。そしてそれに先立つ十一世紀半ば以降には、ユーグ・カペーに対して「大(=偉大なる者)」というあだ名も使用されていた。おそらくはいずれのあだ名も、父である大ユーグとの混同、誤解から来たものであると考えられる。

こうしてもともとは大ユーグと息子ユーグ・カペーとの区別・識別のために使用されたと思われる「マグヌス」、および当初大ユーグに対してつけられた「カペー」というあだ名は、十一世紀半ば以降、大ユーグ、ユーグ黒公、ユーグ・カペーの三者に対するその使用をめぐって混迷をつづける。今日の使われ方へと定まるには、十四世紀まで待たねばならなかったのである。

「ユーグ・カペー」と呼ばれた人びとの話のしめくくりに、またまた実は、と前置きせねばならないことがある。いたずらにことを複雑にしたくはないのだが、念のためふれておくならば、実はもう一人が、十一世紀の人物であるが、「ユーグ・カペー」と呼ばれていた。ユーグ・カペーの息子、国王ロベール二世(一〇三一年没)は、その長子ユーグを、自分が父ユーグ・カペーによってなされたように、自分の在位中の一〇一七年に共同統治王へ推戴させていた。このユーグは父王に先立って一〇二五年に早世し、王位は弟アンリ（国王アンリ一世）が継ぐことになるのだが、このユーグ、つまりユーグ・カペーの孫も、後年、十二世紀の諸作品において「カペー」とあだ名されているのである。そして彼はまた同時に「マグヌス」とも呼ばれていた。

さらに「マグヌス」というあだ名のみでいうと、国王アンリ一世の息子で、国王フィリップ一世の弟ユーグ（一一〇一年没）も、「カペー」を「聖マルティヌスの外套」と解く後述のフォワニィ修道院の『系譜』作品などにおいて、このあだ名「マグヌス」で呼ばれている。

五人のユーグに対し、「ユーグ・カペー」四名、「大ユーグ」四名。十四世紀までつづく混迷。「カペー家」という表現（後述）に対するフランスの中世史家ミシェル・パリスの、「この表現を定着させたのは歴史であった」との言に倣うなら、ユーグ・カペーに「ユーグ・カペー」という表現を、大ユーグに「大ユーグ」という表現を定着させたのもまた歴史であった。

「カペー」というあだ名は何を意味したのか

さてもう一つの問題に立ち入ろう。「カペー」というあだ名の意味についてである。しかしそれは先に少しくふれたように、実はよく分かっていないのである。シャバンヌのアデマールにおける《Capetius》を皮切りに、《Capet》《Capetus》《Capes》《Chapes》《Chapet》《Capucius》《Cappatus》《Capito》など、様々な綴りで伝えられるこの語の意味として、「頭《あたま》」「頭《かしら》、頭目」（ラテン語で caput《カプット》）、「頭でっかち」（同 capito《カピト》）、「頭巾、フードつき外套、外套（マント、ケープ）」（同 cappa《カッパ》、フランス語で chaperon《シャプロン》、capuchon《カピュション》、chape《シャプ》、cape《カプ》）などがあげられているが、そもそもどの意味で用いられたのか、またこれを記していった歴史叙述家たちがどのように理解していたのか、皆が同じ意味合いで理解していたのか、それとも個々別々であったのか、よく分からないのである。むしろこのあだ名の登場とともに、これを解釈しようとする著述家も現れてくることからすると、各人各様に解釈されたまま、使われてきたように思われる。そうした中から今日、広く流布している解釈が二つあげられる。

俗人修道院長たる権力者の象徴としての「カペー」

九世紀末以来、カペー家は西フランク＝フランス王国におけるいくつもの有力修道院を自家の権力下においていた。パリのサン・ドニ修道院、サン・ジェルマン・デ・プレ修道院、サン・ジュヌヴィエーヴ修道院、トゥールのサン・マルタン修道院、アミアン近傍のサン・リキエ修道院、オルレアンのサン・テニャン修道院など、名だたる修道院がカペー家支配下のそれとして名を連ねる。

九世紀後半、カロリング朝の西フランク王国においても、東フランク王国においても、政治的混乱の中、かつての王国修道院がつぎつぎに有力貴族らの手中に落ちた。彼らのねらいは主に修道院の所有する豊かな所領であった。貴族らはそれら修道院の修道院長の地位に就き、修道院の所領を「修道院長領」(mensa abbatis) と「修道士領」(mensa fratrum) に分割して、前者を事実上自己の所領に加えた。聖職者ではない俗人の貴族が形だけ修道院長になっているため、歴史研究者はこれを俗人修道院長と呼んでいる。カペー家もまた、こうした貴族たちの列にあって、他の貴族に抜きんでて、多くの有力な修道院をその支配下においていたのである。

「カペー」の解釈の一つは、大ユーグに対してであれ、ユーグ・カペーに対してであれ、このいくつもの有力修道院を支配していた状況を、「カペー」というあだ名に象徴させて呼んだもの、とするものである。すなわち「カペー」（cappa《カッパ》、chape《シャプ》、cape《カプ》）は修道院長の着用する「外套」を意味し、これがいくつもの有力修道院の俗人修道院長であった大ユーグ、あるいはユーグ・カペーの権勢を象徴していた、というのである。ただしその外套がマント（長衣）なのかケープ（短衣）なのかは、分からない、というよりこれを問うことにあまり意味はあるまい。

聖マルティヌス伝説

「カペー」が「外套」を意味したとなると、もう一つの解釈も提起される。それは大ユーグやユーグ・カペーが俗人修道院長であった修道院の一つ、トゥールのサン・マルタン修道院にかかわる伝説と関連する。

トゥールのサン・マルタン修道院は四世紀の人、トゥール司教マルティヌス（聖マルティヌス、フランス語でサン・マルタン、三一六年頃～三九七年）の墓廟に起源をもつ修道院である。マルティヌスはパンノニア（現ハンガリー）出身のローマ帝国の軍人であったが、除隊したのち聖職者となり、異端とされたアリウス派勢力と戦ったのち、三六〇年頃にはポワティエ近郊にガリア地方（現フランス）初の修道院とされるリギュジェ修道院を建設したといわれる。三七二年にトゥール司教になり、同時期にトゥール近郊にマルムーティエ修道院を建設して、聖職者の育成とガリア農村部におけるキリスト教伝道に大きな役割を果たした。三九七年フランス中西部のカンドで死去し、その遺骸はトゥールに運ばれて埋葬された。

マルティヌスの名声はその死後約一世紀間にガリア西部に広まったが、まだ地方的聖人にとどまっていた。この間、西ローマ帝国が滅び（四七六年）、ガリアはゲルマン人の諸勢力が占拠する情勢となり、ガリア北部をメロヴィング朝フランク王国が、東南部をブルグント王国、南西部～スペイン一帯を西ゴート王国が支配した。マルティヌスの名声が決定的に高まる契機は、フランク王国初代国王クローヴィスがマルティヌスへ傾倒し、ひとかたならぬ崇敬を寄せたことにあった。ことに五〇七年ヴィエの戦いは西ゴート勢力をガリアから一掃する大きな転機となったが、この戦いでのクローヴィスの勝利はマルティヌスの霊の導きによるものとされ、これ以後、マルティヌスはメロヴィング家の人びとから崇敬を寄せられ、事実上、フランク王国の守護聖人に位置づけられた。

ところでマルティヌスに近しい人物であったスルピキウス・セウェルス（四二〇年頃没）の手になる『聖マルティヌス伝』は、軍人時代の若きマルティヌスとキリストとの出会いについてつぎのような興味深い逸話を伝えている。

マルティヌス十八歳、ガリア北部アミアンの駐屯部隊に配属されている。厳冬のこと。簡素な軍人の服をまとい、武器である剣を携えたマルティヌスは、アミアンの市門において裸の乞食に出会う。乞食は通りがかる人びとに憐れみを乞うが、だれもがこの男のかたわらを通り過ぎるばかり。マルティヌスはこの乞食が、自分のために取り置かれたものと理解するが、しかし、男に

［図18］外套を分け与える聖マルティヌス
祭壇画、12 世紀、カタルーニャ、ビック司教座博物館蔵

施《ほどこ》そうにも、着ている外套（chlamys）の他に何ももってはいない。そこでマルティヌスは剣を取ると、外套を真っ二つに断ち切り、一つを乞食に与え、残りをふたたび身に着けた。その夜、寝入っていた彼のもとに、半分となった外套、すなわち彼が乞食に着せた外套を身に着けた主イエス・キリストが現れる。キリストは周囲の天使たちにいう。マルティヌスが最も小さき者の一人になしたことは、わたしにしてくれたことなのである、と。明けて、主に嘉《よみ》されたマルティヌスは受洗へと急ぐ。

キリストが発した言葉は『新約聖書』「マタイによる福音書」二五章四〇節の有名な箇所からとられている。この外套の逸話はその後伝説化して聖マルティヌス崇敬の広がりとともに流布していき、レリーフや絵画の題材にもされる。そのさいマルティヌスは、スルピキウス・セウェルスが述べるところにはないのだが、よく、白馬に騎乗した姿で描かれている。

聖マルティヌスの外套としての「カペー」

さて、聖マルティヌスの遺した半分となった軍服の外套（chlamys）は彼のキリストとの出会いの証しとなることから、聖遺物として高い尊崇を集めることとなる。それとともにその外套は単に外套《カッパ》（cappa、中世ラテン語で cappella《カッペラ》 とも）と呼ばれるようになる。それはさらにメロヴィング朝以降、歴代の王の宝物となり、宮廷で保管されるところとなる。その結果この外套（cappa、cappella）を祀《まつ》るところは「カペラ」（cappella）、これを護るひとは「カペラーヌス」（cappellanus）と呼ばれるようになる。「礼拝堂」（英語でチャペル chapel）、「礼拝堂付司祭」（英語でチャプレン chaplain）の始まりである。この聖マルティヌスの外套伝説と礼拝堂の結びつきについて語る、カロリング朝期の九世紀末、ザンクト・ガレン修道院の修道士、かの、ノトカーの著した『カール大帝業績録』の一節を紹介しよう。

（カール大帝は）かくして上述の貧しい者たちの中から、読み書きに最も優れた者を彼の宮《カ》廷礼拝《ペラ》堂に採用した。フランクの王たちは彼らの聖所を、彼らが自分たちを護るものとして、かつ戦いで敵を威圧するため、常に携えた聖マルティヌスの外套《カッパ》から、このように呼びならわした。

聖遺物とされた「聖マルティヌスの外套」がこののちどうなったかはよく分からない。しかし、聖遺物というものは信徒たちの尊崇を集めるべく、よく創作された。ただ、「聖マルティヌスの外套」がその後、いつ、どのような形で姿を現すにせよ、それがトゥールのサン・マルタン修道院に関係づけられることだけは、確実である。メロヴィング朝フランク王国、そしてその領域を受け継ぐ西フランク王国＝フランス王国の守護聖人であった聖マルティヌスを祀るトゥールのサン・マルタン修道院、その修道院長である、となれば、西フランク＝フランスの支配者の地位を正統化するのにまさに打ってつけである。かくして、カロリング家に代わって国王となったカペー家を正統化するべく聖マルティヌス崇敬が、そしてこれを象徴するものとして「聖マルティヌスの外套」が利用されることになる。「カペー」の今一つの、かつ最も強力な解釈がこれである。

十二世紀半ば、一一六〇年頃、北フランス・エーヌ県に所在したフォワニィ修道院で書かれたいわゆる『系譜』作品において、大ユーグについてつぎのように説明される。「カペー」を「聖マルティヌスの外套」と解釈する初出事例である。

　国王ロベールを、王権ではなく大公権において、彼の息子、マグヌスにして、約束の地（＝聖地）からフランク（フランス）へ移置奉遷された主の外套（cappa）からカペー（Cappatus）と呼ばれるユーグが継いだ。

例えば既出の、十三世紀のトロワ・フォンテーヌ修道院の修道士アルベリックはその『年代記』の九二二年の条項（念のため言い添えると、九二三年の条項ではなく）で右の箇所を、そのまま引き写している。

かくして「カペー」とは、大ユーグないしユーグ・カペーがトゥールのサン・マルタン修道院長として祀り、かつ彼らの権威の後ろ盾ともなりうるフランスの守護聖人「聖マルティヌス《サン・マルタン》」を象徴する、何よりもこの聖人の主キリストとの出会いを象徴する「外套《カッパ》」から来ている、という解釈・理解が流布することになった。

もとよりこれ以降この解釈・理解が一般化したというわけではない。解釈はその時々、その時代その時代の情勢により容易に変わりうる。そもそも右の解釈・理解を伝える一人、トロワ・フォンテーヌ修道院の修道士アルベリック自身が、既述のように、その一方で、ユーグ黒公をも同時に「ユーグ・カペー」と呼んでいた。いったい彼はユーグ黒公の場合、「カペー」というあだ名を、どう理解していたのであろうか。この意味でも、読む者を困惑させる。

小まとめ　記録の中の「カペー」、混迷する「カペー」

まとめよう。あだ名「カペー」の初出事例を伝える既述のアデマールの作品では、例えば大ユーグと同時代の人、ポワトゥー伯の「麻屑頭のギョーム」(Willelmus Caput-stuppae) も登場しているが、われわれは少なくともこのあだ名の意味はすぐに分かる。しかし「カペー」というあだ名については、それが何を意味したのか、ということすら明確ではない。「頭(あたま)」「頭(かしら)・頭目」「頭でっかち」「頭巾」「外套」等々。いずれなのか。また「外套」であるとしたら、どのような外套であるのか。修道院長の着用する外套か、聖マルティヌスの外套か。いずれであるのか、不明としかいいようがない。

このあだ名が大ユーグとともに初めて文字に記されたさいに、どのような背景で、どのような意味で用いられたかは、もはや知る由もない。ただ、もともとユーグ・カペーに付されたあだ名ではなかったことから、ユーグ・カペーにかかわる記憶・伝承に基づいたものではないことは、確実である。あだ名というと、われわれは往々にして、記憶・伝承の中に生きてきたものが文字に記されて表出するもの、と考えがちであろうが、ユーグ・カペーへのあだ名「カペー」はそうしたものではないのである。おそらくは中世の人びともユーグ・カペーのあだ名に関しては、記されたもの、記録されたものの中から知り、そして読み取ることになったのであろう。そこから各人が各様に解釈を展開することになる。新たな伝説が生まれることにもなる。「カペー」の意味がさまざまに捉えられる一因がここにもあろう。

家名「カペー家」の由来

あだ名「カペー」をめぐる話題のしめくくりに「カペー家」という姓・家名についてふれておこう。

十二世紀末にイングランド、ロンドンのセント・ポール大聖堂において首席司祭を務めたラルフ（ラルフ・デ・ディケト、ディケトゥム出身のラドゥルフス。一一九九年ないし一二〇二年頃没。ディケトゥムについては、イングランドのノフォークのディスや、フランスのブルゴーニュのディシィなど、諸説ある）は、十二世紀末〜十三世紀初に著した歴史書『イマギネス・ヒストリアールム（歴史の肖像）』において、ユーグ・カペー以後のフランス王たちについて、国王ユーグ・カペー（Hugo Capet rex）の時代から「カペーたち」（Cappaticii）とあだ名されたとして、彼らを「カペーたち」（Capaticii）と呼ぶ。フランスの中世史家フェルディナン・ロトによれば、これが「カペー家」（Capétiens［フランス語］。日本語訳では「カペー家」とされるが、原義は「カペーたち」）の初出事例である。ユーグ・カペーと早世したその孫ユーグ以外に「カペー」とあだ名された国王は確認されないが、大ユーグを含め、ひょっとしたらユーグ黒公をも含め、十一世紀半ば〜十二世紀におけるあだ名「カペー」をめぐる右に見てきた状況が、ラルフに「カペーたち」の頻出を認識させたのかもしれない。いずれにせよ、われわれはここに、あだ名由来というめずらしい家名の登場を見ることになる。

もっとも、「カペー家（カペーたち）」という家名は巷間《こうかん》用いられた呼称であって、カペー家の人たち本人がそのように名乗ったわけではない。彼らはしいていえばフランス語でいうところの「メゾン・ド・フランス」（maison de France、フランス家）、つまりは「フランス王家」と称したのである。この点ではカペー家につづくフランス王家である「ヴァロア家」「ブルボン家」も同じであった。王は王国における唯一無二の存在であるゆえに、わざわざ姓・家名を名乗らずともよい、というところか。日本で唯一姓をもたない天皇―天皇家に通じるところがある。

あだ名「カペー」が作り出す歴史認識

右に見てきたように、十二世紀半ば、一一六〇年頃、フォワニィ修道院の修道士は「カペー」の意味を聖マルティヌスの外套と結びつけた。最後にこのことがもつ意味をあらためて考えてみよう。

カペー家の王権は、ユーグ・カペー以降確立したとはいえ、その正統性をおりにふれて問われてきた。カロリング朝に対する簒奪王権であるとする見解である。これに対するカペー家側からの王権正統化の試みとしてよく知られるものが、カペー家のカロリング家との系譜的連関の主張、つまりカペー家の王たちが系譜的にカロリング家につながるとの主張である。十二世紀末の一一八〇年にフィリップ二世（在位一一八〇～一二二三年）がカロリング家の末裔であるエノー伯の娘イサベルと婚姻し、一二二三年に両者の息子ルイが国王（ルイ八世）に即位したことは、王権のカロリング家血統への復帰として喧伝された。さらにフィリップ四世（在位一二八五～一三一四年）期、十三世紀末以降には、カロリング家との系譜的連関は、事実とは異なるのだが、ユーグ・カペーの出自にさかのぼって主張されるようになる。

ところでこれらより前に、フィリップ一世（在位一〇六〇～一一〇八年）が一〇八一年に生まれたその長子に、カロリング家との血縁関係がないにもかかわらず、カロリング家の「主導名」の一つルイ（ルードヴィヒ）という名をつけ（のちの国王ルイ六世）、また一〇八五年生まれの三男にもカロリング家の「主導名」の一つシャルル（カール）と名づけている。このことはどのような意味をもっているのだろうか。

子に、自家よりも政治的・社会的に上位にあった親族集団の「主導名」を名づけた有名な例がある。カール大帝による七七八年に生まれた双子の男子への、ルードヴィヒとロタールという命名である。ルードヴィヒ（フランス語でルイ）とはメロヴィング家の「主導名」の一つであったクロードヴェヒ（クローヴィス）に他ならず（ドイツ語で示すとChlodwech > Hlodowech > Ludwig、フランス語で示すとClovis > Louis、と変化）、ロタール（フランス語でロテール）もメロヴィング家の「主導名」の一つクロタール（ドイツ語で示すとChlothar > Hlothar > Lothar と変化）に他ならなかった。「主導名」のはたした役割・機能については、第五章をはじめとして、いく度かふれた。家名（姓）がなく、個人名しかない時代にあって、それはその人物がいかなる親族集団に属しているかを示し、いわば姓の役割をも担っていた。このおりのカール大帝のねらいは、メロヴィング家から王権を簒奪したカロリング家が、その王権の正統化のために、名前の継受をとおしてメロヴィング家との系譜的連関を装うことにあった。ちなみに、ルードヴィヒ、およびロタールという名前は、以後、カロリング家において「主導名」として受け継がれていくことになる。

フィリップ一世がその二人の男子にルイ、シャルルと名づけていることも、おそらくは右のカール大帝の事例と同じ意味合いをもっていたと思われる。名前の継受をとおしてカロリング家との系譜的連関を装う意図である。ちなみにここでもこれ以後、ルイおよびシャルルという名はカペー家の「主導名」として受け継がれていくことになる。

カペー家によってなされていた王権正統化の試みという政治的文脈の上に、「カペー」の意味を聖マルティヌスの外套と結びつけた解釈をおいてみよう。「カペー」と聖マルティヌスの外套との結びつきは、既述のようにカペー家の支配権の正統化に積極的に寄与する。カペー家側の王権正統化の「戦略」が、カロリング家との系譜的連関の主張に限らず、様々に試みられたことは想像に難《かた》くない。はたして「カペー」と聖マルティヌスの外套との結びつきがカペー家側から意図的に喧伝されたかどうか。これに明確に答えることはできない。が、しかし「カペー」のこの解釈が広まることは、期せずして、カペー家側の意図に適《かな》うものであり、実態として、カペー家側の王権正統化「戦略」の一翼を担っていったといえよう。

かつてドイツの中世史家ゲルト・テレンバハは中世という時代を「肖像画なき千年」と呼び、史料上の制約から中世における個々人の人物像を浮かび上がらせることが困難であることを吐露した。そのような状況にあって、あだ名は、「記号」という役割を越えて、聞く者、読む者、そして語る者、書く者の想像力を掻《か》き立てる。「カペー」というあだ名の場合、人物像への想像にとどまらず、いわば政治イデオロギーをも表出させることになった。あだ名が時に歴史認識をも作り出すことの一例を示していよう。

あとがき

ヨーロッパの中世の人びとに対するあだ名——、それを私はヨーロッパ中世の歴史を研究し始めたころから、様々な書物において必ずといっていいほど目にしたものだった。それこそ代名詞のように使われているのを目の当たりにしてきた。ヨーロッパ中世にはあだ名で呼ばれる人が多いことも、漠然と認識していた。それでも、何故そうなのか疑問視し、それを研究対象としようなどとは、考えもしなかった。

あだ名の問題に入り込むきっかけは、故森本芳樹先生の一連のプリュム修道院所領明細帳研究に接したことにあった。もとより森本先生の偉業に伍して何かを論じようというのではない。先生が目をつけておられない些細な一点が気になったのだ。

この所領明細帳には三枚の挿画があり、本書にも掲載した第一の挿画にピピンとカール大帝父子が描かれている（[図6] 参照）。森本先生を含め、独仏の研究者の誰もが、左に描かれた人物をピピン、右のそれをカールと説明する。しかし実は、詞書にはどちらがピピンで、どちらがカールであるかは、書かれていないのだ。服装・装身具その他、両者を区別するものは描かれていない。にもかかわらず、誰もそれを指摘してはいない。

だが、誰もがこの挿画を見て、左の人物をピピンと考えてしまうにはそれなりの理由がある。何故なら、左の人物は背丈を低く描かれており、ピピンは「短軀」とあだ名されるからだ。

ところでこの所領明細帳にまつわる疑問点のなかに、その原本はいつ作成されたのか、今日伝わる写本はその原本に忠実なものなのか、などの問題があった。挿画の作成者がピピンの背丈を低く描いていることから、ピピンがいつから短軀と呼ばれるようになったか（そのようなことは所領明細帳の研究者たちは誰も問題にしていなかった）が分かれば、これらの疑問にも何らかの解答が得られるのではないか、――これが、私があだ名の問題に入り込むきっかけであった。

右の問題をまとめたものが本書、巻末文献表の拙稿の最初にあげた論文。たいした結論を得ることはできなかったが、森本先生からは、岡地君はこんなこともやるの、とおっしゃりつつ好意的な反応をいただいた。本書は、この論文をもとに、その後つづけた研究をまとめ直したもの。まずはあだ名を研究することへのきっかけを与えていただき、背中を押してくださった（と私が勝手に思い込んでいる）森本先生にここであらためて感謝の意を表したい。

佐藤彰一先生にも感謝の意を表したい。

佐藤先生には名古屋大学でおこなわれてきた研究会などで身近に接し、毎回その幅広い学識や鋭い洞察にただただ瞠目するばかりであった。その佐藤先生の書かれたものが、あだ名のことを勉強し始めた私にとって、一つのネックになってしまった。佐藤先生の書かれた概説書の中に、私にはどうしても納得できないところがあったのだ。

直接伺えばよかったのかもしれないが、気後れして、そうすることはできなかった。自分でできる限り調べ、その結果得られた判断を、先にあげた論文の中で論じた。それでも私には、自分でもよく認識していたのだが、なお、論証不足のところがあった。肝心の一八六八年刊行の史料集が手に入らず、推測を提示したまま、それ以上の判断を停止せざるをえなかったからだ。十年後、ようやくその史料全体を読む機会を得、論文にまとめることができた。それが文献表の拙稿の最後のところにあげた論文で、文字にすればわずか数行の結論を得るために、十年かかってしまった。それでも、これでようやくこれまでの研究をまとめる作業に取り掛かることができるようになった。

この論文に対して佐藤先生からは逸早く、これまでで一番長く、きわめて懇篤なお手紙をいただいた。年甲斐もなく、感涙。この間、学問上のこととはいえ批判的とも受け取れる私の言説に対し、非難めいたことも言わず見ていて下さったことに、あらためて感謝。考えてみれば、概説書の中の佐藤先生の一文がここまで私を突き動かしてくれたのかもしれない。その意味でも感謝、です。

もうおひとかた、早川良弥先生にも感謝の意を表さねばならない。早川先生とは研究対象とする時代・地域が重なるところも多く、修士論文以来、ご指導をえてきた。

本書第六章はある意味で早川先生のお仕事をなぞっただけであるが、本文でお名前をあげることはなかった。ここでお詫びするとともに、記して感謝の意を表します。興味のあるかたは拙稿

「命名から見た初期カペー家の親族集団意識」にあたっていただければと思います。

本書が成るにあたってもっとも感謝の意を表しなければならないかたは、八坂書房の編集者、八尾睦巳さん（親しみを込めて、敢えてさんづけで呼ばせていただきます）です。八尾さんには原稿段階から、隅から隅まで目を通していただき、また校正の段階に入ってもさらに読み込んだうえで、数えきれないほどの多くの助言やアイデアをいただいた。心より感謝し、お礼申し上げます。

また、本書の原稿を一番最初に読み、本にすることを勧め、八尾さんのもとへ原稿を送ることをためらっていた私を後押ししてくれた長女の鎌田友紀にも感謝します。

最後になりましたが、本書を手に取って下さったかたが、ヨーロッパ中世の歴史にいっそう興味をもってくださったなら、それに勝る喜びはありません。

二〇一七年十二月二十五日

岡地　稔

[著者略歴]
岡地 稔（おかち・みのる）
1952年生まれ。
南山大学外国語学部教授。
専門は中世初期ヨーロッパ史。

主要著訳書：『権力・知・日常――ヨーロッパ史の現場へ』（共著、名古屋大学出版会、1991年）、『西洋中世史（上）継承と創造』（共著、ミネルヴァ書房、1995年）、ディンツェルバッハー編著『修道院文化史事典』（共訳、八坂書房、2008年）など。

主要論文：『ザンクト・マクシミン修道院改革――10世紀前期ロートリンゲン政治史の一断面』（その1～3、『アカデミア』人文・社会科学編50・51・56、南山大学、1889-92年）、「911年 コンラート1世国王選挙」（その1～2『アカデミア』人文・社会科学編79・81、南山大学、2004-05年）、「年代記史料はうそをつかないか――『モンツァ本アレマニエン年代記』のテキスト構造」（『アカデミア』文学・語学編79、南山大学、2006年）、「中世前期・東フランク＝ドイツ王国における「宮廷アーカイヴ」（『アルケイア――記録・情報・歴史』第8号、南山大学史料室、2014年）など。

あだ名で読む中世史――ヨーロッパ王侯貴族の名づけと家門意識をさかのぼる

2018年1月25日　初版第1刷発行
2020年6月10日　　　第3刷発行

著　者　岡地　稔
発行者　八坂立人
印刷・製本　モリモト印刷(株)

発行所　(株)八坂書房
〒101-0064 東京都千代田区神田猿楽町1-4-11
TEL.03-3293-7975　FAX.03-3293-7977
URL.: http://www.yasakashobo.co.jp

ISBN 978-4-89694-245-3

索引

＊関連図版のある頁には★印を付す。

【サ】

【タ】

【マ】

【ヤ】

【ラ】

【ワ】

史料・文献

■史料

・叙述史料を中心にして所載箇所を示した。煩雑になるため掲載ページは省略した。ただし「系譜」作品の多くは『モヌメンタ・ゲルマニアエ・ヒストリカ史家部（フォリオ版）』（略号 MGH SS）に所載されているが、タイトルがないものもあるため、一部、掲載ページを載せた。
・略号 MGH SS = Monumenta Germaniae Historica, Scriptores (in Folio)
・略号 AQDGM = Ausgewählte Quellen zur deutschen Geschichte
・文書史料については省略した。

『アドン年代記』S. Adonis Viennensis Chronicon in aetates sex divisum, in: Migne, PL 123

『イマギネス・ヒストリアールム（歴史の肖像）』（ディケトゥムのラドルフス） Ymagines Historiarum, in: W. Stubbs (ed.). Radulfi de Diceto decani Lundoniensis opera historica. The historical works of master Ralph de Diceto, dean of London, v. 2l, 1876

『ヴィエンヌ聖人暦』Hagiologium Viennense, in: C.-U.-J. Chevalier (ed.), Documents inédits relatifs au Dauphiné, II, 1868, pp.1–13

『ヴィリブロールト伝』（アルクイン） Vita Willibrordi archiepiscopi Traiectensis auctore Alcvino, ed. W. Levison, Passiones vitaeque sanctorum aevi Merovingici. MGH Scriptores rerum Merovingicarum 7

『エルノーヌ（サン・タマン）小年代記』Annales Elnonenses minor, MGH SS 5

『王の鑑』（ヴィテルボのゴトフリドゥス） Gotifredi Viterbiensis speculum regum, MGH SS 27

『カール大帝業績録』（ノトカー） Notkeri gesta Karoli, in: Quellen zur karolingischen Reichsgeschichte, T. 2 = AQDGM Bd. 7; 國原吉之助訳『カロルス大帝業績録』（エインハルドゥス／ノトケルス『カロルス大帝伝』筑摩書房 1988 年所収）

『カール大帝伝』（アインハルト） Einhardi vita Karoli, in: Quellen zur karolingischen Reichsgeschichte, T. 1 = AQDGM Bd. 4; 國原吉之助訳『カロルス大帝伝』（エインハルドゥス／ノトケルス『カロルス大帝伝』筑摩書房 1988 年所収）

『カンブレー司教事蹟録』Gesta episcoporum Cameracensium, MGH SS 7

『教会史』（オデルリック・ヴィタル） The Ecclesiatical history of Orderic Vitalis, ed. M. Chibnall, vol.3, Oxford 1972

『教皇と皇帝たちの年代記』（オパヴァのマルティン） Martini Oppaviensis chronicon pontificum et imperatorum, MGH SS 22

『ギリシア哲学者列伝』（ディオゲネス・ラエルティオス）（加来彰俊訳『ギリシア哲学者列伝』岩波書店［岩波文庫］1984–1994 年）

『クサンテン年代記』 Annales Xantenses, MGH Scriptores rerum Germ. in usum schol. (Bd. 12)

「系譜」（ジェローム・ヴィニエ［偽作］） Genealogiae Karolorum, MGH SS 13, S. 245, Nr. 1

「系譜」（フォワニィ修道院） Genealogiae scriptoris Fusniacensis, MGH SS 13

「系譜」（9 世紀） Genealogiae Karolorum, MGH SS 13, Nr. 4 Genealogia regum Francorum

「系譜」（11 世紀） Domus Carolingicae Genealogia, MGH SS 2, S. 314 Nr. 4 Tabula genealogica ex codice bibl. regiae monacensis

「系譜」（11 世紀） Genealogiae Karolorum, MGH SS 13, Nr. 6

『ゲルマニア』（タキトゥス）（国原吉之助訳『タキトゥス』筑摩書房 1965 年所収）

『語源論』（セビリャのイシドルス） W. Lindsay (ed.), Isidori Hispalensis Episcopi Etymologiarum sive originum libri XX, Oxford 1911

『ゴルツェ修道院長ヨハネス伝』 Vita Johannis abbatis Gorziensis, MGH SS 4

『ザクセン人の事蹟』（コルファイのヴィドゥキント） Widukindi res gestae Saxonicae, in: Quellen zur Geschichte der sächsischen Kaiserzeit = AQDGM Bd. 8, Darmstadt 1971; 三佐川亮宏訳『ザクセン人の事績』知泉書館 2017 年

『サン・ヴァンドリーユ（フォントネル）修道院長事蹟録』 Gesta sanctorum partum Fontanellensis coenobii (Gesta abbatum Fontanellensium), ed. F. Lohier et J. Laporte, Rouen/Paris 1936; auch in: Gesta abbatum Fontanellensium, MGH SS 2

『ザンクト・ガレン修道院事蹟録』（エッケハルト 4 世） Ekkehardi IV. Casus Sancti Galli, AQDGM Bd. 10, Darmstadt 1980

『サン・ジェルマン小年代記』 Annales Sancti Germai minores, MGH SS 4

『サン・ジェルマン・デ・プレ修道院所領明細帳』 Das Polyptychon von Saint-Germain-des-Prés, Studienausgabe, hrsg. von D. Hägermann, Köln–Weimar–Wien 1993

『サン・ジェルマン年代記』 Annales Sancti Germai Parisiensis, MGH SS 3

『サン・ベルタン年代記』 Annales Bertiniani, in: Quellen zur karolingischen Reichsgeschichte, T.2 = AQDGM Bd.6, Darmstadt 1958

『聖ジュヌルフの奇跡』 Ex miraculis S. Genulfi, MGH SS 15, 2

『聖ベネディクトゥスの奇跡』（フルリィのアドレヴァルト） Ex Adrevaldi Floriacensis miraculis s. Benedicti, MGH SS 15

『聖マルティヌス伝』（スルピキウス・セウェルス） Sulpice Sévère, Vie de Saint Martin, éd. par J. Fontaine, Tome 1, Paris 1967; 橋本龍幸訳『聖マルティヌス伝』（上智大学中世思想研究所編『中世思想史原典集成 4 初期ラテン教父』平凡社 1993 年 所収）

『世界年代記』（ミヒェルスベルクのフルトルフ） Ekkehardi chronicon universale (= Chronicon Frutolfs von Michelsberg), MGH SS 6

『第二アルヌルフ伝』 Vita Sancti Arnulfi auctore Umnone, in: Acta Sanctorum (= AA SS) Julii IV, P. Boschius (ed.), Antverpiae 1725, S. 440–445

『チューリヒ本アレマニエン年代記』Annales Alamannici (codex Turicensis), a. 876, in: W. Lendi, Untersuchungen zur frühalemannischen Annalistik. Die Murbacher Annalen. Mit Edition, Freiburg/Schweiz 1971
『ドイツ伝説集』（グリム兄弟）Deutsche Sagen herausgegeben von den Brüder Grimm, insel taschenbuch 481-1, 881-2, Frankfurt a. M. 1981（桜沢正勝・鍛冶哲郎訳『グリム ドイツ伝説集（下）』人文書院 1990 年）
『年代記』（アルベリック）Albrici monachi Triumfontium Chronicon, MGH SS 23
『年代記』（ザクセンの年代記者）Annalista Saxo, MGH SS 6
『年代記』（サン・ベニーニュ修道院）Chronique de l'abbaye de Saint-Bénigne de Dijon, éd. par M. l'abbé E. Bougaud, Dijon 1875
『年代記』（タキトゥス）（国原吉之助訳『タキトゥス』筑摩書房 1965 年所収）
『年代記』（フラヴィニィのユーグ）Chronicon Hugonis monachi Virdunensis et Divionensis, abbatis Flaviniacensis, MGH SS 8
『年代記』（フロドアール）Les Annales de Flodoard, éd. par Ph. Lauer, Paris 1905
『ノルマンディー大公たちの事蹟』（ジュミエージュのジローム）Ex Willelmi Gemeticenses monachi Historia Normannorum, dans : Recueil des historiens des Gaules et de la France, éd. M. Bouquet et al., nouv. éd. L. Delisle, Tome 10, Paris 1874
『パーダーボーン司教マインベルク伝』Vita Meinwerci episcopi Patherburnnensis, MGH Scriptores rerum Germ. in usum schol. (Bd. 59)
『パリの町の戦い』（アボン）Abbonis bella Parisiacae urbis, MGH Poetae 4; auch MGH Scriptores rerum Germ. in usum schol. (Bd. 1)
『フォントネル修道院由来のカロリング家の系譜』Domus Carolingicae Genealogia, MGH SS 2, S. 309, Spalte 2, Prosopia regum qualiter a beato Alnulfo ... (= Fonteneller Stammbaum)
『フォントネル修道院由来のカロリング家の系譜の第二続編』Francorum regum historia, MGH SS 2, S. 325 Spaite 2, pars altera (= 2. Fortsetzung des Fonteneller Stammbaums)
『フランク王一覧』Regum Francorum catalogus ex codice Vindobonensi, MGH SS 10
『フランク王たちの系譜』Genealogia regum Francorum, in: MGH SS 13, S. 246–47 Nr. 4
『フランク王たちの名前』Nomina regum Francorum ex codice Montispess, MGH SS 10
『フランク王とフランドル伯の系譜』Genealogia regem Francorum comitumque Flandriae, MGH SS 9
『フランク史書』Liber Historiae Francorum, in: B. Krusch (hrsg.), Fredegarii et aliorum chronica, MGH Scriptores rerum Merovingicarum 2; auch in: A. Kusternig und H. Haut (hrsg.), Quellen zur Geschichte des 7. und 8. Jahrhunderts = AQDGM Bd. 4a; 橋本龍幸「『フランク史書』Liber Historiae Francorum（訳注）」『人間文化』（愛知学院大学人間文化研究所紀要）27, 2012 年
『フランク人たちの王たちの歴史』Historia regum Francorum, MGH SS 13, S. 251
『（フランドル）伯アルヌルフの系譜』（ウィトゲルス）Witgeri genealogia Arnulfi comitis,

MGH SS 9, Genealogia comitum Flandriae, Nr. 1
『ブーローニュ伯の系譜』Genealogia comitum Buloniensium, in: L. Genicot, Princes territoriaux et sang carolingien. La «Genealogia comitum Buloniensium», dans: idem., Études sur les principatautés lotharingiennes, Louvain 1975; 森本芳樹「史料の生命——L・ジェニコによる『ブーローニュ伯の系図』と『フリゼの記念禱設定簿』の研究」(L. ジェニコ, 森本芳樹監修『歴史学の伝統と革新——ベルギー中世史学による寄与』〈新装版〉, 九州大学出版会 1996年所収)
『フレデガリウス年代記』Chronicarum quae dicuntur Fredegarii liber quattuor, in: B. Krusch (hrsg.), Fredegarii et aliorum chronica, MGH Scriptores rerum Merovingicarum 2, 1888, SS. 18–168; auch in: A. Kusternig und H. Haut (hrsg.), Quellen zur Geschichte des 7. und 8. Jahrhunderts = AQDGM Bd. 4a
『フレデガリウス年代記続編』Chronicarum quae dicuntur Fredegarii continuationes, in: B. Krusch (hrsg.), Fredegarii et aliorum chronica, MGH Scriptores rerum Merovingicarum 2; auch in: A. Kusternig und H. Haut (hrsg.), Quellen zur Geschichte des 7. und 8. Jahrhunderts = AQDGM Bd. 4a
『報復の書』(クレモナのリウトプラント) Liudprandi liber antapodoseos, in: Quellen zur Geschichte der sächsischen Kaiserzeit = AQDGM Bd. 8, Darmstadt 1971
『マクデブルク年代記』Annales Magdeburgenses, MGH SS 16
『マーストリヒト司教ランベルト伝』(ジャンブルーのシジェベール) Vita Landeberti episcopi Traiectensis auctore Sigeberto, MGH Scriptores rerum Merovingicarum 6
『メッツのザンクト・アルヌルフ修道院史』Historia S. Arnulfi Mettensis, MGH SS 24
『ランス司教リゴベルト伝』Vita Rigoberti episcopi Remensis, MGH Scriptores rerum Merovingicarum 7
『ルーアン司教アンスベルトゥス伝』Vita Ansberti episcope Rotomagensis, MGH Scriptores rerum Merovingicarum 5
『歴史』(『年代記』)(シャバンヌのアデマール) Adémar de Chabannes, Chronique, éd. par J. Chavanon, Paris 1897; Ademari Historiarum Libri III, ed. von G. Waitz, MGH SS 4
『歴史四書』(リシェ) Richeri Historiarum Libri IIII, hrsg. von H. Hoffmann, MGH SS 38
『歴史十書』(トゥールのグレゴリウス) Gregorii episcopi Turonensis historiarum libri decem, in: Gregor von Tours, Zehn Bücher Geschichten. 2 Bände = AQDGM Bd. 2, Bd. 3; 兼岩正夫・臺幸夫訳『歴史十巻(フランク史)』I, II, 東海大学出版会 1975年, 1977年; 杉本正俊訳『フランク史(10巻の歴史)』新評論 2007年
『レギノー年代記』Reginonis chronica, in: Quellen zur karolingischen Reichsgeschichte, T. 3 = AQDGM Bd. 7, Darmstadt 1975
『ローマ世界の歴史』(ウェレイユス・パテルクルス) 西田卓生・高橋宏幸訳, 西洋古典叢書 2011, 京都大学学術出版会 2012 年

■文献

・本文で言及した(1)邦語の研究者・文献、および(2)欧文のそれをあげた。
・(3)に本書のもととなった拙稿をあげた。上記(1)(2)であげられなかった文献や史料に関しては、これらに当たっていただきたい。因みに『アルケイア』記載の論文はインターネット上で閲覧可能です。
・あだ名を含めた中世ヨーロッパの人名全般についての研究案内として、千葉敏之「固有名詞学」高山博・池上俊一編『西洋中世学入門』東京大学出版会 2005 年, 131–153 頁をあげておきます。

(1) 邦文

木村豊「十字軍」林健太郎・堀米庸三編『世界の戦史 4 十字軍と騎士——カール大帝とジャンヌ・ダルク』人物往来社 1966 年
佐藤賢一『カペー朝——フランス王朝史 1』講談社（講談社現代新書）2009 年
佐藤彰一「フランク王国」柴田三千雄・樺山紘一・福井憲彦編『世界歴史大系 フランス史 1 ——先史～ 15 世紀』山川出版社 1995 年
佐藤彰一「中世フランスの国家と社会」福井憲彦編『新版 世界各国史 12 フランス史』山川出版社 2001 年
篠沢秀夫『フランス三昧』中央公論新社（中公新書）2002 年
津田拓郎「トゥール・ポワティエ間の戦いの「神話化」と 8 世紀フランク王国における対外認識」『西洋史学』261 号, 2016 年
ルードルフ・プェルトナー／木村寿夫訳『ヴァイキング・サガ』法政大学出版局 1981 年
堀越孝一『世界の歴史 第 8 巻 ヨーロッパ世界の成立』講談社 1977 年 ＝『中世ヨーロッパの歴史』講談社学術文庫 2006 年
堀越孝一『人間の世界史 6 回想のヨーロッパ中世』三省堂 1981 年
三佐川亮宏『ドイツ史の始まり——中世ローマ帝国とドイツ人のエトノス生成』創文社 2013 年
三佐川亮宏『ドイツ——その起源と前史』創文社 2016 年
宮松浩憲『金持ちの誕生——中世ヨーロッパの人と心性』刀水書房 2004 年
山口仲美「名づけの楽しみ——あだ名」森岡健二・山口仲美『命名の言語学——ネーミングの諸相』東海大学出版会 1985 年
渡部治雄「フランク時代」成瀬治・山田欣吾・木村靖二編『世界歴史大系 ドイツ史 1 ——先史～1684年』山川出版社 1997 年

(2) 欧文

クルト＝ウルリヒ・イェシュケ K.-U.Jäschke, Die Karolingergenealogien aus Metz und Paulus Diaconus. Mit einem Exkurs über Karl „dem Kahlen“, in: Rheinische Viertel-

jahresblätter 34, 1970
ゲオルク・ヴァイツ　G. Waitz, Kleine Beiträge zur fränkischen Geschichte (2) Über den Beinamen „der Hammer“, in : Forschungen zur deutschen Geschichte 3, 1863
カール・フェルディナント・ヴェルナー　K. F. Werner, Karl der Große oder Charlemagne ? Von der Aktualität einer überholten Fragestellung, München 1995
オイゲン・エーヴィヒ　E. Ewig, Das Merowingische Frankenreich (561–687), in : Handbuch der europäischen Geschichte, Bd. 1, Stuttgart 1976
カール・アウグスト・エックハルト　K. A. Eckhardt, Merowingerblut. I. Die Karolinger und ihre Frauen, Witzenhausen 1965
ホルスト・エブリング　H. Ebling, Prosopographie der Amtsträger des Merowingerreiches, München 1974
ルードヴィヒ・エルスナー　L. Oelsner, Jahrbücher des fränkischen Reiches unter König Pippin, Leipzig 1871
リチャード・A・ガーバーディング　R. A. Gerberding, The Rise of the Carolingians and the Liber Historiae Francorum, Oxford 1987
ヴァルター・キーナスト　W. Kienast, Magnus = der Ältere, in : Historische Zeitschrift 205, 1967
ルドルフ・シーファー　R. Schieffer, Ludwig ‚der Fromme‘. Zur Entstehung eines karolingischen Herrscherbeinamens, in : Frühmittelalterliche Studien 16, 1982
ベルンハルト・ジムゾン　B. Simson, Jahrbücher des Fränkischen Reiches unter Ludwig dem Frommen, Bd. 1, Leipzig 1874
クリスティアン・セティパニ　C. Settipani, La préhistoire des Capétiens 481–987, première partie: Mérovingiens, Carolingiens et Robertiens, Villeneuve d'Ascq 1993
ゲルト・テレンバハ　Gerd Tellenbach, Otto der Grosse. 912–973, in: Die Grossen Deutschen. Deutsche Biographie, Bd. 1, hrsg. von H. Heimpel, Th. Heuss, B. Riefenberg, Gütersloh 1978
ウルリヒ・ノン　U. Nonn, Das Bild Karl Martells in den lateinischen Quellen vornehmlich des 8. und 9. Jahrhunderts, in : Frühmittelalterliche Studien 4, 1970
ガストン・パリ　G. Paris, La légende du Pépin «le Bref», Mélanges de littérature française du moyen age, Paris 1910
ハインリヒ・ハーン　H. Hahn, Jahrbücher des fränkischen Reichs 741–752, Berlin 1863, Ndr. Berlin 1975
ペーター・ビューラー　P. Bührer, Studien zu den Beinamen mittelalterlicher Herrscher, in : Schweizerische Zeitschrifte für Geschichte 22, 1972
ハインリヒ・エドゥアルト・ボネル　H. E. Bonnell, Die Anfänge des karolingischen Hauses (= Jahrbücher der Deutschen Geschichte), Berlin 1866, Ndr. Berlin 1975
エドゥアルト・ラヴィチュカ　E.Hlawitschka, Die Vorfahren Karls des Großen, in : Karl der Grosse. Lebenswerk und Nachleben, Bd. 1 : Persönlichkeit und Geschichte, hrsg. v.

H. Beumann, Düsseldorf 1965
エドゥアルト・ラヴィチュカ　E. Hlawitschka, Merowingerblut bei den Karolingern?, in: Adel und Kirche. Gerd Tellenbach zum 65. Geburtstag dargebracht von Freunden und Schülern, hrsg. v. J. Fleckenstein und K. Schmid, Freiburg–Basel–Wien 1968
アンドレアス・ラックマイアー　A. Wrackmeyer, Studien zu den Beinamen der abendländischen Könige und Fürsten bis zum Ende des 12. Jahrhunderts, Marburg 1936
ロベール・ラトュシュ　R. Latouche (ed.), Richer — Histoire de France, T. 1, Paris 1967
ハインツ・レーヴェ　H. Löwe, Deutschland im fränkischen Reich, in: Gebhardt Handbuch der deutschen Geschichte, B. 1, 8. Aufl., Stuttgart 1954
ラインハルト・レーベ　R. Lebe, War Karl der Kahle wirklich kahl? Historische Beinamen — und was dahintersteckt, Frankfurt am Main 1969
フェルディナン・ロト　F. Lot, Études sur le règne de Hugues Capet et la fin du Xe siècle, Paris 1903
ジャン＝アンリ・ロワ，ジャン・ドゥヴィオス　J.-H. Roy et J. Deviosse, La bataille de Poitiers ... Octobre 733, Paris 1966

(3) 拙稿

「ピピンはいつから短躯王と呼ばれたか：ヨーロッパ中世における「渾名文化」の始まり――プリュム修道院所領明細帳カエサリウス写本・挿画の構想年代について」『アカデミア』人文・社会科学編，84 号，南山大学 2007 年
「名前から見る中世ヨーロッパの歴史」浜名優美編『学科長が語る南山の現在』南山大学 2007 年
「『第 2 アルヌルフ伝』小論」『アカデミア』人文・社会科学編，87 号，南山大学 2008 年
「記録の中のあだ名：混迷の「ユーグ・カペー」」『アルケイア――記録・情報・歴史』第 9 号，南山アーカイブズ 2015 年
「命名からみた初期カペー家の親族集団意識」『アルケイア――記録・情報・歴史』第 10 号，南山アーカイブズ 2016 年
「『ヴィエンヌ聖人暦』Hagiologium Viennense の典拠をめぐる一考察――『ヴィエンヌ聖人暦』はメロヴィング期末期の史料として利用できるのか」『アルケイア――記録・情報・歴史』第 11 号，南山アーカイブズ 2017 年

図版出典一覧

［扉図版］Wikimedia Commons (File: Stammtafel der Karolinger.jpg)
［01］A. Wieczorek / B. Schneidmüller / S. Weinfurter (Hrsg.), Die Staufer und Italien. Drei Innovationsregionen im mittelalterlichen Europa, Bd. 1, Mannheim 2010
［02］上：Kunststoff, Trier – Kurz und Kunst（http://www.bkworks.de/wp-content/gallery/schatzkammer/ps-Liber-aureus-von-Pr%C3%BCm-goldenes-Buch007.jpg）
下：Stadtbibliothek Weberbach / Stadtarchiv（http://www.stadtbibliothek-weberbach.de/File/goldenesbuch.jpg）
［03］Wikimedia Commons（File: Louis the German, charter, 856.jpg）
［04］C. Wampach, Geschichte der Grundherrschaft Echternach im Frühmittelalter, Bd. 1, Luxemburg 1929
［05］Cambridge, Corpus Christi College, Parker Library, CCCC MS 373, f. 14r（http://dms.stanford.edu/zoompr/CCC373_keywords?druid=rg420yp8320&folio=f.+14）
［06］R. Nolden (Hrsg.), „anno verbi incarnati DCCCXCIII conscriptum". Im Jahre des Herrn 893 geschrieben – 1100 Jahre Prümer Urber, Trier 1993
［07］B. Kluge, Deutsche Münzgeschichte von der späten Karolingerzeit bis zum Ende der Salier (ca. 900 bis 1125), Sigmaringen 1991（右下、ルードヴィヒ幼童王の貨幣）
C. Stiegemann / M. Wemhoff (Hrsg.), 799 – Kunst und Kultur der Karolingerzeit, Bd. 1, Paderborn 1999（上記以外の 5 点）
［08a］Cambridge, Corpus Christi College, Parker Library, CCCC MS 373, f. 24r（http://dms.stanford.edu/zoompr/CCC373_keywords?druid=rg420yp8320&folio=f.+24）
［08b］Wieczorek et al., 2010
［09］I. F. Walter / N. Wolf, Codices illustres. The world's most famous illuminated manuscripts 400 to 1600, Köln 2001
［10］G. Jaeckel, Die Deutschen Kaiser, Augsburg o. J.
［11］Stiegemann / Wemhoff, 1999
［12a］Wikimedia Commons (File: Muspilli.jpg)
［12b］Stiegemann / Wemhoff, 1999
［13］Kaiserurkunden in Abbildungen, in: Münchener Digitalisierungszentrum / Digitale Bibliothek BSB – Bayerische Staatsbibliothek (http://geschichte.digitale-sammlungen.de/kaiserurkunden/seite/bsb00009144_00197)
［14］G. E. Pointon (ed.), BBC Pronouncing Dictionary of British Names, Oxford / New York [2]1983
［15］H.-W. ゲッツ『中世の聖と俗』津山拓也訳、八坂書房 2004 年
［16］Wampach, 1929
［17］Wieczorek et al., 2010
［18］J. Le Goff, Das Mittelalter in Bildern, Stuttgart 2002

【付録】

中世ヨーロッパ王侯《あだ名》リスト

・以下の表は、ラインハルト・レーベ R. Lebe『シャルル禿頭王は本当にハゲだったのか—歴史上のあだ名、そしてその背後にあるもの』War Karl der Kahle wirklich kahl? Historische Beinamen — und was dahintersteckt（1969年）154–163頁においてあげられている363名のリストのうち、古代の人物および15世紀末以降の近世の人物、ならびにイスラム圏・ビザンツ圏の人物、合計67名を除いた、ヨーロッパ中世の人物296名をもとにしたものである。ただし、これらのうちあだ名を適切に訳しえないものなど13名を除き、代わりにレーベのリストにはあげられてはいないがよく知られる人物17名を加え（*印を付した）、総計300名とした。
・個々のあだ名に必ずしも定訳があるわけではないので、暫定的な私訳もある。差別的な用語は、訳語ではできるだけ避けたが、一部直訳しているものもある。
・配列は人物名の日本語表記での50音順、同音は没年の早い順にあげた。ただし一部これに従わないところがある。またリスト末に、あだ名の50音順による「あだ名索引」を添えた。
・人名・あだ名の欧文表記は、レーベに従いまずドイツ語を掲げ、そのあと[ ]内に適宜各国語を補った。
・個々の人物に対して没年のみ明記した（例：†c.872は872年頃没の意）。
・個々の人物に対して、レーベのリストにはないが、簡単な人物紹介を記した。
・個々の称号の厳密な訳し分けはしていない。特に中世後期以降に関しては、領地・領国の細分化が進み、称号（公称・自称）を厳密に規定することが困難となる場合が少なくないという事情がある。Duke / Duc / Herzog は慣用にしたがって、おおむねドイツ地域では「大公」、イギリス・フランス地域では「公」とした。また宮廷伯・辺境伯・地方伯などはあだ名をつけて呼ぶときには「〜侯」とした。選帝侯や、ドイツ語で単に Fürst と呼ぶ地位も「〜侯」とした。

001 **緑伯** ▶サヴォイア伯**アマデウス**（アメデーオ）6世（†1383）
Amadeus der grüne Graf [Amedeo il Conte Verde]

1343年9歳で父サヴォイア伯アイモーネ（アイモン／エイモン）の跡を継ぐ。北イタリアでのサヴォイア家の権力を確かなものとする。騎士としての誉れも高く、1362年聖アヌンツィアータ騎士団を設立。1366年には対オスマン十字軍として黒海方面へ従軍。19歳のおりの馬上試合のさいに、緑衣の上に緑色の甲冑をまとったことから「緑伯」と呼ばれたといわれる。

002 **赤伯** ▶サヴォイア伯**アマデウス**（アメデーオ）7世（†1391）
Amadeus der Rote [Amedeo il Conte Rosso]

父サヴォイア伯アマデウス6世（緑伯）の死を悼み、黒衣をまとっていたが、フランス王シャルル6世（狂人王）よりその勇気にふさわしい燃え立つ火の色をした服を着るよう勧められて、赤衣にしたことから、「赤伯」と呼ばれようになったとされる。

003 **穏健公** ▶サヴォイア伯**アマデウス**（アメデーオ）8世（†1451）
Amadeus der Friedfertige [Amedeo il Pacifico]

1391年父アマデウス7世の後を継いでサヴォイア伯なり、1416年ドイツ王（のちに皇帝）ジギスムントによりサヴォイア公へ昇格。引退して修道士となるも、教会分裂の中の1439年に教皇へ擁立され、フェリクス5世を名乗る。1449年教会分裂の収束にともない教皇位を降りる。史上最後の対立教皇とされる。

004 **老伯** ▶フランドル伯**アルヌール**1世（†964）
Arnulf der Alte [Arnoul le Vieux]

父フランドル伯ボードゥアン（バルドゥイン）2世（禿頭伯）の母ユーディットが西フランクのシャルル禿頭王の娘、母エルフトルートがイングランドのアルフレッド大王の娘であったことから、彼以降フランドル伯家は「カール大帝およびアルフレッド大王の子孫」としてその血統を誇ったといわれる。同名の孫アルヌール2世との対比から「老」アルヌールとも、「大」アルヌール Arnoul le Grand とも呼ばれる。

005 **悪公** ▶バイエルン大公**アルヌルフ**（†937）
Arnulf der Böse

907年戦死した父リウトポルトを継ぎ、バイエルン大公。ドイツ王コンラート1世と対立。コンラートの死を受け、918–19年国王に推戴。同じく国王に推戴されたザクセン大公ハインリヒ1世に敗れ、王権断念。936年オットー1世の戴冠祝餐でマルシャル（軍事司令官）職を勤める。教会領の収公断行により、後年「悪公」とされる。

006 **純潔王** ▶アストゥリアス王**アルフォンソ**2世（†842）
Alfons der Keusche [Alfonso el Casto]

イベリア半島北部のキリスト教国アストゥリアスの国王。半世紀にわたって王位にあり、フランクのカール大帝と同盟を結ぶなど王国の保全につくす。使徒聖ヤコブ（サンティアゴ）の遺骨がコンポステーラで発見されたのも彼の時代と伝えられる。生涯独身であったことから「純潔」と呼ばれたといわれる。

007 **戦闘王** ▶アラゴン王**アルフォンソ**1世（†1134）
Alfons der Kämpfer [Alfonso el Batallador]

南フランスの諸侯やテンプル騎士修道会などの助力を得て、イベリア半島のイスラム勢力に対する征服運動を積極的に展開。数多くの戦闘に勝利したことから「戦闘王」と呼ばれたといわれる。

008 **征服王** ▶初代ポルトガル王**アルフォンソ**1世（†1185）
Alfons der Eroberer [Afonso o Conquistador]

カスティーリャのポルトゥカレ伯として、レコンキスタ運動を推進するとともに、カスティーリャからの独立をめざす。1139年オーリックの戦いでイスラム系のムラービト朝に勝利してポルトガル王を名乗り、1143年教皇の仲介によりカスティーリャからの独立を達成する。

009 **高貴王** ▶カスティーリャ王**アルフォンソ**8世（†1214）
Alfons der Edle [Alfonso el Noble]

1212 年トレド南方のラス・ナバス・デ・トロサでの戦いでムワッヒド朝に大勝し、レコンキスタ運動に画期を記した。その治世中に身分制議会（コルテス）を開催し、またパレンシア大学を創設した。

010 賢王
▶カスティーリャ王**アルフォンソ** 10 世（†1284）
Alfons der Weise [Alfonso el Sabio]

文芸を保護育成したことから「賢王」と呼ばれたといわれる。政治的には失政が続き、1257 年にはドイツ＝神聖ローマ帝国のいわゆる大空位時代にあって皇帝位の獲得を目指したが、これも失敗に終わった。天文学にも関心を示し、惑星の位置を示す「アルフォンソ天文表」も彼のもとで作成されたといわれ、そのため「天文学者」Astronomus ともあだ名される。

011 寛大王
▶アラゴン王**アルフォンソ** 5 世（†1458）
Alfons der Großmütige [Alfonso el Magnánimo]

アラゴンから地中海地域への覇権拡大をめざし、既にアラゴンが支配していたシチリアに加えて新たにナポリ王国を獲得した。ナポリに居を構え、多くの文人芸術家を迎え、厚く遇したことから「寛大王」と呼ばれたといわれる。

012 アフリカ人王
▶ポルトガル王**アルフォンソ** 5 世（†1481）
Alfons der Afrikaner [Alfonso o Africano]

祖父の代に征服したアフリカ北西端の都市セウタに加え、新たにアルジラ、タンジェを獲得して、ポルトガルのモロッコ支配を強固にした。エンリケ航海王子は彼の叔父にあたる。カスティーリャの王位継承問題に介入したが、女王イサベルに敗北した。

013 大王
▶イングランド王**アルフレッド**大王（†899）
Alfred der Große [Alfred the Great]*

兄エセルレッドを継いでイングランド王に即位。侵攻するデーン人と戦い、878 年エディントンでこれを破り、その勢力範囲をイングランド東北部「デーンロー」に押しとどめた。法典の編纂、軍制改革や海軍の整備をおこない、文芸を保護し、自らもラテン語古典の英語訳をおこなった。人気が高く、逸話や伝説に事欠かない。

014 熊侯
▶ブランデンブルク辺境伯**アルブレヒト** 1 世（†1170）
Albrecht der Bär

叙任権闘争後の北ドイツにおける貴族諸家門間の闘争の中で、アスカニアー家の基礎を築く。1123 年ラウジッツ辺境伯、1134 年ノルトマルク辺境伯。1137 年頃よりブランデンブルク辺境伯を自称。同時代人から既に「熊」と呼ばれ、68 歳になってもザクセン大公ハインリヒ獅子公を敵として戦った。

015 倨傲侯
▶マイセン辺境伯**アルブレヒト** 1 世（†1195）
Albrecht der Stolze

マイセン辺境伯オットー（富裕侯）の長男。1188 年弟ディートリヒ（苦境侯）を後継に据えようとする父オットーを捕える。ドイツ王・皇帝フリードリヒ 1 世の仲介で解放。1190 年父の死にともない辺境伯位につく。弟ディートリヒとの争いはその後も続き、一時は敗れ、修道士に変装して逃れたと伝えられる。

016 **長身公** ▶ブラウンシュヴァイク大公**アルブレヒト**1世（†1279）
Albrecht der Lange / der Große

ヴェルフェン家出身。父ブラウンシュヴァイク＝リューネブルク大公オットー1世（幼童公）の跡を弟ヨハンとともに継ぐ。1247年に起ったチューリンゲン継承戦争では姑ゾフィの側に立って参戦。1267年弟ヨハンとの領土分割が合意に達し、1269年ブラウンシュヴァイクを彼が、リューネブルクをヨハンが領した。

017 **ミンネゼンガー** ▶ホーエンベルク伯**アルブレヒト**2世（†1298）
Albrecht der Minnesänger

シュヴァーベン系ホーエンツォレルン家の支脈ツォレルン＝ホーエンベルク系出身。ドイツ王ルドルフ1世の下、下シュヴァーベンの帝国代理職、帝国突撃隊旗手を務める。ミンネゼンガー（恋愛詩人）としても知られ、美麗な挿絵で名高い14世紀の『マネッセ写本』ではハイゲルロホ伯として描かれている。

018 **堕落侯** ▶チューリンゲン地方伯・マイセン辺境伯**アルブレヒト**2世（†1314）
Albrecht der Entartete / der Unartige

マイセン辺境伯ハインリヒ3世（貴顕侯）の息子。ドイツ王・皇帝フリードリヒ2世の娘マルガレーテと結婚し、フリードリヒ（噛跡侯）らをもうけたが、愛人をつくり、離別。後継問題で息子フリードリヒらと争う。最終的にフリードリヒがマイセン辺境伯・チューリンゲン地方伯に。

019 **肥満侯** ▶ブラウンシュヴァイク＝ヴォルフェンビュッテル侯**アルブレヒト**2世（†1318）
Albrecht der Feiste / der Fette

ブラウンシュヴァイク大公アルブレヒト1世（長身公）の二男。父公の遺領をめぐって、弟ヴィルヘルムとともに、兄ハインリヒ奇人侯と争い、ヴォルフェンビュッテル地域を領する。ブラウンシュヴァイクを領したヴィルヘルムが死去すると、再び兄と争ってこれを破り、ブラウンシュヴァイクを獲得。

020 **賢公** ▶オーストリア大公**アルブレヒト**2世（†1358）
Albrecht der Weise / der Lahme

ドイツ王アルブレヒト1世の息子、フリードリヒ美王の弟。父王や兄弟が帝権やドイツ王権をめぐる闘争、またスイス独立戦争の中で倒れる中、ハプスブルク家の家督を継ぐ。領邦オーストリアの内政に力を傾注し、税制改革や都市法の制定など一連の改革を進め、「賢公」と呼ばれた。体に麻痺があり、「麻痺者」とも呼ばれた。

021 **美伯** ▶ニュルンベルク城伯**アルブレヒト**（†1361）
Albrecht der Schöne

フランケン系ホーエンツォレルン家出身。父は1322年ミュールドルフの戦いでフリードリヒ美王を捕えたニュルンベルク城伯フリードリヒ4世。父を継いだ兄「獲得者」ヨハンのもとで共同統治者として城伯の地位を得、1357年兄の死後その息子である甥フリードリヒ5世のもとでもその地位を有した。

022 **お下げ髪** ▶オーストリア大公**アルブレヒト**3世（†1395）
Albrecht mit dem Zopf

オーストリア大公アルブレヒト2世（賢公）の息子、ルドルフ建設公の弟。1365年兄の死後、弟レオポルト3世と共同統治（のちに領地分割）。スイス独立戦争が最終局面を迎え、1386年弟レオポルトが主導し敗死したゼンパハの戦いにつづき、1388年アルブレヒト麾下のオーストリア軍はネーフェルスの戦いで敗れ、スイスの独立が事実上決まった。あだ名「お下げ髪」は、彼が、弁髪に似た、お下げに編んだ髪を印とする「お下げ髪騎士団」Zopforden を設立し、自らもその髪型をしていたことから。

023 我慢公

▶オーストリア大公**アルブレヒト**4世（†1404）
Albrecht der Geduldige

1395年父オーストリア大公アルブレヒト3世（お下げ髪）の死後、ハプスブルク家内での宗主権を主張するレオポルト系の従兄ヴィルヘルム野心公と争う。1398年イェルサレム巡礼に行き、聖墳墓騎士修道会の騎士に叙任。その旅行にまつわる途方もない伝説から「世界の不思議」Weltwunder というあだ名もある。

024 敬虔公

▶上バイエルン大公**アルブレヒト**3世（†1460）
Albrecht der Fromme

上バイエルン＝ミュンヘン系ヴィッテルスバハ家出身。1429年父公エルンストの反対を押し切ってアウクスブルクの商人の娘アグネス・ベルナウアーと結婚。1435年アグネスの殺害により父公と対立。後に和解し、1438年父公の跡を継ぐ。アグネスとの悲恋は多くの文学作品・音楽の題材となる。

025 アキレス

▶ブランデンブルク選帝侯**アルブレヒト**3世（†1486）
Albrecht Achilles

ブランデンブルク選帝侯フリードリヒ1世の三男、「錬金術師」ヨハン、およびフリードリヒ2世（鉄歯侯）の弟。1470年兄フリードリヒ鉄歯侯の引退を受け、ブランデンブルク選帝侯。帝国軍司令官として内外で活躍。1472年ポンメルンを破りブランデンブルクの宗主権下に置く。1473年家法公布。選帝侯領の不分割と長子相続を定めた。あだ名は教皇ピウス2世がギリシア神話の英雄アキレスになぞらえて「ドイツ人のアキレス」と呼んだことからといわれる。

026 浪費公

▶オーストリア大公**アルブレヒト**6世（†1463）
Albrecht der Verschwender

レオポルト系ハプスブルク家出身。内オーストリア大公エルンスト厳格公の二男。兄（後の皇帝フリードリヒ3世）とともに父の跡を継ぐ。1457年のラディスラウス・ポストゥムスの死後その遺領をめぐって兄帝と対立し、1462年には公然たる戦いになるが、翌1463年急死する。倹約家の兄に対して浪費家として知られた。

027 勇敢公

▶ザクセン大公**アルブレヒト**（†1500）
Albrecht der Beherzte

ザクセン選帝侯フリードリヒ2世（柔和侯）の息子。兄選帝侯エルンストと領地を分割、ドレスデンを中心とするザクセン大公となる。母方の伯父皇帝フリードリヒ3世の下で軍事司令官として活躍。ブルゴーニュやハンガリーへ遠征し、ネーデルラントの帝国代理職にも任じられた。11/12歳のとき兄とともにアルテンブルク城から誘拐さ

れたが、そのおりに冷静沈着であったことから、以来「勇気ある者」animosus とあだ名された。

028 **賢公** ▶バイエルン大公**アルブレヒト** 4 世（†1508）
Albrecht der Weise
上バイエルン大公アルブレヒト 3 世（敬虔公）の息子。父の死後、兄たちの死や引退を受けて上バイエルン＝ミュンヘン系を統合。下バイエルン＝ランツフート系の断絶に伴う継承戦争に勝利し、ヴィッテルスバハ家バイエルンを統合。1506 年長子相続法を発布し、領土不可分と男系長子相続を定めた。

029 **善良侯** ▶モルダヴィア侯**アレクサンドル** 1 世（†1432）
Alexander der Gute [Alexandru cel Bun]
東欧の大国ポーランド、ハンガリー、そしてオスマン帝国の勢力の狭間にあって、巧みな外交努力によってモルダヴィア侯国の独立を維持。1410 年、ポーランド・リトアニア連合軍とドイツ騎士団との間のタンネンベルク（グルンヴァルト）の戦いでは前者の側で参戦した。

030 **ヴェネツィア人王** ▶ハンガリー王**アンドラーシュ** 3 世（†1301）
Andreas der Venezianer [Velencei András]
アールパード朝最後のハンガリー王。母の出身地ヴェネツィアで生まれ育つ。王位継承権を主張するオーストリアやナポリのアンジュー家に対抗しつつ、国内にあっては大貴族の勢力を抑えるべく、中小貴族が多数を占める議会に拠る政治体制を敷いた。

031 **カリター**（銭袋） ▶モスクワ大公**イヴァン** 1 世（†1340）
Iwan Kalita (der Geldbeutel) [Иван Калита]
ロシア諸公国がキプチャク＝ハン国の間接支配（「タタールのくびき」）下にあった時期のモスクワ大公。タタールに巧みに取り入り、1328 年統一ロシアの象徴的地位であったウラジーミル大公位を獲得して、ロシア諸公たちに対するモスクワ大公の優位を決定づけるとともに、タタール税の徴収権を一手に握り、その豊富な財力をもとにモスクワ大公国の経済的繁栄をうながした。あだ名「カリター」（銭袋、財布）は彼の武力・謀略を支えた財力を揶揄したもの。

032 **大王** ▶デンマーク王**ヴァルデマー** 1 世（†1182）
Waldemar der Große [Valdemar den Store]*
1157 年デンマーク王位につき、内乱を終息させる。北ドイツ諸侯の動向に悩まされながらも、内政では王国の再建に努め、のちにルンド大司教となるアブサロンの協力を得て、バルト海域を荒し回るヴェント族を打ち、その拠点リューゲン島などを奪い、各地に城砦を築いた。コペンハーゲンの築城もこの時期。

033 **勝利王** ▶デンマーク王**ヴァルデマー** 2 世（†1241）
Waldemar der Sieger [Valdemar Sejr]
シュレスヴィヒ公をへて 1202 年デンマーク王となる。1219 年エストニアを征服し、バルト海南岸一帯を支配する。1223 年北ドイツのシュヴェーリンのハインリヒ黒伯に捕えられ、3 年後に多額の解放金と獲得地の大部分の放棄により解放された。デン

マークのバルト海域の覇権は大きく後退した。

034 **再興王** ▶デンマーク王**ヴァルデマー** 4 世（†1375）
Waldemar Atterdag [Valdemar Atterdag]

1340 年即位。約百年間混乱した王国の再興をめざす（あだ名 Atterdag は「いつの日か再び」の意）。ドイツ騎士団へエストニアを売却して、質入れされていた領土を買戻し、財政改革・軍事力強化により国力を増強するも、ハンザ同盟やスウェーデンと対立し、1370 年シュトラールズント条約でハンザに大幅な譲歩を余儀なくされた。デンマーク・ノルウェー・スウェーデン連合王国（カルマル同盟）の実質的な支配者となるマルグレーテの父。

035 **偽侯** ▶**ヴァルデマール**（†1356）
Waldemar / Woldemar der Falsche

1320 年ブランデンブルク系アスカニア一家の断絶後、ヴィッテルスバハ家がブランデンブルク辺境伯位を獲得していたが、1348 年継承権を主張するヴァルデマールなる者が現れ、紛糾。同年ドイツ王・皇帝カール 4 世がこの者に辺境伯位を授封。1350 年皇帝により詐欺師と宣せられるも抵抗し、1356 年に死去。いまだ正体不明。

036 **長剣公** ▶ノルマンディー公**ウィリアム**（ギョーム）1 世（†942）
Wilhelm Langschwert [Guillaume Longue-Épée]*

西フランクのルイ渡海王期に、大ユーグ、ヴェルマンドアのエリベール、フランドルのアルヌール（1 世、老伯）らと覇権を争った。リシェの『歴史四書』は「海賊たち」の大公と呼ぶ。なお、イングランド王ヘンリ 2 世の庶子ソールズベリ伯（†1226）も、また後出ヤッファ・アシュケロン伯（†1177）も、「長剣のウィリアム（ギョーム、グリエルモ）」と呼ばれる。

037 **征服王** ▶イングランド王**ウィリアム** 1 世（†1087）
Wilhelm der Eroberer / der Bastard
[William the Conqueror / the Bastard, Guillaume le Conquérant / le Bâtard]

1035 年父ロベール悪魔公を継ぎノルマンディー公。1066 年エドワード懺悔王の後継をねらってイングランドに侵攻。ハロルド 2 世をヘイスティングズに破りイングランド王位につく。ソールズベリに全臣下を集め忠誠を誓わせるなど集権的な封建制を導入。晩年、全国的規模の土地台帳ドゥームズデイ・ブックを作成させた。庶出であったことから「私生児」Bastard とも呼ばれた。

038 **赭顔王** ▶イングランド王**ウィリアム** 2 世（†1100）
Wilhelm der Rote [William Rufus]

イングランド王ウィリアム 1 世（征服王）の三男。1187 年兄ノルマンディー公ロベール（短袴公）を退けイングランド王位につく。補佐役カンタベリ大司教ランフランクスの死後は強権的で、貴族らの反感を買った。また、後任カンタベリ大司教アンセルムスの叙任をめぐり国内聖職者や、教皇庁と対立した。「赤」と呼ばれるのは顔が赤かったからとも、髪の色からとも。

039 獅子王
▶スコットランド王**ウィリアム** 1 世（†1214）
Wilhelm der Löwe [William the Lion]

兄王マルカム 4 世を継ぎスコットランド王に即位。北部イングランドをめぐりイングランド王ヘンリ 2 世と争う。1174 年敗れ、ヘンリに臣従、スコットランド南部へのイングランド軍進駐を呑む。ヘンリ 2 世を継いだリチャード獅子心王に 1 万マルク銀を支払い、臣従関係を清算。紋章の図から「獅子」とも、粗暴な性格から「粗野」Garbh（=Rough）ともあだ名される。

040 野心公
▶オーストリア大公**ヴィルヘルム**（†1406）
Wilhelm der Ehrgeizige / der Freundliche

オーストリア大公アルブレヒト 3 世（お下げ髪）の甥。1386 年父レオポルト 3 世がゼンパハの戦いで死すと、伯父アルブレヒトが後見。伯父の死後、ハプスブルク家内での主導権をめぐり、従弟アルブレヒト我慢公と争う。ポーランド女王ヤドヴィガ（ヘトヴィヒ）との婚約は、結婚を通して各国王位の獲得をめざすハプスブルク家の婚姻政策の先駆け。「野心公」とも「親愛公」ともあだ名される。

041 独眼侯
▶マイセン辺境伯**ヴィルヘルム** 1 世（†1407）
Wilhelm der Einäugige

父チューリンゲン地方伯フリードリヒ 2 世（生真面目侯）の死後、遺領を兄たちと共同統治。1382 年ケムニッツで領地分割がおこなわれ、マイセン辺境伯領を得る。領内を堅実に治め、領地を広げた。レースニッツに獲得した 3 ヶ所のブドウ山はヴェッティン家の宮廷ワイン製造所ホーフレースニッツへ発展する。

042 勝利侯
▶ブラウンシュヴァイク＝ヴォルフェンビュッテル侯 **ヴィルヘルム**（†1482）
Wilhelm der Siegreiche

父ブラウンシュヴァイク＝リューネブルク侯ハインリヒ 1 世の死後、弟ハインリヒ（温和侯）とともにリューネブルク侯領を継ぐ。1428 年叔父ベルンハルトとの領地交換でヴォルフェンビュッテル侯となる。1432 年弟ハインリヒに領地西部（のちのカレンベルク）へ追われるが、1473 年ハインリヒの死によりヴォルフェンビュッテルを得る。

043 勇猛侯
▶チューリンゲン地方伯**ヴィルヘルム**（†1482）
Wilhelm der Tapfere

ザクセン選帝侯フリードリヒ 1 世（好戦侯）の息子、フリードリヒ 2 世（柔和侯）の弟。1445 年兄からチューリンゲン地方伯領を分与される。妻アンナ（ボヘミア王・ハンガリー王ラディスラウス・ポストゥムス、ポーランド王妃エリーザベトの姉）の権利を通してルクセンブルク大公位やボヘミア王位などを要求するも、失敗する。

044 肥満公
▶バイエルン大公**ヴェルフ** 2 世（†1120）
Welf der Dicke

ヴェルフェン家出身。叙任権闘争で父バイエルン大公ヴェルフ 1 世が反国王ハインリヒ 4 世派に与し、16 歳の息子ヴェルフは、教皇派との連帯を強めるため教皇ウルバヌス 2 世の斡旋で 1089 年、約 30 歳年上のトスカナ女伯マティルデと結婚。しかし父公の国王派への鞍替えとともに 1095 年離婚。1101 年父を継いでバイエルン大

公となる。

045 **大親指伯** ▶ヴュルテンベルク伯**ウルリヒ** 1 世（†1265）
Ulrich mit dem Daumen / Ulrich der Stifter

出自不詳。シュタウファー朝後期ドイツの政治的混乱の中で、対立国王ハインリヒ・ラスペの側に立つなど、ネッカー川中流域での支配権拡大を図る。バーデン辺境伯ヘルマンの娘との結婚により、シュトゥットガルトを獲得。後のバーデン＝ヴュルテンベルクへの発展を用意。右の親指が大きかったと伝えられることから「大親指の」ウルリヒと、また墓所となるボイテルスバハ教会を建立したことから「建立者」ウルリヒとも呼ばれる。

046 **敬愛伯** ▶ヴュルテンベルク伯**ウルリヒ** 5 世（†1480）
Ulrich der Vielgeliebte

ヴュルテンベルク伯エーベルハルト 4 世の息子。1441 年兄ルードヴィヒと領地を分割。帝国軍司令官アルブレヒト・アキレスとともに、帝国都市ニュルンベルク・エスリンゲンやバイエルン大公に対し戦う。そのあだ名は領民から敬愛されたことから、といわれる。

047 **追放公** ▶ポーランド大公**ヴワディスワフ** 2 世（†1159）
Wladyslaw der Vertriebene [Władysław Wygnaniec]*

ポーランド大公ボレスワフ 3 世（曲唇公）の長男として異母弟たちとともに父の跡を継ぐ。国家統一をめざすも、ボレスワフ巻毛公を先頭とする弟侯たちの連合軍に敗れ、1146 年ハンガリーに逃れ、最後はドイツで没した。

048 **細脚公** ▶ポーランド大公**ヴワディスワフ** 3 世（†1231）
Wladyslaw Laskonogi / Dünnbein [Władysław Laskonogi]

ポーランド大公ミェシュコ 3 世（老公）の末子。1202 年父の死後ポーランド大公位を継ぐも、1206 年には従兄弟のレシェク 1 世（白公）にその地位を追われる。1227 年にレシェク白公が暗殺された後、ポーランド大公位に復位するが、1229 年レシェクの弟マゾフシェ公コンラート 1 世により再度その地位を追われる。あだ名「細い脚」は 13 世紀末 /14 世紀初に成立した『大ポーランド年代記』が伝える。

049 **短軀王** ▶ポーランド王**ヴワディスワフ** 1 世（†1333）
Wladyslaw Lokietek / Ellenlang [Władysław Łokietek]

ピャスト家の諸侯が割拠し、ボヘミア王がポーランド王位を占めるなか、クヤーヴィ公として出発して、ポーランドの再統一に努め、1320 年クラクフで国王へ戴冠。晩年は北東と西から挟撃するドイツ騎士団とボヘミアの連合軍と対決した。カジミェシュ大王の父。

050 **白手伯** ▶サヴォイア伯**ウンベルト** 1 世（†1048）
Humbert Weißhand [Umberto Biancamano]

サヴォイア家の祖。1032 年にブルグント王ルドルフ 3 世が死去し、ドイツ王・皇帝コンラート 2 世が継承するにあたり、これを支持。見返りにサヴォイア伯の地位、モーリエンヌ、シャブレー、タレンテーズを得た。スイス・イタリア・フランスにまたが

る勢家サヴォイア家の基礎を築いた。

051 **血斧王** ▶ノルウェー王**エイリーク**1世（†c.954）
Eirik Blutaxt [Eirik Blodøks]

ハーラル美髪王の息子。父王を継いでノルウェー王になるが、即位後オーラヴやシグルら兄弟たちを処刑したといわれる。ただ一人残った弟ホーコン（善王）に935年頃王座を追われ、ブリテンに逃れる。ノーサンブリアを拠点にヴァイキング活動を行い、最後はダブリンの王マックスに殺害されたといわれる。あだ名「血のしたたる斧」sanguinea securis は12世紀末以後のものとされるが、これ以前に「兄弟殺し」fratrum interfector などとも呼ばれており、いずれも彼の残酷な一面を表したものといわれる。

052 **独眼伯** ▶ザクセンのデアリンガウの伯**エクベルト**（†994）
Ekbert der Einäugige

ザクセン大公ヘルマン・ビッルングの甥。父ヴィヒマン1世の遺領をめぐり叔父ヘルマンと対立し、953年ドイツ王オットー1世（大帝）の息子リウドルフの反乱のさいに、叔父との対抗上反乱側に与す。要求貫徹のため、977年ドイツ王・皇帝オットー2世に対するバイエルンのハインリヒ争人公の反乱のさいにも、反乱側につく。

053 **不決断王** ▶イングランド王**エセルレッド**2世（†1016）
Ethelred der Unberatene [Æthelred the Unready]

978年兄エドワード殉教王の死を受けイングランド王に即位。デーン人の侵入に苦しめられ毎回多額の退去料デーンゲルドを支払い、平和を購う。1013年デンマークのスヴェン双叉髭王に敗れ、ノルマンディーに逃れたが、1014年スヴェンの急死により復辟。あだ名は、決断力を欠いたためといわれる。

054 **平和王** ▶イングランド王**エドガー**（†975）
Edgar der Friedfertige [Edgar the Peaceful]

イングランド王エドマンド（†946）の息子。959年兄エドウィグの跡を受けイングランド王に即位。後にカンタベリ大司教となるダンスタンを登用し、教会改革・修道院改革を断行。盛んな立法活動で知られ、貨幣の流通を促して貿易を盛んにした。12世紀に初出するそのあだ名「平和」pacificus は、平和を好んだからとも、平和をもたらした者、調停者の意であるともいわれる。

055 **剛勇王** ▶イングランド王**エドマンド**（†1016）
Edmund Eisenseite [Edmund Ironside]*

イングランド王エセルレッド（不決断王）の息子。エセルレッドが1014年にデーン人勢力を破り復辟したものの、クヌーズ／クヌート（大王）の再度の侵攻のさなかの1016年に亡くなり、4月エドマンドが跡を継ぐ。アシンドンの戦いで敗れ、和平を結びウェセックスのみを保持。11月死去し、クヌートが全イングランドの王となる。

056 **長兄王** ▶イングランド王**エドワード**（†924）
Eduard der Ältere [Edward the Elder]*

アルフレッド大王の息子。父王の事業を受け継ぎ、侵攻するデーン人と戦い、その支配権をイングランド北東部デーンロー地域にまで伸ばした。そのあだ名はよく「長兄」

と訳されるが、初出は10世紀末のウルフスタンの作品『聖エセルウォルド伝』で、エドワード殉教王と区別するための「年長の方の」エドワードの意。

057 殉教王 ▶イングランド王**エドワード**（†978）
Eduard der Märtyrer [Edward the Martyr]

975年父エドガー平和王の死後、イングランド王位継承をめぐる争いの中、カンタベリ大司教ダンスタンらの支持を受け13歳で即位。978年15ないし16歳の若さで継母エルフリーダによって殺害。死後奇跡譚が生まれ、その死は殉教視され、崇敬の対象となり、聖人に列せられた。

058 懺悔王 ▶イングランド王**エドワード**（†1066）
Eduard der Bekenner [Edward the Confessor]

エセルレッド不決断王の息子。1042年異父弟ハーデクヌーズ（父はクヌーズ／クヌート大王）が死去し、イングランド王位を継ぐ。即位前に亡命していたノルマンディーの貴族を重用し、舅ゴドウィン、その息子ハロルド（後の国王ハロルド2世）らアングロ・サクソン貴族と対立。和解後は義弟ハロルドの権勢に隠れる。1066年初のその死は「ノルマンの征服」を招く。ウェストミンスター・アベイを建立。後年聖人視され、その敬虔さから「懺悔王（証聖王）」と呼ばれる。

059 黒太子 ▶イングランド王太子 **エドワード**（†1376）
Eduard der Schwarze Prinz [Edward the Black Prince]*

イングランド王エドワード3世の息子。百年戦争初期の主要な戦闘に参加。1356年ポワティエの戦いではフランス王ジャン2世を捕える。1367年カスティーリャ継承戦争に介入するも、病を得て帰国。父王に先立って1376年死去。あだ名「黒」niger は16世紀に初出し、着用した甲冑の色に由来するとも、悪評の意であるともいわれるが定かではない。

060 貴顕伯 ▶ヴュルテンベルク伯**エーベルハルト**1世（†1325）
Eberhard der Erlauchte

父「大親指の」ウルリヒ、および早世した兄の跡を継ぎ、1279年ヴュルテンベルク伯。故地シュヴァーベンの支配を目論むハプスブルク家のドイツ王ルドルフ1世と戦うなど、13世紀後半の混乱期にあって、生成期ヴュルテンベルク伯領の保持と拡大に努めた。

061 泣き虫伯 ▶ヴュルテンベルク伯**エーベルハルト**2世（†1392）
Eberhard der Greiner / der Rauschebart

ヴュルテンベルク伯領を保持・拡大すべくドイツ王・皇帝カール4世との対決をくり返し、伯領内の全般的な裁判権を獲得。シュヴァーベン都市同盟に加わった領内の帝国都市と戦うが、その政治的自立性を奪うことはできなかった。シラーやウーラントのバラードに謳われる。あだ名 Greiner は「泣き虫」とも「泣き言をいう者」とも解されるが、ある伝承では、彼が母のお腹《なか》にあったときに泣き、何かの前兆とみられたが、案の定、後年人びとに災いをもたらし、凶兆であったと伝えられる。また「顔一面の髭」Rauschebart とも、さらには「喧嘩好き」Zänker ともあだ名される。

062 温和伯
▶ヴュルテンベルク伯**エーベルハルト** 3 世（†1417）
Eberhard der Milde

「泣き虫」エーベルハルトの孫。父ウルリヒは 1388 年シュヴァーベン都市同盟との戦いで戦死。1392 年祖父を継ぐ。1395 年下級貴族たちの結ぶシュレクラーブント（棍棒同盟）がヴュルテンベルクおよびネッカー上流域へ勢力拡大を図ると、これと戦い、破る。

063 髭面公
▶ヴュルテンベルク大公**エーベルハルト** 1 世（†1496）
Eberhard im Bart

1459 年兄ヴュルテンベルク伯ルードヴィヒ 2 世の跡を継ぐ。1468 年イェルサレム巡礼に行き、聖墳墓騎士修道会の騎士に叙任。学識者としても知られ、1477 年テュービンゲン大学を創設。1482 年ウアラハ系とシュトゥットガルト系のヴュルテンベルク伯領を再統合。1495 年ヴュルテンベルク大公領へ昇格。あだ名の由来は、聖地巡礼に赴くさいに、将来にわたって髭を切らないと誓い、以来、髭面となったことから、といわれる。

064 勝利王
▶スウェーデン王**エーリク**（†c.995）
Erik der Siegreiche [Erik Segersäll]

ウップランド地方を拠点として、スウェーデン中部スヴェーアランド全域を支配。ヨムスヴァイキングの首領であった甥スチュールビョルンが王位を要求し、デンマークのハーラル青歯王と結ぶ。985 年頃フューリスヴァラナの戦いで、エーリクが甥に勝利し、この事蹟からそのあだ名がついたといわれる。

065 常善王
▶デンマーク王**エーリク** 1 世（†1103）
Erik Immergut / Ejegod

デンマーク王スヴェン 2 世の庶子の一人。1095 年即位。その統治は教会との協調で特徴づけられ、イングランドからの修道士の招聘、王兄クヌーズ 4 世の列聖化、ルンド大司教座の創設に尽力した。1101 年に十字軍が奪ったばかりのイェルサレムへ巡礼に赴いたが、途中キプロスで 1103 年客死した。

066 子羊王
▶デンマーク王**エーリク** 3 世（†1146）
Erik Lamm [Erik Lam]

1137 年叔父デンマーク王エーリク 2 世の死後、一族内の最年長者として王位を継承。スコーネに拠って王位を要求する従兄弟オーロフを破り、ノルウェーでの王位をめぐる内乱にも関与した。1146 年自ら退位し、まもなく死去。あだ名「子羊」は彼の性格を表すとされるが、「温和」か「弱さ」か、定かでない。

067 犂税王
▶デンマーク王**エーリク** 4 世（†1250）
Erik Pflugpfennig [Erik Plovpenning]

1241 年父デンマーク王ヴァルデマー 2 世（勝利王）の跡を継ぐも、不満をもつ弟たちに終生悩まされる。また政治力を増した教会とも対峙した。戦費調達のため農民に対し所有する犂の数に応じて税を課したが、農民らの反感を買った。あだ名 Plovpenning（犂ペニング）はこの課税（ペニングは貨幣単位）にちなむ。

068 切り割り
▶デンマーク王**エーリク** 5 世（†1286）
Erik Glipping [Erik Klipping]

1259 年父クリストファ 1 世を継ぎデンマーク王に即位。貴族等を服従させようとするも、逆に屈服し、1282 年「王の誓約」を発布。貴族の特権、廷臣会議の開催、法的手続きなしで投獄しないことなどを呑まされた。1286 年殺害される。あだ名 Klipping は切り割られた貨幣、小銭を指し、信用なき人柄を表すとされる。

069 メンヴェズ
▶デンマーク王**エーリク** 6 世（†1319）
Erik Manneswort [Erik Menved]

内乱期の1286年、父王「切り割りの」エーリクの暗殺を受け即位。財政難に対処するため王国の領土を有力者やドイツ諸侯に質入れし、かえって財政状況を悪化させることになった。あだ名「メンヴェズ」Menved は通例、彼が好んだ誓約のさいの言葉「神聖なる者たちの名にかけて」*ved* hellige *mænd*（英語 by holy men）から来ていると見て、「二言《にごん》なしの」エーリクの意と解されているが、他方で、古デンマーク語の「凶兆鳥」menvett から来ているとして、あるいはアイスランド語の「悪霊」meinvættur の同義語であるとして、彼に対する悪評とも見られている。

070 ポンメルン
▶デンマーク王**エーリク** 7 世（†1459）
Erik von Pommern [Erik af Pommern]

1388 年大伯母マルグレーテにより「ポンメルンから」af Pommern 招かれノルウェー王となる。ついでデンマーク・スウェーデン王となり、1397 年カルマル同盟の発足により連合王国の王となる。親政後の課税強化策はハンザ同盟の反発やスウェーデンの反感を招き、反乱を惹起し、1439 年以降各国で相次いで廃位された。

071 勝利侯
▶ブラウンシュヴァイク＝グルーベンハーゲン侯**エーリヒ** 1 世（†1427）
Erich der Sieger

グルーベンハーゲン侯アルブレヒト 1 世の息子。父の死の前後の時期に生まれ、16 ～ 17 歳まで叔父の後見下にあったが、1402 年自立。以降、四半世紀にわたり、その生涯は同族ヴェルフェン家の諸流を含む近隣の貴族や都市とのフェーデ（私闘）に明け暮れる。

072 厳格公
▶内オーストリア大公**エルンスト**（†1424）
Ernst der Eiserne

レオポルト系ハプスブルク家出身。内オーストリア（シュタイエルマルク・ケルンテン・クライン）大公。1386 年スイス同盟とゼンパハで戦い戦死したレオポルト 3 世の息子。父と長兄ヴィルヘルム（†1406）の死後、次兄レオポルト 4 世と争い、1411 年次兄の死後レオポルト系の宗主となる。「オーストリア大《だい》大公」を初めて公式に名乗った。死後につけられたあだ名「鉄のごとき」は、彼の鉄のように堅い体軀を意味するものか、それともその仮借ない厳しい性格を表すものか、不明。

073 航海王子
▶ポルトガルの王子**エンリケ**（†1460）
Heinrich der Seefahrer [Henrique o Navegador]

ポルトガル王ジョアン 1 世の息子。1415 年に父王がアフリカ北西端の都市セウタを

攻略したのち、同市の防衛がエンリケに任される。以後、ポルトガル南部のラゴスに居を構えて、モロッコ征服政策を推進し、ついで西アフリカ沿岸への商業的進出をめざして航海者・探検家たちの活動を支援した。

074 **不能王** ▶カスティーリャ王**エンリケ** 4 世（†1474）
Heinrich der Ohnmächtige [Enrique el Impotente]

カスティーリャ国内での貴族間抗争や対アラゴン政策で失策を繰り返し、政治的混乱を招く。とりわけ後継者問題では彼の娘ファナを推す派と彼の妹イサベルを推す派が対立して内戦状態に陥り、ポルトガルとアラゴンが干渉する事態になった。彼の死後も混乱が続くが、イサベル派が勝利することになる。「不能」とあだ名され、娘ファナは王妃の愛人の子であるとの風評も流れた。

075 **貴顕公** ▶ザクセン大公**オットー**（†912）
Otto der Erlauchte

リウドルフィンガー＝オットー家の祖リウドルフの息子。兄ブルン（†880）の戦死を受けてザクセンでの頭領的地位（彼の時期から「大公」と名乗るようになる）へ。911 年東フランク王ルードヴィヒ 4 世（幼童王）の死にともなう国王選挙のさい、フランケン大公コンラート（1 世）の選出を容認したのち、翌 12 年死去。大公位は息子ハインリヒ（後の国王ハインリヒ 1 世、捕鳥王）が継ぐ。

076 **大帝** ▶ドイツ王・神聖ローマ皇帝**オットー** 1 世（†973）
Otto der Große*

936 年父ドイツ王ハインリヒ 1 世（捕鳥王）の跡を継ぎ即位。即位当初の諸大公の反乱を経て、教会の組織・聖職者を国家統治のための組織・人員として利用する帝国教会体制へ漸次移行。955 年マジャール人にレヒフェルトで大勝し、962 年ローマで教皇ヨハネス 12 世より皇帝戴冠をうける。

077 **富裕侯** ▶マイセン辺境伯**オットー**（†1190）
Otto der Reiche

ヴェッティン家出身。1156 年父コンラートを継ぐ。1165 年都市マイセンに都市法と市場権を与え、都市マイセンの発展を促す。1168 年頃領地に銀鉱が発見され、辺境伯の豊富な資金源になる。また発見地に都市フライベルクを建設。晩年、二男ディートリヒ（苦境侯）を後継者としようとしたことから、長男アルブレヒト（倨傲侯）との間で紛争が生じた。

078 **幼童公** ▶ブラウンシュヴァイク＝リューネブルク大公**オットー** 1 世（†1252）
Otto das Kind

ヴェルフェン家ハインリヒ獅子公の末子ヴィルヘルムの息子。1213 年、幼時に父が死去し、母デンマークのヴァルデマー大王の娘ヘレナが後見。長じてヴェルフェン家領を相続。1235 年ドイツ王・皇帝フリードリヒ 2 世よりブラウンシュヴァイク＝リューネブルク大公位を得る。イギリスのハノーヴァー王家（現ウィンザー家）の祖。

079 **貴顕公** ▶バイエルン大公・ライン宮廷伯**オットー** 2 世（†1253）
Otto der Erlauchte

ヴィッテルスバハ家のバイエルン大公ルードヴィヒ1世の息子。1212年6歳でライン宮廷伯ハインリヒ6世（ハインリヒ獅子公の孫）の妹アグネスと婚約。ハインリヒ6世（†1214）に嗣子がなく、ライン宮廷伯位はルードヴィヒ・オットー父子に継承されることになった。

080 **馬の脚** ▶ゲルデルン伯**オットー**2世（†1271）
Otto mit dem Pferdefuß

ゲルデルン伯ゲルハルト4世の息子。ホラント伯ヴィルヘルム（ドイツ対立国王、†1256）没後の低地地方で、ブラバント公やホラント伯の後見となるなど覇権を握る。ルールモント・ハルデルウェイク・アルンヘムなど多数の都市を建設・再建し、ゲルデルン地域に一大都市交易圏を築いた。「馬の脚」は脚に麻痺のあることを揶揄したあだ名。

081 **厳格公** ▶リューネブルク大公**オットー**2世（†1330）
Otto der Strenge

ヴェルフェン家出身。リューネブルク大公ヨハンの息子。父公の死後（†1277）、伯父アルブレヒト長身公、ついで叔父フェルデン司教コンラートが後見。1282年親政。1292年都市ツェレを移転、新造し、1301年都市法を与えた。

082 **長身侯** ▶ブランデンブルク辺境伯**オットー**5世（†1298）
Otto der Lange

ブランデンブルク辺境伯オットー3世（敬虔侯）の二男。母方の伯父ボヘミア王オタカル2世のプラハ宮廷で育ち、王息ヴァーツラフ（2世）の後見となる。オタカル2世が1278年戦死したのち、7歳の幼王の国王代理となり、国政を牛耳り、王をブランデンブルクに事実上幽閉。1283年解放にあたって上ラウジッツを譲渡させる。あだ名「長身」は同名の弟（ブランデンブルクの共同統治者としてオットー6世とされる）との対比からのもので、弟は「短軀」と呼ばれる。

083 **矢の刺さった** ▶ブランデンブルク辺境伯**オットー**4世（†1309）
Otto mit dem Pfeil

アスカニアー家のブランデンブルク辺境伯ヨハン1世（†1266）の息子。父および父の弟で共同統治者オットー3世（敬虔侯、†1267）の死後、ブランデンブルクを3人の兄弟およびオットー長身侯ら従弟たちと共同統治。マクテブルク大司教座をめぐる争いで、頭に矢が刺さり、1年間そのままで動き回ったといわれる。

084 **ターラント人** ▶ターラント侯・アチェッラ伯**オットー**（†1399）
Otto der Tarentiner

グルーベンハーゲン系ヴェルフェン家のハインリヒ・ギリシア人の息子。コンドッティエーレ（傭兵隊長）となり、各地を転戦。1376年ナポリ女王ジョヴァンナの4人目の夫となり、ターラント侯・アチェッラ伯となる。ナポリ王国の争奪をめぐる国際的紛争において奮戦。

085 **無為侯** ▶ブランデンブルク選帝侯**オットー**5世（†1379）
Otto der Faule

皇帝ルードヴィヒ4世（バイエルン人）の末子。1365年兄ルードヴィヒ・ローマ人を継いでブランデンブルク選帝侯。1371年ドイツ王・皇帝カール4世の侵攻に遭い、1373年50万グルデンの補償金で選帝侯位をカールの息子ヴェンツェル（後のドイツ王）に譲渡。

086 **射手** ▶ヘッセン地方伯**オットー**（†1366）
Otto der Schütz

ヘッセン地方伯ハインリヒ2世（峻厳侯）の息子。1339年父侯の共同統治者となり、父侯とともにミュールハウゼンの帝国代理職にもつく。フルダ修道院長ハインリヒに対する父侯のフェーデ（私闘）に参加し、フルダ配下の都市を破壊。1366年急死。16世紀に彼を射手として主人公とする伝説が生まれ、グリム兄弟の『ドイツ伝説集』にも採られている。また1846年ゴットフリート・キンケルが物語詩『射手オットー』を書いている。

087 **悪侯** ▶ゲッティンゲン侯**オットー**1世（†1394）
Otto der Quade / der Böse

ヴェルフェン家出身。小侯領ゲッティンゲンの領主。戦闘を好み、トーナメント（馬上槍試合）を数多く催し、ヘッセン地方伯位やリューネブルク公位をめぐる争いに関与。1387年都市ゲッティンゲンへの圧力を強め、都市民との戦いへ至る。敗北して都市の自治権を認める。低地ドイツ語で「クヴァーデ」（悪人）と呼ばれた。

088 **独眼侯** ▶ゲッティンゲン侯**オットー**2世（†1463）
Otto der Einäugige

父オットー悪侯の跡を継ぎ、ゲッティンゲン侯。父侯以来続く逼迫した財政のためにゲッティンゲン侯領を、従弟のヴォルフェンビュッテル侯ヴィルヘルム（勝利侯）・ハインリヒ（温和侯）兄弟に譲渡。従弟間に争いが起きると介入し、ハインリヒと結び、最終的には終生の間のゲッティンゲンの支配権を確保。

089 **聖王** ▶ノルウェー王**オーラヴ**2世（†1030）
Olaf der Heilige / der Dicke [Olav den hellige / Olav Digre]

1015年ノルウェー王位に登る。官僚制の整備やキリスト教化を強力に推進して全国統治をめざしたが、デンマークのクヌーズ大王と結んだ豪族たちの反抗に遭い、1028年ノルウェーを追われる。1030年再起をはかるも、農民軍に敗れ敗死。のちに列聖され、ノルウェーの守護聖人とされる。そのため今日一般に「聖王」と呼ばれるが、古くは通例「肥満」「巨漢」とあだ名されていた。

090 **平静王** ▶ノルウェー王**オーラヴ**3世（†1093）
Olaf der Stille [Olaf Kyrre]

ノルウェー王ハーラル3世（苛烈王）の息子。1066年父王がイングランド王位をめざして侵攻し、ハロルド2世と戦ったスタムフォードブリッジの戦いに参加。父王の戦死後、兄マグヌス2世とノルウェーの共治王となり、1069年兄の死後単独王。1070年頃ベルゲンを建設。スノッリの『ヘイムスクリングラ』は彼が快活に会話し、治世の間おおかた平静で、何事にも優しく温和、と伝える。

091 **飢餓王** ▶デンマーク王**オーロフ**1世（†1095）
Olaf Hunger [Oluf Hunger]*

デンマーク王スヴェン2世の庶子の一人。1086年兄クヌーズ4世の死を受けて即位。その治世は多年にわたる凶作と飢饉、そしてこれに起因する農民騒擾に特徴づけられる。あだ名「飢餓」もここに由来する。

092 **再建公** ▶ポーランド大公**カジミェシュ**1世（†1058）
Kasimir der Erneuerer [Kazimierz Odnowiciel]

1034年父ポーランド王ミェシュコ2世の死を受けて権力を掌握しようとするも、直後に大規模な農民反乱に遭い、失敗。ボヘミアの進攻もあって、亡命を余儀なくされる。ドイツ王・皇帝ハインリヒ3世や、キエフのヤロスラフ賢公の支援を得て、ポーランドでの権力を回復。王位にはつかなかったものの、復権後は統治組織・教会組織の再建に努めた。

093 **正義公** ▶ポーランド大公**カジミェシュ**2世（†1194）
Kasimir der Gerechte [Kazimierz Sprawiedliwy]

父ポーランド大公ボレスワフ曲唇公の死（†1138）の前後に生まれ、その遺領を相続できなかったが、後年ヴィシリツァ公領を得る。1177年ポーランド大公であった兄ミェシュコ3世（老公）を追放してその地位を奪うも、その後も兄と大公位を争う。最晩年の1193年にはバルト系ヤトヴャグ族に対する十字軍を起こす。

094 **大王** ▶ポーランド王**カジミェシュ**3世（†1370）
Kasimir der Große [Kazimierz Wielki]*

父ポーランド王ヴワディスワフ1世（短軀王）の跡を受け、ボヘミア、ドイツ騎士団などとの関係を外交努力によって解決し、内政では大貴族の力を抑え、農民を保護し、商工業を育成すべくユダヤ人の保護やドイツ人の入植を進めた。1364年クラクフ大学を創設。内外政での優れた成果から「大王」と称される。

095 **マルテル**（鉄槌） ▶フランク宮宰**カール・マルテル**（†741）
Karl Martell

通例「カール・マルテル」と呼ばれる。カロリング家のアウストラシア宮宰ピピン（中ピピン）の息子。719年宮宰として全フランク王国での支配権を確立。732年トゥール・ポワティエ間の戦いでイスラム軍を破る。737年からは王を戴かずに統治。あだ名は「鉄槌」の意で、9世紀末に、彼の勇猛さ、恐れを知らぬさまを表すべくつけられた。

096 **大帝** ▶フランク王・皇帝**カール**1世（†814）
Karl der Große / Charlemagne*

通例「カール大帝／シャルルマーニュ」と呼ばれる。フランク王ピピン（短軀王）の息子。ランゴバルト王国を滅ぼし、ザクセン・バイエルン族を制圧し、アヴァール人の侵入を阻止し、スペインにも遠征するなど、西ヨーロッパの主要部分を支配。800年教皇レオ3世により皇帝に戴冠。死後の9世紀末から「大帝」（偉大なる者）と呼ばれるようになる。

097 **肥満王** ▶東フランク王・皇帝**カール** 3 世（†888）
Karl der Dicke [Charles le Gros]

東フランク王ルードヴィヒ・ドイツ人王の三男。東フランクのアレマニエン分国王から始まって 885 年までに全フランク王となり、フランクを再統合し、この間の 881 年に皇帝となる。しかし対ノルマン戦で非力を露呈し、887 年甥アルヌルフの挙兵により失脚し、翌年死去。当初「禿頭」と呼ばれたが、シャルル禿頭王との区別から 12 世紀に「肥満」と呼ばれる。

098 **好戦侯** ▶バーデン辺境伯**カール** 1 世（†1475）
Karl der Kriegerische

バーデン辺境伯ヤーコプ 1 世の息子。1459 年に起ったマインツ大司教座をめぐる紛争を契機に、1461 年ファルツ選帝侯フリードリヒ 1 世（常勝侯）との間でバーデン＝ファルツ戦争を起こす。翌 1462 年ゼッケンハイムの戦いでフリードリヒに捕えられ、敗北。多額の解放金支払いなどを強いられた。

099 **跛行王** ▶ナポリ王**カルロ** 2 世（†1309）
Karl der Hinkende [Carlo lo Zoppo]

シチリア王シャルル・ダンジュー（†1285）の子。1282 年「シチリアの晩禱」事件でアラゴン王ペドロ 3 世によって父王とともにシチリアを追われ、ナポリに拠って勢威回復をねらう。父の跡を継いでシチリア王を名乗るが、アラゴン勢力を前にして実際にはナポリ王にとどまった。

100 **短軀王** ▶ナポリ王**カルロ** 3 世（†1386）
Karl der Kleine [Carlo il Breve]

ナポリ王家のアンジュー家出身。1382 年ナポリ女王ジョアンナ 1 世を殺害し、ナポリ王位につく。1384 年に同じアンジュー家のハンガリー王ラヨシュ 1 世が死去し、娘マリアとその夫ジギスムント（後の皇帝）の継承に反対する貴族らによりハンガリー王に選出されるも、1386 年暗殺者の手にかかり死去。

101 **邪悪王** ▶ナバラ王**カルロス** 2 世（†1387）
Karl der Böse [Carlos el Malo]

母方からナバラ王位を継ぐとともに、父方からフランスのエヴルー伯位を継ぐ。母ファナ（ジャンヌ）がカペー家のフランス王ルイ 10 世の娘であったことから、時にフランス王位請求権を掲げつつ、英仏百年戦争の時代にあって、終生フランスにおける自家の権利の維持と拡大に執心した。同時代の世評はすこぶる悪いが、「邪悪」というあだ名自体は 16 世紀に初出。

102 **高貴王** ▶ナバラ王**カルロス** 3 世（†1425）
Karl der Edle [Carlos el Noble]

父カルロス 2 世（邪悪王）の跡を継いでナバラ王、エヴルー伯となる。近隣諸国との関係の改善に努め、フランス王とは 1404 年パリ条約でエヴルー伯領をヌムール公領との交換で放棄し、関係を改善した。

103 善良伯 ▶エノー伯**ギヨーム** 1 世（†1337）
Karl der Böse [Guillaume le Bon]

1302 年「金拍車の戦い」で父ジャン 2 世と長兄が敗れ、ブラバント伯ジャンに領地を占領される中、1304 年跡を継ぐ。従兄のドイツ王・皇帝ハインリヒ 7 世に遺領相続を認められるも、自力で奪還せねばならず、1323 年に成就。イングランド王妃イサベラを支援し、娘フィリッパはエドワード 3 世妃となり、エドワード黒太子の母となる。

104 大王 ▶デンマーク王**クヌーズ** 2 世／イングランド王**クヌート**（†1035）
Knut der Große [Knud den Store / Canute the Great]*

父デンマーク王スヴェン 1 世（双叉髭王）の事蹟を受け継ぎ、1016 年イングランド王、1018 年デンマーク王、1028 年ノルウェー王となり、北海域に強大な海洋帝国を築く。イングランド王としては法制や統治機構を整備し、教会を保護した。彼の庇護のもと多くの聖職者がデンマークにわたり、伝道活動を進めた。

105 鉄腕 ▶アプーリア・カラブリア伯**グリエルモ**（†1046）
Wilhelm Eisenarm [Gugliermo Braccio di ferro]

オートヴィル家のタンクレードの長男。ロベール・ギスカールの兄。1035 年頃弟ドロゴ等とともに故地ノルマンディーを離れ、南イタリアへ渡り傭兵として活動。1041 年メルフィに移り、ノルマン傭兵の首領に選ばれる。サレルノ侯グアイマリウスと組み、アプーリア・カラブリアを支配。1038 年シチリアでの対イスラム戦で、シラクサの総督を片腕で殺したことから「鉄腕」とあだ名されるようになったといわれる。

106 悪王 ▶シチリア王**グリエルモ** 1 世（†1166）
Wilhelm der Böse [Guglielmo il Malo]

初代シチリア王ルッジェーロ 2 世の息子。即位直後に侵攻したビザンツ軍およびローマ教皇軍を 1156 年に破り、王国を保全。宰相マイオのもと、行政組織の専門化・官僚化が進められた。あだ名「悪王」は同時代のウーゴ・ファルカンドの『シチリア王国の書』において悪く描かれたことから。

107 長剣伯 ▶ヤッファ・アシュケロン伯**グリエルモ**（†1177）
Wilhelm Langschwert [Guglielmo Lunga Spada]

モンフェッラート辺境伯グリエルモ 5 世の息子。イェルサレム王ボードゥアン（バルドゥイン）4 世（癩病王）の後継者を求める摂政トリポリ伯レーモン 3 世により、1176 年王姉シビーユの夫として迎えられ、王から王太子領のヤッファ・アシュケロン伯領を与えられる。翌 1177 年死去。死後、後に国王ボードゥアン（バルドゥイン）5 世となる息子が生まれる。

108 善王 ▶シチリア王**グリエルモ** 2 世（†1189）
Wilhelm der Gute [Guglielmo il Buono]

シチリア王グリエルモ 1 世（悪王）の息子。12 歳で父王の跡を継ぐ。摂政期・親政期を通じて政治には概して無関心で、その間、王国最高顧問団のもと、行政機構の整備が進んだ。宗教にも寛容で、経済的・文化的繁栄の時代を現出させた。パレルモ近

郊にモンレアーレ大聖堂が建立されたのも彼の治世下。

109 **金持ち** ▶伯**グントラム**（†c.950）（ハプスブルク家の祖）
Guntram der Reiche

12 世紀半ばムリ修道院（スイス所在）で作成された同修道院の建設譚において、ハプスブルク家の祖とされる人物。950 年頃、西南ドイツのブライスガウからアルザスにかけての地域に所領を展開する伯グントラムなる人物が実在し（但しその詳細は不明）、「金持ち」グントラムに比定されるが、確証はない。

110 **盲目伯** ▶ホルシュタイン伯**ゲルハルト** 2 世（†1312）
Gerhard der Blinde

1290 年父ホルシュタイン伯ゲルハルト 1 世の跡を弟たちと継ぎ、ゲルハルトはプレーン、弟アドルフ 6 世はシャウエンブルク、ハインリヒ 1 世はレンツブルクを分有した。デンマーク王「切り割りの」エーリクの寡婦アグネスと再婚。末子ヨハン（3 世、温和伯）はデンマークの異父兄たちと密に交流することになる。

111 **勇敢伯** ▶オルデンブルク゠デルメンホルスト伯**ゲルハルト**（†1500）
Gerhard der Mutige

オルデンブルク゠デルメンホルスト伯ディートリヒの三男。父を継いだ長兄クリスチャン（1 世）が 1448 年デンマーク王位を継いだため（母方で「切り割りの」エーリク 5 世に連なる）、オルデンブルク伯位を継承。東方のブレーメン大司教、西方の東フリースラント諸勢力と幾度となく戦った。「勇敢」の他、「好戦家」der Streitbare ともあだ名される。

112 **髭公** ▶上・下ロートリンゲン大公・トスカナ辺境伯**ゴットフリート** 3 世（†1069）
Gottfried der Bärtige

上ロートリンゲン大公位（1047 年ドイツ王・皇帝ハインリヒ 3 世により剝奪）をへて、トスカナ辺境伯の寡婦ベアトリクスとの結婚により同辺境伯。イタリアでの覇権をねらい、ドイツ王権やローマ貴族と対立。弟フリードリヒを教皇ステファヌス 9 世（†1058）として擁立したが盛時は短時日に終る。1065 年ドイツ王・皇帝ハインリヒ 4 世より下ロートリンゲン大公位を得る。

113 **傴僂公** ▶下ロートリンゲン大公**ゴットフリート** 4 世（†1076）
Gottfried der Höckrige / der Bucklige

父ゴットフリート 3 世（髭公）の死後下ロートリンゲン大公位を継ぐとともに、トスカナ辺境伯位を握る継母ベアトリクスの娘マティルデと婚姻。彼がドイツ王・皇帝ハインリヒ 4 世に与し、他方妻が教皇グレゴリウス 7 世を崇敬していたこともあって離別し、フリースラントに戻るも、フランドル伯ロベール（フリース人伯）と争い、殺害さる。

114 **髭面伯** ▶レーヴェン伯・下ロートリンゲン大公**ゴットフリート** 6 世（†1139）
Gottfried mit dem Barte

レーヴェン伯ハインリヒ 2 世の二男。兄ハインリヒ 3 世を継ぎ、レーヴェン伯。1106 年ドイツ王・皇帝ハインリヒ 5 世のロートリンゲン政策に与して下ロートリン

ゲン大公位・アントウェルペン辺境伯位を得るも、1128年ドイツ王・皇帝ロタール3世がこれをリムブルク伯ヴァルラムに与えたため、失う。

115 **虜囚伯** ▶ヴェルダン伯**ゴットフリート**（ゴドフロワ）（†c.1002）
Gottfried der Gefangene [Godefroid le Captif]

アルデンヌガウの伯ゴツェロの息子、ランス大司教アダルベロンの兄。960–70年代にロートリンゲン地域にヴェルダンなどの伯領を獲得。970–80年代にロートリンゲン進出を図る西フランク王ロテールと戦い、985年捕えられ虜囚となる。987年ユーグ・カペー王権成立後（弟アダルベロンが尽力）、解放される。

116 **老王** ▶デンマーク王**ゴルム**（†c.950）
Gorm der Alte [Gorm den Gamle]

デンマークのイェリング朝の祖。10世紀半ばにユトランド半島中央部のイェリングを拠点として、半島部およびフン島一帯を支配。あだ名（ラテン語 senex）は、元来は年長者を表したと思われるが、13世紀の歴史叙述家サクソ・グラマティクスは、老齢を人間に与えられた運命の限界まで引き伸ばしたと評す。

117 **クルツボルト**（短軀） ▶ニーダーラーンガウの伯**コンラート**（†c.948）
Konrad Kurzbold

コンラーディーナー家出身。939年従兄弟であるフランケン大公エーベルハルトら諸大公のドイツ王オットー1世に対する反乱のさい、国王側に立って活躍。11世紀半ばのエッケハルト『ザンクト・ガレン修道院事蹟録』は、体が小さいので「クルツボルト」と呼ばれ、女性とリンゴが嫌い、と伝える。

118 **赤公** ▶ロートリンゲン大公**コンラート**（†955）
Konrad der Rote

フランケンのザーリアー家（11世紀のドイツ王家）の祖。シュパイアーガウ・ヴォルムスガウの伯ヴェルナーの息子。944年ドイツ王オットー1世よりロートリンゲン大公に任命、王女リウトガルトと婚姻。951年オットーのイタリア遠征に参加。このおりに不興を買った王息リウドルフの反乱（953年）に与し、大公位を剝奪される。後に許され、955年マジャール人との決戦であるレヒフェルトの戦いに参加し戦死。

119 **ザクセンの華** ▶プレッツカウ伯**コンラート**（†1132/33）
Konrad die Blume / die Blume der Sachsen

プレッツカウ伯ヘルペリヒの息子。1130年ドイツ王・皇帝ロタール3世によりアルブレヒト熊侯から剝奪したノルトガウ辺境伯領を授与され、熊侯と私戦へ。1132年ロタールのイタリア遠征に参加。ノルマン人との戦闘で矢にあたり死去。騎士としての凜々しい姿から「ザクセンの華」と呼ばれた。

120 **賢王** ▶ナバラ王**サンチョ**6世（†1194）
Sancho der Weise [Sancho el Sabio]

父ガルシア・ラミレスの跡を継ぎ、1150年ナバラ王となる。カスティーリャ・アラゴンとの多年にわたる対抗を背景に、ビスケー湾に臨む海港都市に特権を与えて保護するなど国力の強化に努め、また娘ベレンガリアをリチャード獅子心王に嫁がせてイ

ングランド・アキテーヌとの関係を強固にした。

121 **剛勇王** ▶ナバラ王**サンチョ** 7 世（†1234）
Sancho der Starke [Sancho el Fuerte]

ナバラ王サンチョ 6 世（賢王）の息子。1212 年カスティーリャ王アルフォンソ 8 世の指揮するムワッヒド朝との戦い、ラス・ナバス・デ・トロサの戦いに参加。その治世下にビスケー湾に臨む地域をカスティーリャに奪われ、晩年は隠棲（このため「隠棲者」ともあだ名される）。死後甥のシャンパーニュ伯ティボーがナバラ王へ迎えられ（テオバルド 1 世）、以後王位はフランス系が占める。

122 **聖地巡礼王** ▶ノルウェー王**シグル** 1 世（†1130）
Sigurd Jerusalemfahrer [Sigurd Jorsalfarer]

1103 年父ノルウェー王マグヌス 3 世（裸足王）を兄弟オーラヴ、エリステインとともに継ぐ。1107 年第 1 回十字軍後発隊として大船団を組み海路イェルサレムへ。イェルサレム王ボードゥアン（バルドゥイン）1 世と邂逅。シドン攻略戦に参加。1111 年コンスタンティノープルを経て陸路帰国。グリーク作曲『十字軍の王シグル』の題材となる。

123 **禿頭王** ▶西フランク王・皇帝**シャルル**（カール）2 世（†877）
Karl der Kahle [Charles le Chauve]

フランク王・皇帝ルードヴィヒ（ルイ）敬虔帝の息子。ロタール 1 世ら異母兄と相続争いをし、843 年ヴェルダン条約で西フランク王となり、870 年メルセン条約でロートリンゲン西半を得る。875 年甥の皇帝ルードヴィヒ 2 世（ロタール 1 世の長男）の死を受けイタリア遠征し、皇帝戴冠。同時代人によりすでに「禿頭」と呼ばれていた。

124 **単純王** ▶西フランク王**シャルル** 3 世（†929）
Karl der Einfältige [Charles le Simple]

西フランク王ルイ 2 世（吃音王）の三男。893 年ロベール家（カペー家）の国王ウードへの対立国王として擁立される。ウードの死後（†898）単独の王となるも、寵臣を登用する政治手法が貴族らの反乱を惹起し、922 年ウードの弟ロベール（1 世）が対立国王へ擁立される。シャルルは 923 年ヴェルマンドア伯エルベールに捕えられ、虜囚のまま死去。死後半世紀以上たって登場するあだ名 simplex（ラテン語＝英・仏語 simple）は、当初「素朴」などの意味で用いられていたが、次第に「単純、馬鹿」などの意となり、同時に「愚者」stultus「愚鈍」hebes などとも呼ばれるようになった。

125 **端麗王** ▶フランス王**シャルル** 4 世（†1328）
Karl der Schöne [Charles le Bel]

カペー朝最後の国王。フィリップ 4 世（同じく端麗王とあだ名される）の三男。長兄ルイ 10 世、その子ジャン、次兄フィリップ 5 世が相次いで亡くなり、1322 年即位。彼自身も 33 歳で没す。後継はヴァロア家の従兄フィリップ 6 世。後のドイツ王・皇帝カール 4 世（幼名ヴェンツェル）は彼の宮廷で養育され（シャルルの妃マリーが父方の叔母であった）、シャルルの名（カール）をもらう。

126 **賢明王** ▶フランス王**シャルル**5世（†1380）
Karl der Weise / der Gelehrte [Charles le Sage]

父フランス王ジャン2世がポワティエの戦いで捕虜となったため摂政として国政を担い、1358年パリのエティエンヌ・マルセルの乱やジャックリーの農民一揆を鎮圧。1364年即位。徴税機構を整備し、貨幣の信用を高め、文化政策を推進。百年戦争下にあって荒廃した王国の一時的再建に成功した。学識家であり、その「賢明」さについては、同時代の歴史叙述家ジャン・フロワサールも詩人クリスティーヌ・ド・ピザンも口をそろえている。

127 **狂人王** ▶フランス王**シャルル**6世（†1422）
Karl der Wahnsinnige [Charles le Fol / le Fou]

百年戦争期、父フランス王シャルル5世（賢明王）の跡を継ぎ善政をおこなうも、1392年精神を病む。宮廷での実権をめぐりアルマニャック派対ブルゴーニュ派の対立抗争が生じ、イングランド軍の侵入を招く。1420年イングランド王ヘンリ5世とトロア条約を結び、ヘンリ5世のフランス王位継承を約した。1388年に叔父たちの後見を離れ、父王の顧問官たち、いわゆるマルムセ（マーモセット）を登用した親政期、その善政ゆえに「たくさん愛された人」le Bien-Aimé ともいわれていた。

128 **勝利王** ▶フランス王**シャルル**7世（†1461）
Karl der Siegreiche [Charles le Victorieux]

百年戦争後期、父フランス王シャルル6世（狂人王）の王太子となるも、1420年トロア条約により王位継承権を否認される。イングランド軍の攻勢の中、1429年オルレアン攻囲戦でジャンヌ・ダルクに救出され、ランスで戴冠。これを機に攻勢に転じ、1453年カレーを除く全土からイングランド軍を駆逐、百年戦争を終結させた。

129 **豪胆公** ▶ブルゴーニュ公**シャルル**（†1477）
Karl der Kühne [Charles le Téméraire]

ヴァロア家系第4代ブルゴーニュ公。フィリップ善良公の息子。王国統一を進めるフランス王ルイ11世に対して諸侯を糾合して「公益同盟」を結成。独立王国の建設を図るが、頼みとしたイングランド王エドワード4世がルイと盟約したことで孤立。スイスとライン上流諸都市の連合軍との戦いでナンシーにおいて戦死。そのあだ名は「突進公」「勇胆公」などとも訳される。

130 **勝利公** ▶ブラバント公**ジャン**（ヨハン）3世（†1355）
Johann der Siegreiche [Jean Triomphant]

ブラバント公ジャン（ヨハン）2世の息子。フランス王のフランドル政策と対立し、英仏百年戦争の最初期にはイングランド王側についたが、まもなくフランス王側と結んだ。1354年ブラバントの都市に自由特権の付与を約し、それは1356年娘の女公ジャンヌ（ヨハンナ）により憲章として発布された。

131 **善良王** ▶フランス王**ジャン**2世（†1364）
Johann der Gute [Jean le Bon]

ヴァロア朝初代国王フィリップ6世の息子。百年戦争のさなか1350年即位。エドワー

ド黒太子率いるイングランド軍と戦い、1356年ポワティエの戦いで捕虜となる。一時解放されフランスへ戻るも、身代わりの王子ルイが脱走したためイングランドへ戻り、1364年虜囚のうちにロンドンで死した。

132 **無畏公** ▶ブルゴーニュ公**ジャン**（†1419）
Johann ohne Furcht / der Unerschrockene [Jean sans Peur]

ヴァロア家系第2代ブルゴーニュ公。フィリップ勇胆公の息子。1396年ニコポリスの戦いに参加。1404年父公の跡を継ぐ。フランス王の宮廷での実権をめぐりオルレアン公ルイと争い、1407年暗殺する。ルイの息子シャルルらのアルマニャック派に対して、ブルゴーニュ派として戦い、フランスに内戦状態を惹起する。1419年殺害さる。

133 **留め金公** ▶バイエルン大公**シュテファン**2世（†1375）
Stephan mit der Hafte

ヴィッテルスバハ家出身。皇帝ルードヴィヒ4世（バイエルン人）の二男。父の死後兄弟間で領地の分割をめぐって長く対立。あだ名「留め金（フィブラ）をつけた」は約100年後の歴史叙述家ズントハイムのラディスラウスが初めて言及。

134 **伊達男**（クナイセル） ▶バイエルン大公**シュテファン**3世（†1413）
Stephan der Kneißel / der Prächtige

バイエルン大公シュテファン2世（留め金公）の息子。父公の死後、遺領を弟二人と継承、1392年分割し、インゴルシュタットを得る。その後も弟・甥たちと争う。あだ名（クナイセル）は小柄で華奢なシュテファンが愛用した華麗な服装に由来するといわれる。

135 **無欠王** ▶ポルトガル王**ジョアン**2世（†1495）
Johann der Vollkommene [João o Principe Perfeito]

ポルトガル王アルフォンソ5世（アフリカ人王）の息子。父王の晩年に摂政職につき、その死後1481年王位につく。国政にあって絶対王政の確立に努める一方、海外進出を推進。彼の命を受けたバルトロメウ・ディアスはアフリカ西岸を航行し南端迂回に成功し（1488年)、ジョアンが南端の岬を「喜望峰」と命名。その数々の事蹟から「完全無欠」と呼ばれたといわれる。

136 **欠地王** ▶イングランド王**ジョン**（†1216）
Johann ohne Land [John lackland]

イングランド王ヘンリ2世の末子。1199年兄リチャード獅子心王を継いで即位。フランス王フィリップ2世（尊厳王）と争い、大陸所領の大半を失う。カンタベリ大司教選任問題では教皇インノケンティウス3世に屈服。圧政に不満をもつ貴族らの反抗に遭い、1215年マグナ・カルタを承認。あだ名は、治世中に領地を失ったこととは直接関連せず、幼時に父王から大陸所領を分与されず、「領地なし」と呼ばれたことから、といわれる。

137 **双叉髭王** ▶デンマーク王**スヴェン**1世（†1014）
Sven Gabelbart [Svend Tveskæg]

986年父ハーラル青歯王を追放してデンマーク・ノルウェー王となる。992年スウェーデンのエーリク勝利王に敗れデンマークを追われる。復辟後、イングランドに侵攻し、1013年エセルレッド不決断王を破りイングランド王位につく。翌14年急死。あだ名「フォーク状の髭」の確かな由来は不明。

138 苦境侯
▶マイセン辺境伯 **ディートリヒ**（†1221）
Dietrich der Bedrängte

マイセン辺境伯オットー（富裕侯）の二男。父侯の跡を兄アルブレヒト倨傲侯と争う。1195年兄が亡くなると、ドイツ王・皇帝ハインリヒ6世がマイセン辺境伯領を豊かな銀鉱山ともども占有するが、皇帝の死後の1198年これを継承。なお1206年彼が仲裁した裁判文書に都市ドレスデンの名が初めて登場する。

139 賢侯
▶ランツベルク辺境伯**ディートリヒ**（†1285）
Dietrich der Weise

マイセン辺境伯ハインリヒ3世（貴顕侯）の二男、アルブレヒト2世（堕落侯）の弟。父侯からランツベルク辺境領を継ぐ。チューリンゲン・マイセンを継いだ兄アルブレヒトがその子ら（フリードリヒ嚙跡侯ら）と不仲になったとき、この甥たちを引き取り保護する。

140 農民王
▶ポルトガル王**ディニス**1世（†1325）
Dionysius der Ackerbauer / der Gerechte [Dinis o Lavrador]

ポルトガルの海外発展・商業活動を推進し、その治世下でリスボンは中継港として繁栄することになる。干拓や農地開拓などの農業振興、ポルトガル語の公用語化やコインブラ大学の創設などの文化事業も推進した。あだ名「農民王」は彼の農業振興への貢献からといわれる。

141 肥満侯
▶ラウジッツ辺境伯**デドー**（†1190）
Dedo der Fette / der Feiste

マイセン辺境伯コンラート1世の息子、オットー富裕侯の弟。グロイッチュ伯。ドイツ王・皇帝フリードリヒ赤髭王の数多くの軍事行動に参加。マイセン辺境伯位をめぐる甥たちの争いではアルブレヒト倨傲侯に与する。領内の開墾・植民を積極的に推進。1185年兄ディートリヒを継ぎラウジッツ辺境伯。1190年、第3回十字軍に参加するべく、肥満脂肪を取る手術を受けるも失敗し、死去。

142 幼童侯
▶ロストック侯**ニコラウス**（†1314）
Nikolaus das Kind

ロストック侯ヴァルデマール（†1282）の三男。1262年頃生まれ。父と二兄の死後、母の後見をへてロストックを支配。メクレンブルク侯らの侵攻から守るべく、1300年領地をデンマーク王エーリク6世（メンヴェズ）の保護下におくが、結果的にエーリクとメクレンブルク侯ハインリヒ2世（獅子侯）の争奪戦となり、彼らに奪われたままの状況下、1314年死去。あだ名「男の子」puer は、政治力に欠け、子供っぽい弱さしか示せなかった彼に対して、後年、つけられたもの。

143 **征服王** ▶アラゴン王**ハイメ**1世（†1276）
Jakob der Eroberer [Jaime el Conquistador]

対ムスリム戦を推進し、1229年に西地中海のバレアス諸島最大の都市マジョルカを征服し、1238年にはバレンシアを征服するなど、アラゴンにおけるレコンキスタを終了させ、アラゴンの地中海地域進出を用意した。

144 **公正王** ▶アラゴン王**ハイメ**2世（†1327）
Jakob der Gerechte [Jaime el Justo]

シチリアを征服した父王ペドロ3世の跡を継ぎ、1285年シチリア王となる。アラゴン王となった兄が1291年に死去するとアラゴン王となる。その治世はシチリア・サルディニアの支配をめぐるフランス・ジェノヴァ・ピサ等との紛争に忙殺された。

145 **捕鳥王** ▶ドイツ王**ハインリヒ**1世（†936）
Heinrich der Vogler / der Finkler

ドイツ・オットー朝（ザクセン朝）初代国王。912年父オットー貴顕公の跡を継ぎ、ザクセン大公。ドイツ王コンラート1世の死後、919年ドイツ王に推戴。同時期にバイエルン大公アルヌルフも国王に推戴されたが、軍事力を背景に、アルヌルフに王権を断念させる。諸大公との協調を重視し、王国の安定を保持。あだ名「捕鳥」は子どもらと鳥刺しに興じていたとの伝承から。

146 **争人公** ▶バイエルン大公**ハインリヒ**2世（†995）
Heinrich der Zänker

955年父バイエルン大公ハインリヒ1世（オットー大帝の弟）を継ぎバイエルン大公。従弟オットー2世が皇帝位を継ぐや、シュヴァーベン大公位への権利を主張するなど、権勢欲を露わにする。私闘をくり返し、976年大公位剝奪。983年オットー3世即位時も簒奪を企てるが、断念し、985年大公に復位。

147 **黒公** ▶バイエルン大公**ハインリヒ**9世（†1126）
Heinrich der Schwarze

ヴェルフェン家出身。バイエルン大公ヴェルフ1世の二男。兄ヴェルフ2世（肥満公）の跡を継ぎ、1120年バイエルン大公。1125年ドイツ国王選挙のさい、シュタウファー家の女婿シュヴァーベン大公フリードリヒ2世（独眼公）を裏切り、ザクセン大公ロタールの選出を後押しする（国王ロタール3世）。この行動の裏に息子ハインリヒ（倨傲公）とロタールの一人娘ゲルトルートとの婚約があり、ヴェルフェン家とシュタウファー家の確執を生む。あだ名「黒」は13世紀以降のもの。

148 **倨傲公** ▶バイエルン大公**ハインリヒ**10世（†1139）
Heinrich der Stolze

ヴェルフェン家出身。バイエルン大公ハインリヒ9世（黒公）の息子。1137年ドイツ王ロタール3世の死後の国王選挙で、シュタウファー家のコンラート（フリードリヒ独眼公の弟）に敗れる（国王コンラート3世）。ザクセン大公位をめぐる問題から国王コンラートと対立。シュタウファー王家とヴェルフェン家の闘争へ。39年死し、息子ハインリヒ獅子公が跡を継ぐ。

149 **ヤゾミルゴット** ▶オーストリア大公**ハインリヒ**（2世）（†1177）
Heinrich Jasomirgott

バーベンベルガー家出身。父オーストリア辺境伯レオポルト3世（敬虔侯）、母ドイツ王・皇帝ハインリヒ4世の娘アグネス。オーストリア辺境伯位とともに、1143年以来、ヴェルフェン家のハインリヒ倨傲公から剝奪されたバイエルン大公位を得ていたが、1156年甥であるドイツ王・皇帝フリードリヒ赤髭王がこれを倨傲公の息子ハインリヒ獅子公に授封。見返りにオーストリア辺境伯の大公への昇格などを認めた特権状（「小特許状」）を得る。あだ名「ヤゾミルゴット」は13世紀に初出し、彼が発した言葉「我に神の助けあれ」（joch so mir got）によるものなど諸説あるも、確かな由来は不明。

150 **獅子公** ▶ザクセン・バイエルン大公**ハインリヒ**（†1195）
Heinrich der Löwe

ヴェルフェン家出身。ハインリヒ倨傲公の息子。ザクセン・バイエルン両大公位を占め、国王フリードリヒ赤髭王治下にあってドイツ最強の諸侯として君臨。彼の治下の1150年代に、後にハンザ同盟の盟主となる都市リューベックの建設が本格化し、また都市ミュンヘンの建設も始まった。1174年国王フリードリヒのイタリア遠征への出兵要請を拒否したことを契機に、国王と戦闘に入り、敗北し失脚。再起を図るも往時の勢力を取り戻せぬまま死去。すでに同時代史料において「獅子」と呼ばれており、その人物像は13世紀以降このあだ名と結びついて伝説化する。

151 **盲目伯** ▶ルクセンブルク伯**ハインリヒ**4世（†1196）
Heinrich der Blinde

ナミュール伯ゴットフリートの息子。1136年ドイツ王・皇帝ロタール3世からルクセンブルク伯位を得、1139年父のナミュール伯位を継ぐ。独仏国境地域に展開する所領の継承をめぐり、紛争が絶えなかった。1184年離婚したのち、病気になり失明したが、離縁した妻アグネスが戻り、一女をもうける。

152 **黒伯** ▶シュヴェーリン伯**ハインリヒ**1世（†1228）
Heinrich der Schwarze

シュヴェーリンを含む北ドイツ地域は、ハインリヒ獅子公失脚後、バルト海域の覇権をめざすデンマークの事実上の支配下に入る。1222年第5回十字軍から戻った黒伯ハインリヒは1223年デンマーク王ヴァルデマー2世（勝利王）らを拉致し、デンマーク軍を破り、デンマークのバルト海岸地域からの後退を余儀なくさせた。

153 **勇敢公** ▶ブラバント公**ハインリヒ**1世（†1235）
Heinrich der Mutige*

下ロートリンゲン大公ゴットフリート8世の息子。1183年ドイツ王・皇帝フリードリヒ1世によりブラバント公に任命。1198年ドイツ王位をめぐるシュタウファー家とヴェルフェン家の「二重選挙」のさいには後者のオットー4世を支持。娘をオットーに娶せる。1214年ブーヴィーヌの戦いに参加し、オットーとともに敗北。シドン・ベイルートを攻略した1197年の十字軍と、エジプト攻略をめざした1217年の十字

軍に参加した。

154 **坊主王** ▶チューリンゲン地方伯・ドイツ王**ハインリヒ・ラスペ**（†1247）
Heinrich Raspe, der Pfaffenkönig

ドイツ王・皇帝フリードリヒ２世の破門を受け、1246年マインツ大司教らにより対立国王に擁立される。聖職者主体の選出であったことから「坊主王」と呼ばれる。1247年戦傷死。その死はチューリンゲン継承戦争を惹起。ラスペはヘッセンのグーデンスベルク伯位を継いだ一門の次子らの添え名。

155 **金髪伯** ▶ルクセンブルク伯**ハインリヒ**５世（†1281）
Heinrich der Blonde

リムブルク伯ヴァルラム４世とルクセンブルク女伯エルメジンデの息子。妻マルガレートの嫁資としてリニーを得る。フランス王ルイ９世（聖王）と近しく、1266年プレニーの戦いで捕虜となったが、1268年ルイの仲裁で解放され、また1270年ルイとともに第７回十字軍に参加し、チュニス攻撃に加わった。

156 **貴顕侯** ▶マイセン辺境伯**ハインリヒ**３世（†1288）
Heinrich der Erlauchte

マイセン辺境伯ディートリヒ（苦境侯）の息子。1247年母方の叔父ハインリヒ・ラスペの死を契機にチューリンゲン継承戦争が起き、継承権を主張する従妹ゾフィ（地方伯聖ルードヴィヒの娘）を破ってチューリンゲン地方伯位を獲得。同地方伯領から分離したヘッセンはゾフィの子ハインリヒ（ヘッセン地方伯ハインリヒ１世、幼童侯）が留保。

157 **巡礼侯** ▶メクレンブルク侯**ハインリヒ**１世（†1302）
Heinrich der Pilger

メクレンブルク侯ヨハン１世の息子。1271年聖地巡礼に出る。途中カイロへ拉致され、27年間虜囚となり、1298年に帰還。この間親族が彼の息子たちを後見。

158 **幼童侯** ▶ヘッセン地方伯**ハインリヒ**１世（†1308）
Heinrich das Kind

ブラバント公ハインリヒ２世の息子。1244年生まれ。1247年母ゾフィ（チューリンゲン地方伯聖ルードヴィヒと聖エリーザベトの娘）がチューリンゲン地方伯位の継承をめざし起した闘争（チューリンゲン継承戦争、1247–1264）で、ヘッセン地方を確保し、ヘッセン地方伯を名乗る。1292年ドイツ王となった直後のアドルフ・フォン・ナッサウによって、帝国諸侯に列せられる。

159 **欠地侯** ▶ブランデンブルク・ランツベルク辺境伯**ハインリヒ**（†1318）
Heinrich Anelant (ohne Land)

アスカニアー家のブランデンブルク辺境伯ヨハン１世の息子、「矢の刺さった」オットーの異母弟。1294年家領を占める兄たちからランツベルクを獲得。以後、ブランデンブルク辺境伯にしてランツベルク辺境伯を名乗る。あだ名「土地なし」は、父の死去時（†1266）まだ10歳で、ブランデンブルク辺境伯領が兄たちや従兄弟たちの共同統治下にあって、当初、統治に与れなかったことから、といわれる。

160 **奇人侯** ▶ブラウンシュヴァイク＝グルーベンハーゲン侯**ハインリヒ**1世（†1322）
Heinrich der Wunderliche

ブラウンシュヴァイク大公アルブレヒト1世（長身公）の長子。弟たちとの相続争いの結果、グルーベンハーゲン地域を領有。1291年ザクセン宮廷伯。1290年代にはヒルデスハイム教会と闘争するなど、多くの私闘を繰り返し、財政逼迫に苦しみながらも、多くの教会・修道院を建設したため、「奇人」と呼ばれたといわれる。

161 **獅子侯** ▶メクレンブルク侯**ハインリヒ**2世（†1329）
Heinrich der Löwe

メクレンブルク侯ハインリヒ1世（巡礼侯）の息子。1300年から幼童侯ニコラウス下のロストックをねらい、デンマーク王と戦い、最終的に1323年これを獲得。「獅子」のあだ名は、1304年ドイツ王アルブレヒト1世とボヘミア王ヴァーツラフ2世が衝突し、後者に味方して参戦したおりについたといわれる。

162 **ギリシア人侯** ▶ブラウンシュヴァイク＝グルーベンハーゲン侯**ハインリヒ**2世（†1351）
Heinrich der Grieche

グルーベンハーゲン系ヴェルフェン家のハインリヒ奇人侯の息子。グルーベンハーゲンの一部などを継ぐ。1327年皇帝ルードヴィヒ4世（バイエルン人）のローマ行に随行。そのまま妹の夫、ビザンツ皇帝アンドロニコス3世のもと、コンスタンティノープルへ赴き、滞在。イェルサレム巡礼ののち、1331年帰国。あだ名はビザンツ帝国＝ギリシアから戻ってきたことから。

163 **峻厳侯** ▶ヘッセン地方伯**ハインリヒ**2世（†1376）
Heinrich der Eiserne

ヘッセン地方での勢力拡張をはかり、近隣のマインツ大司教・フルダ修道院などと長期にわたり闘争。1372年領内の騎士たちの結んだ星人同盟の抵抗（「星人戦争」）を破る。息子射手オットーが早死したため、甥のヘルマン（学者侯）を後継者に迎えた。

164 **鉄伯** ▶ホルシュタイン伯**ハインリヒ**2世（†c.1384）
Heinrich der Eiserne

弟ニコラウスとともに傭兵隊長としてヨーロッパ各地を転戦。1345年頃シュレスヴィヒのフレンスブルクを拠点とし、1367年ハンザ同盟の連合艦隊の司令官になり、デンマーク王ヴァルデマー4世（再興王）と戦い、1368年コペンハーゲンを占領。ホルシュタインを中心にシュレスヴィヒ・デンマークを窺った。死後「鉄のハインリヒ」Isern Hinrik の名で伝説などにも語られた。

165 **富裕公** ▶バイエルン＝ランツフート大公**ハインリヒ**16世（†1450）
Heinrich der Reiche

バイエルン＝ランツフート大公フリードリヒ賢公の息子。母はミラノのヴィスコンティ家出身のマッダレーナ。ヴィスコンティ家の血を引き、冷酷であったといわれる。大公領は鉱山業で栄え、ハインリヒ・ルードヴィヒ・ゲオルクと3代にわたり「富裕公」とあだ名された。

166 **温和侯** ▶ブラウンシュヴァイク＝ヴォルフェンビュッテル侯**ハインリヒ** 2 世（†1473）
Heinrich der Friedsame
父ブラウンシュヴァイク＝リューネブルク侯ハインリヒ 1 世の死後、兄ヴィルヘルム（勝利侯）とともにリューネブルクを継ぐ。1428 年叔父ベルンハルトとの領地交換でヴォルフェンビュッテル侯となる。1431 年兄の遠征の間にヴォルフェンビュッテル城を占拠し、1432 年戦闘で兄をカレンベルクへ敗走させ、単独のヴォルフェンビュッテル侯となる。

167 **美髪王** ▶ノルウェー王**ハーラル** 1 世（†c.930）
Harald Schönhaar [Harald Hårfagri]
ノルウェー南東部の小王家ユングリング家出身で、北部の豪族と同盟して統一を進め、872 年頃ハフルスフィヨルドの戦いに勝利し、沿岸部を統一した。全王国の王でないことを理由に求婚を断られ、全土の征服まで髪を切らないと誓い、統一成って髪を整え、以後「美髪」と呼ばれた、といわれる。

168 **灰衣王** ▶ノルウェー王**ハーラル** 2 世（†c.970）
Harald Graumantel [Harald Gråfell]*
ノルウェー王エイリーク 1 世（血斧王）の息子。兄弟たちとともに、母方の叔父であるデンマークのハーラル青歯王の支援をえて、父王を追いやったホーコン善王と戦う。ホーコンの死後、959 年頃ノルウェー王位につく。そのあだ名はアイスランド商人から「灰色の外套」を買い、その苦境を救ったとの言い伝えによるという。

169 **青歯王** ▶デンマーク王**ハーラル** 1 世（†986/87）
Harald Blauzahn [Harald Blåtand]
ゴルム老王の息子。デンマークを統一し、支配をノルウェーにまで拡大。自ら受洗し、北欧のキリスト教化を促した。あだ名「青歯」の初出は『ロスキレ年代記』（1140 年頃）で、「ブラタンないしクラック・ハーラルとあだ名される」cognomine Blatan sive Clac Harald と伝えるが、ここでの Blatan の意味がすでに、現デンマーク語の Blåtand（英語 Bluetooth）に当たっているのかどうかを含め、明確ではない（なお、クラックは 9 世紀のデンマークの小王ハーラル・クラックと混同したものと考えられている。ちなみにあだ名「クラック」の意味も不明）。電子機器をつなぐ無線通信規格「ブルートゥース Bluetooth」はノルウェーとデンマークを平和的に統合したとされる彼の事蹟にちなむ命名。

170 **苛烈王** ▶ノルウェー王**ハーラル** 3 世（†1066）
Harald der Strenge [Harald Hardråde]
ノルウェー王オーラヴ 2 世（聖王）の異父弟。1046 年甥マグヌス善王に譲歩させ共治王になり、1047 年単独の王となる。1050 年頃オスロ建設。1066 年イングランドのエドワード懺悔王の死を受け、イングランド王位をねらって侵攻。スタムフォードブリッジでハロルド 2 世に敗れ戦死。ハロルドはこのあと 10 月、ヘイスティングズでノルマンディー公ウィリアムと干戈を交える。

171 **気前良し** ▶ノルウェー南部沿岸部の小王**ハルヴダン**（9 世紀）
Halvdan der Freigebige [Hálfdan hinn mildi]

ハルヴダン黒王の祖父、ハーラル美髪王の曾祖父。スノッリの『ヘイムスクリングラ』によると、気前は良かったが、食い意地が張っていたという。

172 **黒王** ▶ノルウェー南部沿岸部の小王**ハルヴダン**（†c.860）
Halvdan der Schwarze [Halvdan Svarte]

スウェーデンの古い伝説上の王家ユングリング家の、ノルウェーへ移った分枝の子孫といわれる。18/19歳のときアグデルの王となり、ついでヴェストフォルの王となる。ノルウェー最初の統一王とされるハーラル美髪王の父。あだ名は髪の色からといわれる。

173 **兎足王** ▶イングランド王**ハロルド**（ハーラル）1世（†1040）
Harald Hasenfuß [Harold Harefoot]

1035年デンマーク・ノルウェー・イングランド王を兼ねた父クヌーズ／クヌート大王が死去し、各国の王位をめぐる争いの中、イングランド王に即位。デンマーク王となった異母弟ハーデクヌーズ（クヌーズ3世）が侵攻を進める中、死去。あだ名「ウサギの足」は12世紀に初出し、中世末期にはそれが彼の足の速さを示すと解されるようになった。

174 **鉄頭侯** ▶カプア・ベネヴェント侯**パンドゥルフ**1世（†981）
Pandulf der Eisenkopf [Pandolfo Capodiferro]

中南部イタリアでの覇権をめぐり教皇ヨハネス12世勢力と対立し、ドイツ王オットー1世と結ぶ。皇帝となったオットーのもと、カプア・ベネヴェントに加え、スポレト・サレルノをも勢力圏に加え、南イタリアのビザンツ勢力との最前線に立った。

175 **短軀王** ▶フランク王**ピピン**（†768）
Pippin der Kurze / der Kleine [Pépin le Bref]

フランク宮宰カール・マルテルの二男。兄カールマンとともに宮宰職を継ぐ。743年フランク王キルデリヒ3世を擁立。747年兄の隠棲のため単独宮宰。751年教皇ザカリアスの支持を得てキルデリヒを廃位し、自ら国王となり、カロリング朝を開く。あだ名「短軀」は11世紀に初出。事実と無関係に独り歩きし、「小人《こびと》」とまで呼ばれる。

176 **傴僂** ▶カール大帝の長子**ピピン**（†811）
Pippin der Buckige [Pépin le Bossu]

770年頃カール大帝の最初の男子として生まれ（庶出）、祖父フランク王ピピンの名をつけられる。777年父カールに嫡出男子カールマンが生まれ、781年に教皇に洗礼され、ローマ王に戴冠されると、カールはこの息子をピピンと改名する。779年謀反を企てるが露見し、プリュム修道院に送られて幽閉のうちに死去。

177 **多毛伯** ▶バルセロナ伯**ビフレド**（ギフレ）（†897）
Wilfried der Behaarte [Wifredo el Velloso / Guifré el Pilós]

870年以降、フランク王国のスペイン辺境を構成したバルセロナをはじめ、ウルヘル、ヘロナなどの伯領を支配下におき、フランクからの事実上の独立を達成した。バルセロナ伯としてその地位は一族に世襲された。『バルセロナ伯の事蹟』の12世紀半ば

に書かれた部分が「毛深い男」Pilosus というあだ名を伝えている。

178 **尊厳王**（オーギュスト） ▶フランス王**フィリップ**2世（†1223）
Philipp August [Philippe Auguste]*

フランス王ルイ7世（若年王）の息子。イングランド王家にして、フランス国内最大の諸侯であるプランタジネット家と抗争。イングランド王リチャード獅子心王とともに第3回十字軍に参加するが、いち早く帰国して王弟ジョンの王位簒奪を扇動。国王となったジョンからは封建法に基づく裁判で領地の大半を奪い、1214年ブーヴィーヌの戦いで破る。あだ名「尊厳なる者（仏語でオーギュスト）」の由来については、既に同時代の歴史叙述家リゴールが、フィリップがフランスの領土をカエサルの如く拡大（augere）したこと、また彼が8月（Augustus）生まれであることをあげている。Augustus は、この月名のもととなった初代ローマ皇帝アウグストゥス、さらには「皇帝」に擬した位置づけを想起させた。

179 **剛勇王** ▶フランス王**フィリップ**3世（†1285）
Philipp der Kühne [Philippe le Hardi]

1270年父フランス王ルイ9世（聖王）とともに第7回十字軍に参加。チュニスで父王が没し、王位を継承。1282年「シチリアの晩禱」事件でシチリアを追われた叔父シャルル・ダンジューを助けて、アラゴン王ペドロ3世と抗争。失敗し、帰路ペルピニャンで病没。そのあだ名は「大胆王」「勇敢王」とも訳される。

180 **端麗王** ▶フランス王**フィリップ**4世（†1314）
Philipp der Schöne [Philippe le Bel]

フィリップ3世（剛勇王）の息子。法曹家を登用して官僚制に基づく統治体制の整備を進めた。教会への課税問題で教皇ボニファキウス8世と対立し、1302年三部会を召集し、アナーニ事件で教皇を憤死させ、またテンプル騎士団を解散させ、財産を没収した。その端麗な容貌を謳われた彼について、同時代のパミエ司教ベルナール・セセは「人間でも人間以外の生き物でもない、彫像だ」と評している。

181 **長身王** ▶フランス王**フィリップ**5世（†1322）
Philipp der Lange [Philippe le Long]

フィリップ4世（端麗王）の二男。1316年父王を継いだ兄ルイ10世（強情王）とその子ジャンの相次ぐ死をうけて、即位。このおりジャンの姉ジャンヌの継承権を、女系継承を認めないフランクの古法サリカ法に依拠して退けたといわれる。自身も6年後29歳の若さで死去し、弟シャルル4世（端麗王）が王位を継ぐ。

182 **勇胆公** ▶ブルゴーニュ公**フィリップ**2世（†1404）
Philipp der Kühne [Philippe le Hardi]

ヴァロア家系初代ブルゴーニュ公。フランス王ジャン2世（善良王）の四男。1363年ブルゴーニュ公。フランドル伯の娘マルグリットとの結婚により、フランドル・アルトア伯領を獲得。甥であるフランス王シャルル6世（狂人王）の宮廷での実権をめぐりオルレアン公ルイと争った。そのあだ名は「豪胆公」「大胆公」「豪勇公」とも訳される。

183 **善良公** ▶ブルゴーニュ公**フィリップ**3世（†1467）
Philipp der Gute [Philippe le Bon]

ヴァロア家系第3代ブルゴーニュ公。ジャン無畏公の息子。百年戦争下にあってイングランドと同盟しつつ、自身の領地拡大を図り、ブラバント公領、ホラント・ゼーラント・エノー伯領を獲得。百年戦争でフランスの形勢が有利になると、1435年アラスでフランス王シャルル7世（勝利王）と和睦。その後ルクセンブルクも獲得。

184 **正義王** ▶アラゴン王**フェルナンド**1世（†1416）
Ferdinand der Gerechte [Fernando el Justo]

幼王カスティーリャ王フアン2世の摂政となり、1410年グラナダ王国からアンテケーラを奪回。1412年王家断絶後のアラゴン王に選出され、息子たちとともにカスティーリャとアラゴンにおいて強権をふるった。1417年対立教皇ベネディクト13世の廃位に同意し「教会大分裂」収拾に一役買う。

185 **好戦伯** ▶アルンスベルク伯**フリードリヒ**（†1124）
Friedrich der Streitbare

アルンスベルク伯コンラート2世の息子。叙任権闘争期に生き、多くのザクセン貴族とは異なりドイツ王・皇帝ハインリヒ4世の側に与した。後にザクセン大公ロタール側、皇帝ハインリヒ5世側、と立場を変える。12世紀半ばの「ザクセンの年代記作家」は彼を、力によってヴェストファーレンの人びとを従わせた第2のカエサル、と呼んでいる。

186 **独眼公** ▶シュヴァーベン大公**フリードリヒ**2世（†1147）
Friedrich der Einäugige

シュタウファー家のシュヴァーベン大公フリードリヒ1世の息子。1125年母方の叔父のドイツ王・皇帝ハインリヒ5世が死し、後継者に名乗り出るも、選挙でザクセン大公ロタール（3世）に敗れる。その後のロタールとの戦いで片目を失明したといわれる。長子は後のドイツ王・皇帝フリードリヒ1世（バルバロッサ、赤髭王）。

187 **赤髭王**（バルバロッサ） ▶ドイツ王・皇帝**フリードリヒ**1世（†1190）
Friedrich Barbarossa / der Rotbart

シュタウファー家出身。叔父のドイツ王コンラート3世の死後、ヴェルフェン家との和解を期待され1152年即位。諸侯との協調を基本として王国の平和を創出しつつ、自己の直轄領国の形成を推進。強大化し脅威となったザクセン・バイエルン大公ハインリヒ獅子公を失脚させ、権勢は頂点に。第3回十字軍に参加し、小アジアのザレフ川（ジェクス川）で水浴中に溺死。絶頂期における、東方での不慮の死は、様々な伝説を生んだ。なお、あだ名「バルバロッサ」（赤い髭）はたびたび遠征におもむき多くの時を過ごしたイタリアでの呼び名で、13世紀に入ってから定着した。

188 **好戦公** ▶オーストリア大公**フリードリヒ**2世（†1246）
Friedrich der Streitbare

バーベンベルク家最後のオーストリア大公。バイエルン・ハンガリー・ボヘミアなど近隣全方位へ侵攻を試み、失敗。ドイツ王・皇帝フリードリヒ2世とも敵対し、1246

年ハンガリーとの戦いで戦死。オーストリアは近隣諸勢力の争奪の的となり、ボヘミアのオタカル 2 世が手中にする。

189 **貴顕伯** ▶ツォレルン伯**フリードリヒ** 5 世（†1289）
Friedrich der Erlauchte

シュヴァーベン系ホーエンツォレルン家の第 2 代。1259 年グナーデンタールに同家の墓所となるシュテッテン修道院を建立、1267 年これを拡張。

190 **騎士伯** ▶ツォレルン伯**フリードリヒ** 6 世（†1298）
Friedrich der Ritter

ツォレルン伯フリードリヒ 5 世（貴顕伯）の息子。父の跡を継ぐさいに、同名の弟と領地を分割。兄伯は北部のホーエンツォレルンを中心とする地域を、弟は南部のシャルクスブルクとミュールハイムを領した。シュヴァーベン系ホーエンツォレルン家は、ツォレルン系とシャルクスブルク系とに分れた。

191 **麻痺者** ▶チューリンゲンの**フリードリヒ**（†1315）
Friedrich der Lahme

チューリンゲン地方伯・マイセン辺境伯フリードリヒ 1 世（嚙跡侯）と、ティロル伯マインハルトの娘アグネスの息子。21 歳で父侯よりも先に死去。

192 **短軀侯** ▶ドレスデン辺境伯**フリードリヒ**（†1316）
Friedrich der Kleine

マイセン辺境伯ハインリヒ 3 世（貴顕侯）の末子。父の遺領をめぐって異母兄たちと争い、父から割当てられた都市ドレスデンを拠点に、自らはドレスデン辺境伯と名乗る。1289 年ドレスデンをブランデンブルク辺境伯ヴァルデマールに売却。

193 **嚙跡侯** ▶チューリンゲン地方伯・マイセン辺境伯 **フリードリヒ** 1 世（†1323）
Friedrich der Gebissene

父チューリンゲン地方伯・マイセン辺境伯アルブレヒト 2 世（堕落侯）、母ドイツ王・皇帝フリードリヒ 2 世の娘マルガレーテ。後継問題で父と争う。1307 年チューリンゲンを単独で統治。あだ名は幼時に離別する母が、自分のことを忘れないようにと頬を嚙み、傷跡を残したことから、と伝えられる。

194 **美王** ▶ドイツ王**フリードリヒ** 3 世（†1330）
Friedrich der Schöne

ハプスブルク家の皇帝アルブレヒト 1 世の二男。1314 年彼とルードヴィヒ 4 世（バイエルン人）とが皇帝位を争う「二重選挙」となる。1322 年ミュールドルフの戦いで敗北し捕えられる。1325 年和睦し､翌 26 年にはイタリア遠征に赴くルードヴィヒ（皇帝ルードヴィヒ 4 世）に、ローマ王（＝ドイツ王）としてドイツ統治を任される。

195 **復活祭** ▶ツォレルン伯**フリードリヒ** 8 世（†1333）
Friedrich Ostertag

ツォレルン伯フリードリヒ 6 世（騎士伯）の息子。1309 年同名の兄フリードリヒ 7 世の死を受け、その遺児フリッツリと共同でツォレルンを統治。1313 年甥の死により単独の伯。1314 年「二重選挙」のさいには当初フリードリヒ美王に、最終的にルー

ドヴィヒ4世（バイエルン人）に与して生き残りを図る。

196 **生真面目侯** ▶チューリンゲン地方伯・マイセン辺境伯 **フリードリヒ** 2世（†1349）
Friedrich der Ernste

チューリンゲン地方伯・マイセン辺境伯フリードリヒ1世（噛跡侯）と、後妻エリーザベトとの息子。1342年帝国直属を主張する伯たちとの間で戦闘、これを破り、ヴェッティン家のチューリンゲンにおける支配権を強める。

197 **厳格侯** ▶チューリンゲン地方伯・マイセン辺境伯 **フリードリヒ** 3世（†1381）
Friedrich der Strenge

チューリンゲン地方伯・マイセン辺境伯フリードリヒ2世（生真面目侯）の息子。1372年ヘッセン地方伯ハインリヒ2世（峻厳侯）と騎士たち（騎士たちが星を旗印としていたことから星人同盟と呼ばれる）との間の戦争で、ハインリヒに与す。

198 **賢公** ▶バイエルン＝ランツフート大公**フリードリヒ**（†1393）
Friedrich der Weise

ヴィッテルスバハ家のバイエルン大公シュテファン2世の二男。1375年父の跡を3兄弟で継ぐ。シュヴァーベン都市同盟（1376年結成）と国王・諸侯との対立・戦闘において、1387–88年には同盟側のザルツブルク大司教を捕獲するなど主導的に関与する。1392年兄弟の領土分割によりランツフート地域を領した。

199 **好戦侯** ▶ザクセン選帝侯**フリードリヒ** 1世（†1428）
Friedrich der Streitbare

父チューリンゲン地方伯・マイセン辺境伯フリードリヒ2世（厳格侯）を継ぎ、チューリンゲン地方伯・マイセン辺境伯。1420年からドイツ王・皇帝ジギスムントについてフス戦争に参加。1423年ジギスムントからザクセン選帝侯位を得る。1409年マイセン辺境伯時、フス派と対立してプラハ大学を去ったドイツ人のためにライプツィヒ大学を創設。

200 **空財布** ▶オーストリア大公**フリードリヒ** 4世（†1439）
Friedrich mit der leeren Tasche

オーストリア大公レオポルト3世の第4子。ゼムパハの戦いで死した父の跡を4兄弟で継ぐ。スイス同盟に加わったアペンツェルとの戦争においては、1405年シュトスで敗北を喫す。1406年フォルダーオーストリア・ティロル・フォアアールベルクを統治。あだ名「空っぽの財布」の初出は16世紀。

201 **平穏侯** ▶チューリンゲン地方伯・マイセン辺境伯 **フリードリヒ** 4世（†1440）
Friedrich der Friedfertige / der Einfältige

チューリンゲン地方伯バルタザールの息子、フリードリヒ2世（生真面目侯）の孫。1436年ユダヤ人のチューリンゲンからの追放令を出す。豪奢な宮廷生活の維持のため、称号や土地を売却。マイセンも1万5千グルデンで売却。領地内外の平和の維持を望み、同時代の多くの君侯と異なり、戦闘よりも法的な紛争解決のほうを好んだため、「平和を好む者」とあだ名されたが、しかし同時に「単純（馬鹿）」とも呼ばれた。

202 **肥満侯** ▶ブランデンブルク選帝侯**フリードリヒ**（†1463）
Friedrich der Fette
ブランデンブルク選帝侯フリードリヒ1世の末子、フリードリヒ2世（鉄歯侯）の同名の弟。兄の後見のもと、共同統治。1447年領地分割を受けて、アルトマルク（ザクセン=アンハルトの北部）とプリグニッツ（ブランデンブルクの北西部）を得る。兄鉄歯侯に先立って死去。

203 **柔和侯** ▶ザクセン選帝侯**フリードリヒ**2世（†1464）
Friedrich der Sanftmütige
ザクセン選帝侯フリードリヒ1世（好戦侯）の息子。内政では等族会議を初めて開き、新税導入や交戦・和平の決定のさいに評議する権利を認めた。1438年ゼルニッツの戦いでフス派残党を壊滅させ、1459年エーガー条約によりエルツ山地の山稜をボヘミアとの国境と定めた。

204 **鉄歯侯** ▶ブランデンブルク選帝侯**フリードリヒ**2世（†1471）
Friedrich Eisenzahn / der Eiserne
ブランデンブルク選帝侯フリードリヒ1世の二男、「錬金術師」ヨハンの弟、アルブレヒト・アキレスの兄。ポーランド王やボヘミア王への推戴を断り、領国統治に専心。1448年ハンザ都市ベルリンの抵抗（「ベルリンの不満」）を排して、政治的独立と諸特権を奪う。あだ名「鉄の歯」はその堅固な意志に由来するといわれる。

205 **常勝侯** ▶ファルツ選帝侯**フリードリヒ**1世（†1476）
Friedrich der Siegreiche
ヴィッテルスバハ家出身。1449年兄ルートヴィヒ4世を継いだ甥フィリップを後見下におきファルツ選帝侯領を支配。1451年フィリップを養子にして自らファルツ選帝侯位につく。ブランデンブルク選帝侯アルブレヒト・アキレスやヴュルテンベルク伯ウルリヒ5世（敬愛侯）を破るなど、戦闘では幸運に恵まれた。

206 **肥満伯** ▶ホラント伯**フロリス**（フロレンス）2世（†1122）
Florens der Fette / der Dicke [Floris de Vette / de Dikke]
1091年父ホラントの伯ディートリヒ5世からホラント、ゼーラントを継ぐ。従来使われてきたフリースラントの伯や、西フリースラントの伯などの称号に代わって、1101年初めて「ホラント伯」を名乗る。

207 **黒伯** ▶ホラント伯の子**フロリス**（フロレンス）（†1133）
Florens der Schwarze [Floris de Zwarte]
ホラント伯フロリス（フロレンス）2世（肥満伯）の息子。父の跡をめぐり兄ディルク（ディートリヒ）6世と争い、フリースラント伯を名乗る。ユトレヒト城伯ゴットフリートらとも地域の覇権をめぐって争い、一時は母の異父兄であるドイツ王・皇帝ロタール3世の仲介で休戦したものの戦いをつづけ、1133年18歳で殺害される。

208 **カトリック王** ▶アラゴン王**ペドロ**2世（†1213）
Peter der Katholische [Pedro el Católico]
1196年に国王に即位した後、1204年ローマで改めて教皇インノケンティウス3世

により戴冠、カトリック擁護を誓ったことから「カトリック王」と呼ばれたとされる。南仏の諸伯領の支配権をめぐってフランス王権と対立し、シモン・ド・モンフォールのアルビジョワ十字軍にさいしてトゥールーズ伯を支援し、1213年ミュレで戦死。

209 **残虐王** ▶カスティーリャ王**ペドロ**1世（†1369）
Peter der Grausame / der Gerechte [Pedro el Cruel / el Justiciero]

1350年ペスト大流行に端を発する社会不安の中でカスティーリャ王に即位し、危機脱却のために大胆な経済政策を推し進めたが、かえって貴族らの反発をまねき、異母兄エンリケらによる反乱へと発展した。王妃や王族を容赦なく処刑したこともあって、敵方から「残虐王」という「黒い伝説」を流布されたといわれる。しかし支持者の間では彼の公正さが評価され、「正義王」というあだ名で呼ばれた。イギリスのチョーサーはペドロ治世下のカスティーリャを訪れたと思われ、その著書『カンタベリ物語』の「修道士の話」の中で、ペドロの死を悼んでいる。

210 **盲目王** ▶ハンガリー王**ベーラ**2世（†1141）
Bela der Blinde [Vak Béla]

幼時に伯父のハンガリー王カールマン1世により盲目にされる。従兄の王イシュトヴァーン2世の死後、1131年ハンガリー王位を継承する。神聖ローマ皇帝・オーストリア・ボヘミアと結んで、ポーランド・キエフと戦うなど、積極的に外政を展開し、1136年頃には勢力をボスニアへまで広げた。

211 **髭公** ▶ケルンテン大公**ベルトルト**1世（†1078）
Berchtold mit dem Barte

西南ドイツのツェーリンガー家出身。ドイツ王・皇帝ハインリヒ3世によりケルンテン大公に任命。叙任権闘争の勃発する1077年、シュヴァーベン・バイエルン大公らとともにドイツ王ハインリヒ4世の廃位を決議し、シュヴァーベン大公のルドルフ・フォン・ラインフェルデンを対立国王に擁立。翌1078年死去。

212 **長身侯** ▶ブランデンブルク辺境伯**ヘルマン**（†1308）
Hermann der Lange

ブランデンブルク辺境伯オットー5世（長身侯）の息子。「矢の刺さった」オットーら従兄弟とブランデンブルクを共同統治。1301年姉の夫シュレジエンのヤヴォル公ボルコ1世の死後、未成年の甥たちを後見。1308年北ドイツ辺境伯戦争で戦死。

213 **学者侯** ▶ヘッセン地方伯**ヘルマン**2世（†1413）
Hermann der Gelehrte

ヘッセン地方伯ハインリヒ2世（峻厳侯）の甥。初め聖職者の道を歩み、パリ・プラハに学び、マクデブルク・トリーア大司教座教会の参事会員。伯父の峻厳侯に招かれ、後継者となる。「星人戦争」で逼迫した財政の再建のため新税を導入し、領内の貴族・都市の反乱に遭う。鎮圧後、都市カッセルの自治権を奪う。

214 **碩学王** ▶イングランド王**ヘンリ**1世（†1135）
Heinrich Beauclerk / der schöne Schreiber [Henry Beauclerc]

イングランド王ウィリアム1世（征服王）の末子。兄ウィリアム2世（赭顔王）を継ぎ、

イングランド王になる。「自由憲章」を発して貴族の支持を得、巡回裁判の実施、財務府改革などを通して王権を伸長させる。その学究的な態度から「碩学」とも、その政治姿勢から「公正の獅子」(Lion of Justice) とも呼ばれる。

215 **髭公** ▶シュレジエン・ポーランド大公**ヘンリク** 1 世 (†1238)
Heinrich der Bärtige [Henryk Brodaty]

1201 年父ブレスラウ(シュレジエン)大公ボレスワフ 1 世(長身公)の跡を継いでブレスラウ(シュレジエン)大公となり、1232 年にはポーランド大公位につく。妻ヤドヴィガ(ヘトヴィヒ)の出身地であるバイエルンや、フランケンからのドイツ人の入植を積極的に奨励し、シュレジエンの経済発展や文化の振興に寄与した。ヤドヴィガ(†1243)は死後列聖され、シュレジエンの守護聖人とされている。

216 **敬虔公** ▶シュレジエン・ポーランド大公**ヘンリク** 2 世 (†1241)
Heinrich der Fromme [Henryk Pobożny]

父ポーランド大公ヘンリク 1 世(髭公)のもと、統治実務に関わり、その死後、1238 年 40 歳を過ぎて跡を継ぐ。1241 年、バトゥ率いるモンゴル軍がポーランド方面に来襲し、ヘンリクは麾下のポーランド軍とドイツ人騎士の連合軍を率いてワールシュタット(リーグニッツ)で戦い、戦死。

217 **肥満公** ▶シュレジエン公**ヘンリク** 5 世 (†1296)
Heinrich der Dicke [Henryk Brzuchaty]

シュレジエン・ポーランド大公ボレスワフ 2 世(禿頭公)の息子。シュレジエン公領の分有・分裂をくいとめることができず、とりわけグウォグフ公ヘンリク 3 世とは幾度も戦闘を交え、一時は捕囚の憂き目に遭う。1296 年、死を直前にして、自領を教皇ボニファキウス 8 世の保護に委ねた。

218 **傷痕公** ▶ブジェク・レグニツァ大公**ヘンリク** 7 世 (†1399)
Heinrich mit der Schramme [Henryk z Blizną]

シュレジエンのピャスト家出身。レグニツァ(リーグニッツ)大公ルドヴィク 1 世の息子。ドイツ王・皇帝カール 4 世のプラハ宮廷で育ち、カールとその子ヴェンツェルに仕える。あだ名はその時にできた傷痕から。1398 年父公を継ぐが、翌年死去。

219 **善王** ▶ノルウェー王**ホーコン** 1 世 (†c.961)
Hakon der Gute [Håkon den gode]

ノルウェー王ハーラル 1 世(美髪王)の庶子。イングランド王エゼルスタンの宮廷で育てられたといわれ、父の死後ノルウェー王位についた異母兄エイリーク血斧王を追い、935 年頃自ら王位につく。ノルウェー王の中で初めてキリスト教徒となった。エイリーク血斧王の息子たちとの戦いでの負傷がもとで、死去。

220 **広肩王** ▶ノルウェー王**ホーコン** 2 世 (†1162)
Hakon der Breitschulter [Håkon Herdebrei]*

12 世紀内乱期のノルウェー王の一人。父王シグル・ムンが弟で共治王のインゲに殺害されたため、1157 年父の与党に 10 歳で擁立される。1161 年インゲを破るものの、その将エルリングがシグル 1 世(聖地巡礼王)の孫にあたる息子マグヌス(5 世)を擁

して対抗。混乱の中、翌1162年15歳の若さで死去。

221 **老王** ▶ノルウェー王**ホーコン**4世（†1263）
Hakon der Alte [Håkon Gamle]

1218年内戦を終息させ、全土を統一。内紛の原因でもあった王位継承方法に関して、正嫡・長子・単独の原則を確立。通商にも力を入れ、ハンザ同盟の盟主リューベックと通商条約を結び、またベルゲンに北部物産の貿易独占権を与え、のちのハンザ都市ベルゲンの繁栄を用意した。同名の息子との対比から、彼が「老＝年長者」gamle、息子が「若＝年少者」ungeと呼ばれる。

222 **鉄腕伯** ▶フランドル伯**ボードゥアン**（バルドゥイン）1世（†879）
Balduin der Eisenarm [Baudouin Bras de Fer]

フランドル伯家の祖。西フランク王・皇帝シャルル禿頭王の娘ユーディットを誘拐し、結婚。政治問題化するが、教皇ニコラウス1世の承認をへて、シャルルと和解。863–70年シャルルよりフランドル伯に任じられる。当初「善良な」「鉄のような」と形容され、12世紀以降「鉄腕」と呼ばれる。

223 **禿頭伯** ▶フランドル伯**ボードゥアン**（バルドゥイン）2世（†918）
Balduin der Kahle [Baudouin le Chauve]

父フランドル伯ボードゥアン1世（鉄腕伯）を継ぎ、勢力圏をブーローニュ、アルトワへ拡大。西フランク王となったロベール＝カペー家のウードやヴェルマンドアのエルベールらと競合しつつ、重要諸侯としてのフランドル伯権力を基礎づける。そのあだ名は母方の祖父シャルル禿頭王からの出自を強調したためといわれる。

224 **髭伯** ▶フランドル伯**ボードゥアン**（バルドゥイン）4世（†1035）
Balduin der Bärtige / Schönbart [Baudouin le Barbu / Belle-Barbe]

フランドル伯アルヌール2世の息子。勢力圏の拡大を東方、ドイツ方面へ向ける。ドイツ王・皇帝ハインリヒ2世に敗れるも、その封臣となり、ヴァランシエンヌなどを得る。フランス王の臣下であり、かつドイツ王・神聖ローマ皇帝の臣下となった最初のフランドル伯。「美髭」ともあだ名される。

225 **癩病王** ▶イェルサレム王**ボードゥアン**（バルドゥイン）4世（†1185）
Balduin der Aussätzige [Baudouin le Lépreux]

1174年13歳で父アモーリー1世から十字軍国家イェルサレム王国を継ぐ。エジプトにアイユーブ朝を建てたサラーフ・アッディーン（サラディン）がイェルサレム奪回をめざし進行する中、病を押してこれと幾度も戦いを交え、防戦する。聖都陥落はその死の2年後。

226 **残忍公** ▶ボヘミア大公**ボレスラフ**1世（†967/72）
Boleslaw der Grausame [Boleslav Ukrutný]

ボヘミア大公ヴラチスラフ1世の息子。ドイツ王権の宗主権を認めた兄ヴァーツラフ1世に反発し、929/35年兄を殺害し、大公位につく。ドイツ王権と長く対峙したが、954年にオットー1世に臣従した。後に聖人（チェコの守護聖人）とされた兄と比べ、兄殺しの故に評判は悪かったが、経済発展に尽くした。

227 **敬虔公** ▶ボヘミア大公**ボレスラフ**2世（†999）
Boleslaw der Fromme [Boleslav Pobožný]

父ボレスラフ1世（残忍公）を継ぎ、ボヘミア大公となる。973年プラハ司教座を設立するも、ドイツ王・皇帝オットー2世によりマインツ大司教座の属司教座とされ、司教を送り込まれるなど、多年ドイツ王権との関係に腐心。内政では自身のプシェミスル家とボヘミアの勢力を二分してきたスラヴニク家を滅ぼした。あだ名「敬虔」はコスマスの12世紀初の『ボヘミア年代記』が初出であり、父公を「残忍」な人物としたのに対して、彼を敬虔な人物と見なしたことから。

228 **赤公** ▶ボヘミア大公**ボレスラフ**3世（†1037）
Boleslaw der Rote [Boleslav Ryšavý]

ボヘミア大公ボレスラフ2世（敬虔公）の長子。999年父の跡を継ぐも、弟たちと争い、1002年には大公位を追われる。翌1003年ポーランドのボレスワフ1世（勇敢王）の支援の下で復辟するが、同年のうちに勇敢王に捕えられ、同王がボヘミア大公位を併せもつ。赤公は囚われのうちにポーランドの地で1037年に死す。

229 **勇敢王** ▶ポーランド王**ボレスワフ**1世（†1025）
Boleslaw Chrobry / der Tapfere [Bolesław Chrobry / Wielki]

992年父ミェシュコ1世を継いでポーランド大公となる。神聖ローマ皇帝＝ドイツ王、および教皇庁と結び、支配領域の安定と拡大をはかる。1000年にグニェズノを訪れた皇帝オットー3世より王冠を授けられる。1003年にはボヘミアを支配し、さらにハンガリー方面にまで勢力を広げた。

230 **大胆王** ▶ポーランド王**ボレスワフ**2世（†1081/82）
Boleslaw Smialy / der Kühne / der Freigebige [Bolesław Śmiały]

ポーランドへの宗主権を主張する神聖ローマ皇帝に対し独立を維持。叙任権闘争下、ドイツ王・皇帝ハインリヒ4世に敵対して教皇グレゴリウス7世の側に立ち、1076年王位につく。クラクフ司教スタニスワフ（後にポーランドの守護聖人とされる）を殺害したことから国を追われる。

231 **曲唇公** ▶ポーランド大公**ボレスワフ**3世（†1138）
Boleslaw Schiefmund [Bolesław Krzywousty]

ポーランド王ボレスワフ2世（大胆王）の死後、覇権をめぐるピャスト家の諸侯間の闘争に勝利し、クラクフ（ポーランド）大公位につく。公位をめぐる争いを防ぐべく、遺言で息子たち全員に領地を分与したが、かえって分裂を促す結果となった。

232 **巻毛公** ▶ポーランド大公**ボレスワフ**4世（†1173）
Boleslaw Kraushaar [Bolesław Kędzierzawy]

ポーランド大公ボレスワフ3世（曲唇公）の息子。異母兄ヴワディスワフ2世（追放公）を破り、1146年ポーランド大公となる。1157年異母兄を支援するドイツ王・皇帝フリードリヒ赤髭王の遠征に遭い、同皇帝の圧力のもと、1163年シュレジエン公位を異母兄の2子ボレスワフ（長身公）とミェシュコに返還した。

233 **長身公** ▶シュレジエン大公**ボレスワフ**1世（†1201）
Boleslaw der Lange [Bolesław Wysoki]

ポーランド大公ヴワディスワフ2世（追放公）の長子。父とともにドイツに亡命し、母方の伯父ドイツ王コンラート3世、フリードリヒ赤髭王に仕える。1163年ボレスワフ4世（巻毛公）からシュレジエンを返還されるも、弟ミェシュコや息子ヤロスワフと争い、シュレジエン公国の分裂を防ぎえなかった。

234 **禿頭公** ▶シュレジエン・ポーランド大公**ボレスワフ**2世（†1278）
Boleslaw der Kahle / der Wilde [Bolesław Rogatka / Łysy]

1241年リーグニッツの戦いで戦死した父ヘンリク2世（敬虔公）の跡を継ぐも、ポーランド大公位をめぐってマゾフシェ公コンラート1世やボレスワフ5世（純潔公）と争い、これを失う。シュレジエン公領も弟公たちとの争いに敗れ、公領の分裂を妨げることができなかった。「禿頭」とともに、「角の生えた」Rogatkaというあだ名でも呼ばれる。後者は寝取られ夫の意ともいわれるが、詳細は不明。

235 **純潔公** ▶ポーランド大公**ボレスワフ**5世（†1279）
Boleslaw der Schamhafte / der Keusche [Bolesław Wstydliwy]

ポーランド大公レシェク1世（白公）の息子。ポーランド大公ヘンリク2世（敬虔公）のリーグニッツの戦いでの戦死後、ポーランド大公位をめぐる闘争の中で貴族たちの支持を得て、1243年大公位につく。モンゴル軍により破壊されたクラクフの再建に努めたが、クラクフはモンゴルの再度の来襲を受け荒廃した。あだ名「純潔」は、妻キンガとの結婚生活が純潔を保ったままであったと伝えられることから。

236 **敬虔公** ▶ヴィエルコポルスカ（カリシュ）公**ボレスワフ**4世（†1279）
Boleslaw der Fromme [Bolesław Pobożny]

1227年ゴンサヴァでの諸侯会議でのポーランド大公レシェク1世（白公）の暗殺に関わったヴィエルコポルスカ公ヴワディスワフ・オドニツの息子。兄プシェミスウ1世とともに父公の跡を継ぎ、1257年兄の死後、単独統治。1264年ユダヤ人に対して自由と安全を保障する画期的な「ユダヤ人の自由に関する一般憲章」、通称「カリシュの法令」を発布した。

237 **善王** ▶ノルウェー王**マグヌス**1世（†1047）
Magnus der Gute [Magnus den Gode]

ノルウェー王オーラヴ2世（聖王）の庶子。1035年クヌーズ大王の死後、ノルウェー豪族によりノルウェー王に推戴。1042年デンマーク王ハーデクヌーズ（クヌーズ3世）死後、デンマーク王位につくが、継承権を主張するスヴェン（2世）、そしてノルウェーでも叔父ハーラル（苛烈王）が王位を求める状況の中、1047年急死。

238 **裸足王** ▶ノルウェー王**マグヌス**3世（†1103）
Magnus Barfuß [Magnus Berrføtt]

1093年父ノルウェー王オーラヴ3世（平静王）の跡を従兄ホーコンと共同で継ぐ。1094年単独王。1101年にはスウェーデン王インゲ1世、デンマークのエーリク1世（常善王）とコヌンガヘッラで不侵略の盟約を結ぶ。スノッリによると彼はスコッ

トランド遠征後、スコットランド式にキルトを穿き、裸足で歩いたという。

239 **法改正王** ▶ノルウェー王**マグヌス** 4 世（†1280）
Magnus Lagoboetir / der Gesetzesverbesserer [Magnus Lagabøte]

ノルウェー王ホーコン 4 世（老王）の息子。ノルウェーは従来それぞれが法をもつ 4 つの地域に分かれていたが、1270 年代に全国に妥当する単一の法を制定し、王国の統合を法制の面からも進めた。父王時代の業績を受け継ぎ、アイスランド・グリーンランド・オークニー諸島・シェトランド諸島を支配した。

240 **敬虔侯** ▶ブラウンシュヴァイク＝ヴォルフェンビュッテル侯 **マグヌス** 1 世（†1369）
Magnus der Fromme

父ブラウンシュヴァイク大公アルブレヒト 2 世（肥満侯）の遺領を弟エルンストと分割相続し、マグヌスはヴォルフェンビュッテル、エルンストはゲッティンゲンを領す。1346 年マクデブルク大司教と領地紛争に敗れ、ブラウンシュヴァイクなどの都市の台頭を許した。

241 **鎖首飾り** ▶ブラウンシュヴァイク＝ヴォルフェンビュッテル侯 **マグヌス** 2 世（†1373）
Magnus Torquatus / mit der Kette

1369 年父マグヌス 1 世（敬虔侯）の跡を継ぎ、ヴォルフェンビュッテル侯。翌 1370 年リューネブルク侯領をめぐってドイツ王・皇帝カール 4 世、およびアスカニアー家のアルブレヒトと戦闘へ（リューネブルク継承戦争）。1373 年戦死。あだ名「鎖首飾りをつけた」は、その粗暴さゆえに父侯から縛り首にすると脅されたことに由来するといわれる。

242 **大口** ▶ティロル女伯**マルガレーテ**（†1369）
Margarete Maultasch

ケルンテン大公・ティロル伯ハインリヒの娘。父の遺領ティロルに対しバイエルンのヴィッテルスバハ家、ボヘミアのルクセンブルク家、オーストリアのハプスブルク家が相次いで触手を伸ばす中で、巧みに生きた。あだ名「マウルタシュ」は大口の意とも、悪しき銭袋とも。伝説での評判はすこぶる悪い。

243 **黒女伯** ▶フランドル女伯**マルグリット** 2 世（†1280）
Margarete die Schwarze [Marguerite la Noire]

フランドル伯ボードゥアン 6 世（第 4 回十字軍がコンスタンティノープルに建てたラテン帝国の皇帝ボードゥアン）の二女。1244 年姉ジャンヌを継ぎフランドル女伯。フランドルの経済的繁栄を背景にその領地は親子兄弟間の争奪対象に。あだ名「黒」はその醜聞に満ちた生涯からといわれる。

244 **老公** ▶ポーランド大公**ミェシュコ** 3 世（†1202）
Mieszko der Alte [Mieszko Stary]

父ポーランド大公ボレスワフ 3 世（曲唇公）の遺領を兄弟たちと分割相続し、ヴィエルコポルスカ公となる。1173 年兄ボレスワフ 4 世（巻毛公）の死後、ポーランド大公位につく。1177 年弟カジミェシュ（正義公）にその座を追われる。その後、数度にわたり大公位の奪回・追放を繰り返し、1202 年大公位奪回直後に死去する。先に

亡くなった同名の息子との対比から、彼が「老＝年長者」stary 、息子が「若＝年少者」młodszy と呼ばれる。

245 **老公** ▶ワラキア公**ミルチャ** 1 世（†1418）
Mircea der Alte [Mircea cel Bătrîn]

オスマン帝国に対してワラキア公国（現ルーマニア南部）の独立を守るべく奮戦。1389 年コソボの戦いではセルビア陣営で、1396 年ニコポリスの戦いではヨーロッパ諸国軍の一員としてオスマン帝国と戦うも、1415 年独立の維持と引換えにオスマン帝国への毎年の多額の貢納金を認めた。孫ミルチャ 2 世との対比から「老」（＝年長者）と呼ばれる。

246 **賢公** ▶キエフ大公**ヤロスラフ**（†1054）
Jaroslaw der Weise [Ярослав Мудрый]

キエフ・ルーシの最盛期の大公。父公の後継をめぐる兄弟間の闘争に勝利して国内を統一し（1019 年）、外政にも成功を収め、支配領域を拡大した。ロシア最古の法典『ルースカヤ・プラウダ』を編み、聖ソフィア教会を建立するなど、文化事業を推進した。

247 **偉大**（ル・グラン） ▶フランス公**ユーグ・ル・グラン**（†956）
Hugo der Große [Hugues le Grand]

通例「大ユーグ」と呼ばれる。ロベール = カペー家の西フランク王ロベール 1 世の息子、ユーグ・カペーの父。父の遺領を継ぎ、パリを中心とする北フランス、旧ネウストリア一帯を支配。936 年カロリング家のルイ 4 世（渡海王）を擁立し、見返りに称号「フランク人たちの大公」（「フランス公」と訳されることが多い）を得る。その後はルイと対立し、抗争を続ける。あだ名（ラテン語 magnus）は、元来息子ユーグ・カペーとの区別から来たもので「年長の」を意味したと思われるが、その後「偉大なる（者）」として使われるようになった。

248 **カペー** ▶フランス王**ユーグ**・カペー（†996）
Hugo Capet [Hugues Capet]

通例「ユーグ・カペー」と呼ばれる。父大ユーグを継いで北フランスに勢力をもつ西フランク王国屈指の諸侯。987 年カロリング家の国王ルイ 5 世（無為王）の死を受けて、サンリス諸侯会議で西フランク＝フランス国王に選出され、カペー朝を興す。あだ名「カペー」は元来大ユーグにつけられたものが誤って子の彼に使われたものと思われ、意味は「頭でっかち」から「外套」まで諸説あるも、不明。

249 **王殺し**（パリツィーダ） ▶**ヨハン**・パリツィーダ（†1308？）
Johann Parricida / der Königsmörder

オーストリア大公ルドルフ 2 世の息子、ドイツ王・皇帝ルドルフ 1 世の孫。父の早死により伯父アルブレヒト 1 世の後見下におかれる。ドイツ王たる伯父アルブレヒトに対し亡父の遺産引き渡し要求をするも履行されず、1308 年伯父を暗殺するに至る。この顚末はシラー『ヴィルヘルム・テル』第 5 幕第 1 場でも語られる。この一件以来、ハプスブルク家では長らく「ヨハン」名はタブー視され、この名はつけられなかったといわれる。Parricida とはラテン語で「親殺し、親族殺し」の意。

250 **獲得者** ▶ニュルンベルク城伯**ヨハン** 2 世（†1357）
Johann der Erwerber

ニュルンベルク城伯フリードリヒ 4 世の長子。1340 年オーラミュンデ伯より居城プラッセンブルクとクルムバハ伯領を獲得。フランケン系ホーエンツォレルン家の領地を拡大。1345 年バイエルン大公ルードヴィヒ 5 世が兼ねていたブランデンブルク辺境伯の代理職につき、ホーエンツォレルン家のブランデンブルク進出への足掛かりを作る。

251 **温和伯** ▶ホルシュタイン伯**ヨハン** 3 世（†1359）
Johann der Milde

ホルシュタイン伯ゲルハルト 2 世（盲目公）の息子。デンマーク王エーリク 6 世（メンヴェズ）の異父弟。シャウエンブルク = ホルシュタイン家内の覇権争いの中で領地を拡大。1321 年キール獲得。デンマーク王位を継いだ異父兄クリストファ 2 世（ヴァルデマー再興王の父）を支援。

252 **錬金術師** ▶ブランデンブルク = クルムバハ辺境伯**ヨハン**（†1464）
Johann der Alchimist

ブランデンブルク選帝侯フリードリヒ 1 世の長子、フリードリヒ 2 世（鉄歯侯）、アルブレヒト・アキレスの兄。父侯から統治代理に任じられたが、政治的に無能で錬金術に熱中し、父侯の失望を買い、1437 年弟フリードリヒ鉄歯侯が新たに後継者とされる。1440 年父侯の死後、フランケンのクルムバハ辺境伯位を継ぐ。

253 **キケロ** ▶ブランデンブルク選帝侯**ヨハン**・キケロ（†1499）
Johann Cicero

アルブレヒト・アキレスの息子。既に父侯がブランデンブルクをホーエンツォレルン家の本領フランケンから行政上分離していたが、ヨハンは居城をベルリンに構える。領土拡大を進め、貴族を優遇し、都市の自立を奪う。1488 年ビール税導入。あだ名はローマの雄弁家キケロにちなむが、死後のもの。

254 **好戦伯** ▶ゲルデルン伯**ライナルト** 1 世（†1326）
Reinald der Streitbare

ゲルデルン伯「馬の脚の」オットーの息子。岳父ヴォルフラム 5 世を継いでリムブルク大公に就くも、その継承をめぐり私闘となり、1288 年敗北。借財のため、1293 年までの間ゲルデルンをフランドル伯に質入れ。1316 年息子ライナルト 2 世（黒伯）の反乱に遭い、1320 年から虜囚のまま死去。

255 **黒伯** ▶ゲルデルン伯**ライナルト** 2 世（†1343）
Reinald der Schwarze

ゲルデルン伯ライナルト 1 世（好戦伯）の息子。1321 年以降、各地の慣習法の成文化を推進し、行政組織の整備を進めた。イングランド王エドワード 3 世の妹エリナー（エレアノール）を妻とし、英仏百年戦争においてはエドワード側に立って戦う。1339 年ゲルデルン大公として帝国諸侯身分に連なった。

256 **ポストゥムス** ▶オーストリア大公・ハンガリー王・ボヘミア王**ラディスラウス**（†1457）
Ladislaus Postumus
ハプスブルク家の神聖ローマ皇帝アルブレヒト2世（オーストリア大公アルブレヒト5世）の息子。1440年、父の死の4か月後に生まれたため「ポストゥムス」（父の死後に生まれた者）と呼ばれる。1457年17歳で早死した。

257 **修道士王** ▶アラゴン王**ラミロ**2世（†1157）
Ramiro der Mönch [Ramiro el Monje]
1134年、兄アルフォンソ1世（戦闘王）の跡を継いでアラゴン王となる。これに伴い父王サンチョ＝ラミレス以来のアラゴン・ナバラの同君連合は解消された。1137年、わずか1歳の娘ペトロニーラをバルセロナ伯に嫁がせるとともに、彼女に譲位し、ウエスカのサン・ペドロ・エル・ビエホ修道院に隠棲した。

258 **禿頭** ▶禿頭の**ラムベルト**（†c.873）
Lambert der Kahle
9世紀フランスのナント・ブルターニュ、およびとりわけイタリアのスポレトで活動したヴィドー家に属する人物と思われるが、不詳。ヒンクマールの『サン・ベルタン年代記』873年項が「禿頭のラムベルト」の死を伝える。

259 **髭伯** ▶レーヴェン伯**ラムベルト**1世（†1015）
Lambert der Bärtige
レギナール家出身。エノー伯レギナール3世の息子。父伯がロートリンゲンでの覇権をめぐり、ドイツ王オットー1世（大帝）の弟ケルン大司教ブルンと、西フランク王ロテールの連合軍に敗れ（957年）、エノー伯領を追われる。973年、ラムベルトは兄レギナール4世とともに父の遺領奪還をめざすが、介入したドイツ王・皇帝オットー2世に敗れる。西フランク王ロテールの弟シャルルの娘ゲルベルガと結婚。舅シャルルは987年西フランク国王選挙でユーグ・カペーに敗れる。994年頃レーヴェン伯領を獲得。

260 **無畏公** ▶ノルマンディー公**リシャール**1世（†996）
Richard Ohnefurcht [Richard Sans-Peur]
ノルマンディー公ウィリアム（ギョーム）1世（長剣公）の息子、ロロの孫。942年父公ギョームの死去時9歳で、ノルマンディーは西フランク王ルイ4世、カペー家の大ユーグの支配下に。リシャールは945年頃ノルマン・ヴァイキングの助勢を得てノルマンディーを回復、公位につく。以後ノルマンディーの確保に努める。

261 **獅子心王** ▶イングランド王**リチャード**1世（†1199）
Richard Löwenherz [Richard the Lionheart]
1189年父イングランド王ヘンリ2世を継ぐや、すぐに第3回十字軍に参加。勇名を馳せるも、聖地回復は成らず。帰路、オーストリア大公に捕えられ、ドイツ王・皇帝ハインリヒ6世の捕虜となり、多額の身代金を支払って釈放。フランス王フィリップ2世（尊厳王）と争い、各地を転戦する中、アキテーヌのシャリュ城での戦傷がもとで死去。在位中イングランド滞在はわずか6か月。フランス語を話し、英語は話

せなかったといわれる。同時代人であるウェールズのジェラルドの『アイルランド地誌』(1187年頃)の中で「われらの獅子」leo noster と呼ばれており、第3回十字軍のさいにリチャードに同行した吟遊詩人アンブロワーズが12世紀末に古フランス語で著した『聖戦の歴史』において、初めて「獅子の心臓」le quor de lion(現フランス語 le cœur de lion)と呼ばれる。いずれも彼の武勇を称揚するべく用いられている。

262 吃音王

▶西フランク王ルイ2世(†879)
Ludwig der Stammler [Louis le Bègue]

西フランク王・皇帝シャルル禿頭王の息子。離婚問題により、死後、息子たちの嫡出が問われる後継問題を惹起し、プロヴァンスのボゾンによる簒奪、東フランクのルードヴィヒ3世の介入を招いた。この結果、西フランク王国はメルセン条約で得たロートリンゲンの西半を失った。同時代人により「吃音」と呼ばれている。

263 渡海王

▶西フランク王ルイ4世(†954)
Ludwig der Überseeische [Louis d'Outremer]

西フランク王シャルル3世(単純王)の息子。923年父王が捕らわれたさい、母の故地イングランドへ逃れる。936年西フランク王ラウールの死後、大ユーグの主導でルイが招聘され、即位。その後大ユーグと対立し、ドイツ王オットー1世の介入を招いた。あだ名はイングランドから海を越えてきたことに由来する。

264 無為王

▶西フランク王ルイ5世(†987)
Ludwig der Nichtstuer / der Faule [Louis le Fainéant]

西フランク・カロリング朝最後の国王。986年父王ロテールの跡を継ぐが、翌987年狩猟中の事故で死去。父王の弟シャルルが国王に名乗り出るも、ドイツ王の臣下となって下ロートリンゲン大公になっていたという経緯もあり、反対派がユーグ・カペーを国王に選出するにいたる。あだ名は1年に満たない治世で、何の業績もなかったことから。

265 肥満王

▶フランス王ルイ6世(†1137)
Ludwig der Dicke [Louis le Gros]

フランス王フィリップ1世の息子。学友であったサン・ドニ修道院長シュジェールを政治顧問として登用。1124年ドイツ王・皇帝ハインリヒ5世の侵攻にあっては、聖ドニの軍旗「オリフラム」を掲げることで諸侯を参集させてこれを撃退。武人であったが、中年になって太ってしまい戦場に赴くのが困難になった、と伝えられる。

266 若年王

▶フランス王ルイ7世(†1180)
Ludwig der Junge [Louis le Jeune]

フランス王ルイ6世(肥満王)の息子。1147年第2回十字軍に参加。1152年妻、アキテーヌ公の娘アリエノールと離婚。アリエノールはアンジュー伯アンリ(後のイングランド王ヘンリ2世)と再婚し、アキテーヌはアンジュー伯家=プランタジネット家の手に渡る。あだ名は同名の父との対比で「年少のほうの」の意。

267 獅子王

▶フランス王ルイ8世(†1226)
Ludwig der Löwe [Louis le Lion]

フランス王フィリップ 2 世（尊厳王）の息子。即位前よりイングランド勢と戦い、1216 年イングランドに侵攻し、ロンドンを一時占拠。1223 年即位。アルビジョワ十字軍をおこない、南仏一帯を支配下に置いた。母がカロリング家の末裔であったことから、彼の即位は王統のカロリング家血統への復帰と喧伝された。

268 聖王
▶フランス王**ルイ** 9 世（†1270）
Ludwig der Heilige [Saint Louis]*

通例「聖《サン》ルイ」と呼ばれる。フランス王ルイ 8 世（獅子王）の息子。治世の間、内外政ともに正義と平和を旨とし、国内的には平穏で経済的にも繁栄し、イングランドやアラゴンとの積年の抗争も平和的に解決し、ヨーロッパ諸国の調停者として活躍した。篤信家で異教徒との戦いにも熱心で、第 6・7 回十字軍に出陣。チュニスで病没。13 世紀末に列聖された。

269 強情王
▶フランス王**ルイ** 10 世（†1316）
Ludwig der Zänker [Louis le Hutin]

フランス王フィリップ 4 世（端麗王）の息子。1 年半の短い治世の間、父王の推進した増税策に反対して生じた反乱への対処や、ブルゴーニュやイングランドとの抗争に忙殺される。即位前、父王の軍指揮官としてフランドルとの戦争を頑として主張し急《せ》かせたといわれることから、「強情」とも「喧嘩好き」とも呼ばれる。

270 敬虔帝
▶フランク王・皇帝**ルードヴィヒ**（ルイ）1 世（†840）
Ludwig der Fromme [Louis le Pieux]

父カール大帝を継ぎフランク王・皇帝。817 年帝国整備令を出し長男ロタールら 3 人の息子の相続方法を決めるが、のちに四男シャルル（禿頭王）が生まれたため変更を図る。その結果父子・兄弟間で抗争が勃発。830 年に一時廃位の憂き目を見る。混乱の中 840 年死去。あだ名「敬虔」は 10 世紀以降に定着。

271 ドイツ人王
▶東フランク王**ルードヴィヒ** 2 世（†876）
Ludwig der Deutsche

フランク王・皇帝ルードヴィヒ 1 世（敬虔帝）の三男。兄ロタール 1 世や弟シャルル（禿頭王）らと相続争いをし、843 年ヴェルダン条約で東フランク王となり、870 年メルセン条約でロートリンゲン東半を得る。死後、東フランク王国は彼の 3 人の息子に 3 分割。「ドイツ人」というあだ名は18 ないし19 世紀に入ってからのもの。

272 幼童王
▶フランク王**ルードヴィヒ** 4 世（†911）
Ludwig das Kind

東フランク・カロリング朝最後の国王。東フランク王・皇帝アルヌルフの息子。父王の死を受けて 900 年 6 歳で即位。マインツ大司教ハットー・コンスタンツ司教ザロモ、そしてコンラーディナー家に支えられるも、ザクセン・バイエルンでは大公権が台頭し、その早世はカロリング家の断絶と王国解体の危機をもたらした。

273 盲目王
▶皇帝**ルードヴィヒ**（ルイ）3 世（†928）
Ludwig der Blinde [Louis l'Aveugle]

簒奪王（プロヴァンス王）ボゾンと皇帝ルードヴィヒ 2 世の娘イルミンガルドの息子。

890年東フランク王アルヌルフの宗主権下、プロヴァンス王に即位。イタリア貴族間の党派対立に介入し、900年イタリア王に推戴、ついで901年皇帝戴冠。905年敵対するベレンガール1世に捕らわれ、盲目とされる。

274 **髭伯** ▶チューリンゲンの伯**ルードヴィヒ**（11世紀中頃）
Ludwig der Bärtige

チューリンゲンのルドヴィング家の祖。フランケン出身と思われるが、詳しい出自は不明。1040年頃チューリンガーヴァルト地方に所領を得て、シャウエンブルクに居城を構える。ゴータからシュマルカルデンへ向かう街道を支配して家権力を基礎づける。

275 **跳躍侯** ▶チューリンゲンの地方伯**ルードヴィヒ**（†1123）
Ludwig der Springer

チューリンゲンのルードヴィヒ髭伯の息子。1070年頃アイゼナハ近傍にヴァルトブルク城を築き本拠とし、チューリンゲン地方伯権力の形成に進む。叙任権闘争期にあってドイツ王・皇帝ハインリヒ4世に反旗を翻したザクセン貴族と行動を共にする。あだ名は、囚われていた城を窓から飛び降りて脱出した、との伝承から。

276 **峻厳侯** ▶チューリンゲン地方伯**ルードヴィヒ**2世（†1172）
Ludwig der Eiserne

チューリンゲン地方伯となった父ルードヴィヒ1世（ルードヴィヒ跳躍侯の息子）の跡を継ぐ。ドイツ王コンラート3世の恩顧を受け、姪ユーディット（フリードリヒ赤髭王の妹）を娶る。フリードリヒ赤髭王とザクセン大公ハインリヒ獅子公との対立にあっては赤髭王の前衛として活躍。

277 **穏健侯** ▶チューリンゲン地方伯**ルードヴィヒ**3世（†1190）
Ludwig der Milde / der Fromme

チューリンゲン地方伯ルードヴィヒ2世（峻厳侯）の息子。フリードリヒ赤髭王の甥として、若いときから行動を共にし、ハインリヒ獅子公との決戦にあっても伯父に助力。伯父とともに第3回十字軍に参加し、1190年帰途キプロスで客死。

278 **厳格公** ▶バイエルン大公・ライン宮廷伯**ルードヴィヒ**2世（†1294）
Ludwig der Strenge

バイエルン大公・ライン宮廷伯オットー2世（貴顕公）の息子。父公の遺領を弟ハインリヒ13世と分割し、ライン宮廷伯位と上バイエルンを得る。シュタウファー朝末期ドイツの政治的混乱の中、当初はシュタウファー家を、大空位時代以降はハプスブルク家のルドルフ1世を支持した。

279 **ローマ人侯** ▶ブランデンブルク選帝侯**ルードヴィヒ**2世（†1365）
Ludwig der Römer

皇帝ルードヴィヒ4世（バイエルン人）の息子。1351年ブランデンブルク辺境伯。1356年皇帝カール4世の「金印勅書」の定めた7選帝侯の一人となる。父帝が1328年皇帝戴冠のためにローマに滞在していたさいに、同地で生まれたため、すでに同時代人から「ローマ人」と呼ばれた。

280 **傴僂公** ▶上バイエルン＝インゴルシュタット大公**ルードヴィヒ**8世（†1445）
Ludwig der Bucklige
上バイエルン＝インゴルシュタット大公ルードヴィヒ7世（髭公）の息子。1443年父公と対立し、バイエルン＝ラントフート大公ハインリヒ16世（富裕公）と結んで父公を捕え、大公位を奪うも、45年父に先立ち死去。

281 **髭公** ▶上バイエルン＝インゴルシュタット大公**ルードヴィヒ**7世（†1447）
Ludwig der Bärtige / im Bart
皇帝ルードヴィヒ4世（バイエルン人）の曾孫。下バイエルン＝シュトラウビング大公ヨハン3世の遺領をめぐって同族内で争いとなり、従兄バイエルン＝ラントフート大公ハインリヒ16世（富裕公）と結んだ息子ルードヴィヒ（8世、傴僂公）に捕らわれ、幽閉のまま死す。

282 **富裕公** ▶バイエルン＝ランツフート大公**ルードヴィヒ**9世（†1479）
Ludwig der Reiche
バイエルン＝ラントフート大公ハインリヒ16世（富裕公）の息子。近隣への勢力拡大を図り、フランケンへ勢力を伸ばそうとするアルブレヒト・アキレスとも戦う。ランツフート領内やキッツビュールに鉱山業が栄え、大公領の豊かな経済を支えた。1472年インゴルシュタット大学（のちのミュンヘン大学）創設。

283 **柔和侯** ▶ファルツ選帝侯**ルードヴィヒ**4世（†1449）
Ludwig der Sanftmütige
1436年父ライン宮廷伯＝ファルツ選帝侯ルードヴィヒ3世の跡を、叔父ファルツ＝モスバハ侯の後見の下、継承。1442年親政。1444年帝国軍司令官として盗賊化した旧アルマニャック派を撃退。翌1445年対立教皇フェリクス5世（サヴォイア公アマデウス8世、穏健公）の娘マルガレーテと結婚。

284 **目覚まし侯** ▶バーデン辺境伯**ルドルフ**5世（†1361）
Rudolf der Wecker
バーデン辺境伯ルドルフ4世の息子。ストラスブール司教から借財の代償にストラスブールにおける関税徴収権を獲得し、ドイツ王・皇帝カール4世からライン川関税徴収権を得るなど、バーデン・アルザス地域における経済的基盤の構築を進めた。なお彼の同名の父ルドルフ4世（†1348）も「目覚まし」とあだ名されるが、その由来は不詳。

285 **建設公** ▶オーストリア大公**ルドルフ**4世（†1365）
Rudolf der Stifter
1358年父オーストリア大公アルブレヒト2世（賢公）を継ぐや、土地政策・税制・商業政策などで矢継ぎ早に大胆な内政改革をおこなう。「大特許状」を偽造し、選帝侯と同等の権利を主張した。1359年以降シュテファン大聖堂の建設を始め、1365年プラハのカレル大学（皇帝カール4世創設）に対抗してウィーン大学を創設。

286 **長身侯** ▶バーデン辺境伯**ルドルフ**6世（†1372）
Rudolf der Lange

バーデン辺境伯フリードリヒ 3 世の息子。バーデン辺境伯領ではエーベルシュタイン系、フォルツハイム系が分岐していたが、諸系の親族が相次いで亡くなり、1361 年ルドルフが再統合した。また彼の時代にバーデン辺境伯は帝国諸侯に列した。

287 **金欠王** ▶ドイツ王**ループレヒト**（†1410）
Ruprecht Clem / der Karge

ヴィッテルスバハ家出身。父ファルツ選帝侯ループレヒト 2 世を継いで同選帝侯。1400 年選帝侯らが国王ヴェンツェルを廃位し、ループレヒトを国王に選出。有効な政策を打ち出せないまま、マインツ大司教の離反や、「大分裂」下の教皇庁の分裂も相俟って孤立し、1410 年死去。国王在位の間、絶えず資金難に悩まされていた。

288 **好戦伯** ▶ナッサウ = ゾンネンブルク伯**ループレヒト** 7 世（†1390）
Ruprecht der Streitbare

ナッサウ伯ゲルラハ 1 世の五男。当初聖職者になる予定であったが、すぐ上の兄が早死し、ゾンネンブルクを継承。近隣の諸勢力と私闘をくり返す。1382 年グライフェンシュタイン城を拡張し、特徴的な姿の双子塔を建設する。

289 **美侯** ▶オーストリア辺境伯**レオポルト** 2 世（†1095）
Leopold der Schöne

バーベンベルガー家のオーストリア辺境伯エルンストの息子。叙任権闘争期ドイツにあって、国王ハインリヒ 4 世派と反国王派の間で幾度か立ち位置を変え、ために 1082 年にはマイベルクで親ハインリヒ 4 世派のボヘミア王ヴラチスラフ 2 世と戦い、敗れることも。

290 **敬虔侯** ▶オーストリア辺境伯**レオポルト** 3 世（†1136）
Leopold der Fromme

バーベンベルガー家出身。オーストリア辺境伯レオポルト 2 世（美侯）の息子。1106 年ドイツ王・皇帝ハインリヒ 4 世の娘、シュヴァーベン大公フリードリヒ 1 世の寡婦アグネス（フリードリヒ独眼公、国王コンラート 3 世の母）を娶る。1125 年ドイツ王・皇帝ハインリヒ 5 世死後の国王選挙に国王候補の一人として名が挙がり、政治的混乱の一因となる。オーストリア大公ハインリヒ・ヤゾミルゴットの父。15 世紀に列聖。

291 **栄光公** ▶オーストリア大公**レオポルト** 6 世（†1230）
Leopold der Glorreiche

オーストリア大公レオポルト 5 世の息子。兄フリードリヒを継ぎ、1198 年オーストリア大公。1217 年第 5 回十字軍参加、ダミエッタ包囲戦に加わる。バーベンベルガー期オーストリアの文化的頂点に達し、英雄叙事詩『ニーベルンゲンの歌』もおそらくこの時期ここで成立。ウィーンに都市法を与え、市域も拡大した。

292 **長首伯** ▶エノー伯**レギナール** 1 世（†915–16）
Reginar Langhals [Régnier Long Cou]

9 世紀末～ 10 世紀初西フランクと東フランク = ドイツとが覇権を競うロートリンゲンにおいて、指導的な役割を担う。レギナール家の祖。911 年東フランクのルードヴィヒ 4 世（幼童王）の死去時には、西フランクのシャルル 3 世（単純王）を招聘。10 世

紀末リシェの『歴史四書』がすでに「長首」と呼ぶ。

293 **白公** ▶ポーランド大公**レシェク** 1 世（†1227）
Leszek der Weiße [Leszek Biały]

1194 年父ポーランド大公カジミェシュ 2 世（正義公）を継いでポーランド大公となるも、大公位をめぐって伯父ミェシュコ 3 世（老公）や従兄弟のヴワディスワフ 3 世（細脚公）らと争い、追放・奪回をくり返した。内外政を有利に進めるべく教皇インノケンティウス 3 世に接近し、1207 年にはポーランドを教皇からの封土と認めた。

294 **黒公** ▶ポーランド大公**レシェク** 2 世（†1288）
Leszek der Schwarze [Leszek Czarny]

マゾフシェ・ポーランド大公コンラート 1 世の孫。父はクヤーヴィ公カジミェシュ 1 世で、父の代にシエラツ公領などをゆだねられ、1279 年には嗣子を欠いたボレスワフ 5 世（純潔公）を継いでポーランド大公となる。1288 年嗣子のないまま死去し、後継をヘンリク（ハインリヒ）2 世（敬虔公）の孫ヘンリク 4 世が勝ち取った。

295 **勇猛**（ル・フォール） ▶アンジェ・トゥール伯**ロベール・ル・フォール**（†866）
Robert der Tapfere [Robert le Fort]

通例「ロベール・ル・フォール」と呼ばれる。ロベール＝カペー家の祖。シャルル禿頭王の治下、西フランクの北西部ネウストリアで頭角を現し、アンジェ・トゥールの伯、トゥールのサン・マルタン修道院の俗人院長として、カペー家の権力基盤を基礎づける。866 年ブルターニュのブリトン人に対するブリサルトの戦いで戦死。

296 **敬虔王** ▶フランス王**ロベール** 2 世（†1031）
Robert der Fromme [Robert le Pieux]

父フランス王ユーグ・カペーにより、カペー家の王位世襲を確実にするべく、987 年ユーグ自身の即位直後に共治王へ推戴された。自立的な諸侯らに対し王権の伸長をめざすも、不首尾におわった。そのあだ名は、フルリィ修道士エルゴ（ヘルガルドゥス）がロベールの伝記で彼の敬虔な面を強調して描いたことに由来。

297 **悪魔公** ▶ノルマンディー公**ロベール** 1 世（†1035）
Robert der Teufel [Robert le Diable]

1027 年兄ノルマンディー公リシャール 3 世を継ぐ。イングランド王ウィリアム 1 世（征服王）の父。イェルサレム巡礼の途中、ニカエアで客死。あだ名「悪魔」は生前には伝えられず、悪魔ロベール伝説から生じたとも、逆に彼をモデルの一人として伝説が生じたともいわれる。「華麗公」とも呼ばれる。

298 **ギスカール**（狡猾な人） ▶アプーリア・カラブリア公**ロベール・ギスカール**（†1085）
Robert Guiscard / Schlaukopf [Roberto il Guiscardo]

通例「ロベール・ギスカール」（フランス語）、あるいは「ロベルト・イル・グイスカルド」（イタリア語）と記される。鉄腕グリエルモの弟。ノルマンディーからイタリアに渡り、弟ルッジェーロとともにアプーリア・カラブリアを征服。1059 年教皇よりアプーリアとカラブリアの大公に封じられる。ついでビザンツ領南イタリアを征服。叙任権闘争期の 1084 年、ドイツ王ハインリヒ 4 世に攻められた教皇グレゴリウス 7

世を救出。同時代人、アプーリアのグリエルモがその著作『ロベール・ギスカールの事蹟』（1099 年頃）において、ロベールを「狡猾さの点でキケロやオデュッセウスに勝るゆえに、その名はギスカルド（狡猾な人）である」と語る。

299 **フリース人伯** ▶フランドル伯**ロベール** 1 世（†1093）
Robert der Friese [Robert le Frison]

フランドル伯ボードゥアン（バルドゥイン）5 世の息子。1063 年フリースラントへ赴き、ホラント伯フロレス（フロレンス）1 世の寡婦と結婚し、同地を支配。1071 年甥アルヌール 3 世の死によりフランドル伯位を獲得。フリースラントをめぐり下ロートリンゲンのゴットフリート 4 世（傴僂公）と争い、殺害したといわれる。

300 **短袴公** ▶ノルマンディー公**ロベール** 2 世（†1134）
Robert Kurzhose [Robert Courteheuse]

父イングランド王ウィリアム 1 世（征服王）の死のさい弟ウィリアム（2 世、赭顔王）に先んじられイングランド王位を逃す。弟王が死すと、十字軍参加中であったため今度は末弟ヘンリ 1 世に先を越される。1106 年ヘンリに敗れて大公位剥奪。幽閉のうちに死去。あだ名は、身の丈に合わぬ短いズボン姿を父王にからかわれたとの言い伝えから。

（中世ヨーロッパ王侯《あだ名》リスト）

【あだ名索引】

＊数字はリストの項目番号を示す。